LE PROCÈS DU ROI

DU MÊME AUTEUR

Le Médecin devant ses juges, en collaboration avec Pierre Macaigne et Bernard Oudin, Laffont, 1973.
Divorcer, Table Ronde, 1975.
Mon intime conviction, Laffont, 1977.
Quand la justice se trompe, Laffont, 1981.
Par le sang d'un prince : le duc d'Enghien, Grasset, 1986.
Toursky et le commencement du désert, Seghers, 1986.
Le Crépuscule des juges, Laffont, 1988.
Histoire de la répression politique en France : Les Insurgés, Flammarion, 1990.
Le Juge et l'avocat : dialogue sur la justice, avec Simone Rozès, Laffont, 1992.

PAUL LOMBARD

LE PROCÈS DU ROI

BERNARD GRASSET
PARIS

Tous droits de traduction, de reproduction et d'adaptation
réservés pour tous pays.

© *Éditions Grasset & Fasquelle*, 1993.

*À
Anaïs,
Lucie,
Arthur,
mes nouveaux témoins.*

Chapitre Premier

SIRE, FAITES LE ROI

Ouvrons le dossier du roi. Ce n'est pas un règne mais un accusé que nous voulons connaître. Aujourd'hui, le président de la cour d'assises commence l'audience par ces mots : il ne s'agit pas seulement d'un crime, mais d'un homme. Devant la Convention, il n'est question que d'un souverain en défaut.

De tous les procès politiques, celui de Louis XVI possède une particularité : les juges ne sont pas mobilisés pour accomplir les basses besognes de l'État. C'est l'État lui-même qui tranche. Deux siècles après le drame, la Révolution française porte en elle la partialité, l'idée préconçue, la fausse évidence, la contrevérité, le révisionnisme.

Jeanne d'Arc, Richelieu, le Petit Père Combes, relégués au rayon des souvenirs dans la mémoire collective, sont devenus des momies de l'Histoire.

Marie-Antoinette, Saint-Just, Danton sont en revanche bien vivants. À l'énoncé de leurs noms, les sourcils se froncent, les lèvres se pincent. La Révolution a inoculé au pays de Descartes la passion *post-mortem*. L'historien est la première victime de ce passé recomposé. Michelet, Tocqueville, Taine, Thiers, Jaurès, Gaxotte, Bainville demeurent davantage les hérauts d'une cause que des reporters impartiaux. Ils ont trempé leur plume dans le vitriol, l'eau bénite ou le crachat. Claude Manceron déplore ces excès : « Nous devons être dignes de la Révolution. Si, après deux cents ans, nous ne parvenons pas à parler de Louis XVI ou de Robespierre, de la Vendée ou de la Terreur, sans nous insulter, c'est que nous manquons de maturité. » La Terreur n'est pas un accident de l'Histoire mais une vieille tradition française fortifiée par la mort du Capétien.

Par son refus du changement, le roi est devenu le père putatif de son exécution. Paradoxe de ces journées hors du commun où les ennemis de la monarchie entendent en finir avec son chef, Capet faillit sauver sa tête.

Jusqu'à la fin, il eut ses chances. La synarchie, l'ambiguïté, le refus des évidences, la fuite devant les responsabilités contribuent à sa chute autant que l'acharnement et la haine. Le 21 janvier, on assiste à la mort du représentant de Dieu sur terre et les hommes de la Convention, pour ne pas se rendre coupables de non-assistance à république en danger, deviennent sacrilèges et transforment ainsi un homme ordinaire en martyr.

L'exécution de Louis XVI marque la fin d'une société, pas d'un régime. Fallait-il guillotiner le roi pour enfanter la liberté ?

*

Un procès est toujours une agression. L'accusé, seul face à la société qui le broie, devient à son tour une victime. Il subit le verdict, expression judiciaire de la vengeance et du châtiment originel. À couleur politique, le procès ajoute à sa dramaturgie une évidence : le vainqueur du moment demande des comptes au vaincu de la veille. L'atteinte à la sûreté de l'État varie au gré du vent de l'Histoire.

Le procès de Louis XVI commence le 10 août 1792 et se termine le 20 janvier 1793. Ces interminables audiences parlementaires et judiciaires à la fois vivent encore dans les mémoires. Le roi y laisse sa tête et le pays voit son unité sectionnée en deux. Le nouveau souverain, le peuple, peut-il déléguer sa justice ou la retenir ? Le verdict doit-il être prononcé par la Convention ou soumis à la ratification des Français ? À chaque grande question – l'Europe en est un exemple – la même cassure se produit : division. La joute républicaine ne doit pas masquer la réalité d'une procédure, plus protectrice des libertés, plus libérale que celle de l'Ancien Régime qui méconnaissait la défense et souvent la malmenait.

L'instruction est dominée par un accusé comme absent : le roi. À aucun moment, il ne tente de faire dévier le destin. Devant la Convention, le 11 et le 26 décembre 1792, il est sourd comme Maurras, muet comme Pétain, il est ailleurs.

Pas un instant il ne suivra l'exemple de Charles Ier d'Angleterre, qui, pourtant, le hante depuis son adolescence. Cette passivité transforme la Convention légaliste en abattoir et ses juges sourcilleux en équarrisseurs. L'accusé les rapetisse. Le roi ne retrouvera la grandeur de ses ancêtres qu'au moment de son testament, texte admirable d'un mauvais écrivain, discours sublime d'un pitoyable orateur.

Ce procès extraordinaire est conduit comme une affaire ordinaire de la répression politique. Il ne diffère guère de ceux de la révolution soviétique, du tiers monde, de l'Occupation, de la Libération. L'affaire Capet se résume en une instruction, un interrogatoire, une plaidoirie, des délibérations, des verdicts, des voies de recours, l'exécution d'une sentence. Routine.

*

L'instruction est l'œuvre de commissions innombrables et successives conduites par des hommes de qualités variables. Ils s'efforcent de trancher des questions nouvelles dont les réponses vont changer le sort de l'ancien monde : le procès d'un roi est-il juridiquement possible ? Le procès d'un roi est-il politiquement souhaitable ? Quel tribunal est compétent ? Louis XVI peut-il invoquer ou non son inviolabilité constitutionnelle ? L'accusé est-il coupable du crime de lèse-nation ? Quelle peine doit-on lui infliger ? L'irresponsabilité des hommes politiques ne date pas d'aujourd'hui.

Il est difficile, tant leurs prérogatives sont incertaines, leur mission mal tracée, d'isoler les travaux de ces organes d'information et de recherche. Souvent, les compétences et les réponses se contrarient. Cette instruction à têtes multiples porte les stigmates de la cruelle ordonnance de 1670 dont notre système inquisitoire ne s'est pas encore débarrassé aujourd'hui.

Malgré leurs divergences, les conclusions sont accablantes pour un inculpé jamais entendu. Cet acharnement choque, comme celui dont furent victimes sous l'Ancien Régime Damiens, Calas ou le chevalier de La Barre.

Les rapports Valazé, Mailhe et Lindet, étapes successives d'une procédure à charge, sont autant de degrés conduisant à l'échafaud. Lindet, magistrat instructeur pourtant, signe le 10 décembre 1792 l'acte énonciatif des crimes imputés au roi : le réquisitoire. Mesurons notre indignation. Cette confusion des tâches existe encore aujourd'hui quand le juge reprend mot à mot dans son ordonnance de renvoi le réquisitoire écrit du procureur de la République. Notre justice n'est pas délivrée du syndrome de Louis XVI.

*

Le box des accusés ne laisse apercevoir que des lambeaux de personnalité. C'est vrai dans les procès de droit commun, plus vrai encore dans les procès politiques. Ils transforment le palais de justice en tribune et obligent les inculpés à présenter à l'Histoire leur meilleur profil.

Le roi de France, interrogé pour la première fois le 11 décembre 1792, se soucie fort peu de cette coquetterie. Ce velléitaire sidéré de la haine dont il est l'objet, revêtu d'une pauvre redingote, mal rasé, s'abîme dans la banalité, la mauvaise foi. Il nie l'évidence, ergote, s'embrouille. Il se rétrécit au fur et à mesure qu'il s'exprime. Où est passé le jeune monarque qui incarnait à l'orée de son règne l'espoir de ses sujets ?

Louis XVI, qui œuvra pour la liberté de l'Amérique, donna une flotte à son pays, abolit la torture, imposa le vaccin, entreprit une réforme judiciaire dont on s'inspire encore aujourd'hui, se révèle incapable de conduire le changement.

Pourtant, jusqu'aux États généraux qu'il se résigne à convoquer, sans avoir la faculté de comprendre, ni la poigne de gérer, rien de définitif n'est encore inscrit dans le grand livre de Jacques le Fataliste.

★

Le 1er mai 1788, Louis déclarait : « Le premier des principes veut qu'un accusé soit toujours présumé innocent aux yeux de la loi, jusqu'à ce que la sentence soit confirmée en dernier ressort. » Prémonition. La Législative exaucera son vœu [1] : « L'on ne peut entendre un inculpé qu'en présence de son avocat. Après l'interrogatoire, la copie de toutes les pièces signées par le greffier sera délivrée sans frais à l'accusé. » Ce texte capital divorce notre droit d'avec l'inquisition. Il vous permettra, Sire, de confier votre sort à trois hommes de risque : Malesherbes, Desèze et Tronchet. Le premier y laissera sa vie, le deuxième sa liberté, le troisième sa quiétude.

Les donneurs de leçons reprochent à la plaidoirie de Desèze, qui se bat jusqu'au bout le dos au mur, d'être trop technique, de n'avoir pas pris les conventionnels à la gorge, de s'être embourbé dans un combat juridique d'arrière-garde sans souffle et sans issue. Ils oublient que l'éloquence judiciaire, réservée jusqu'à la Révolution uniquement aux affaires civiles, n'en est qu'à ses débuts en pénal. Il fallait être un génie du verbe pour se mesurer aux géants de la Convention. Desèze fut plus écouté qu'entendu, mais pouvait-il en être autrement ? Ne marchandons pas notre admiration au courage malheureux. Après la plaidoirie, le délibéré. Aujourd'hui, les juges et les jurés se déterminent à huis clos. Le secret du vote, condition d'un jugement serein, laisse les magistrats face à leur conscience et éloigne d'eux la tentation d'imiter les ovidés chers à Panurge. Il assure, une fois la sentence prononcée, leur sécurité.

Les appels nominaux sur la culpabilité, le recours au peuple, la peine, le sursis ont lieu à bulletin ouvert. Chaque conventionnel doit s'exprimer en public et motiver son choix. Dans un Manège surchauffé, où plane le souvenir des victimes du 10 août, il faut une grande audace pour refuser la mort. Pourtant, un nombre important de députés choisissent une autre voie. Les partisans du châtiment suprême font preuve d'un courage égal. L'étiquette de régicide leur collera à la peau, jamais l'Europe des rois ne leur pardonnera leur « crime », la France versatile les reniera. Ils le savent et votent.

Qui peut être insensible à la grandeur, à la férocité de ce débat où votre destin, Sire, se confond avec le sort de votre régime et l'avenir de votre pays ? Cette mort octroyée d'une courte tête, sous le regard des voyeurs et le ricanement des badauds, faillit, jusqu'au bout, échapper à vos ennemis. Le décompte des voix, lui-même, donne lieu à extrapolation, approximation, faux calculs. Il faut même, pour le scrutin essentiel, s'y reprendre à deux fois. La mort, par la seule voix d'un cousin vénéneux [2], est entrée dans la légende. La vérité est plus complexe. Le scrutin du 17 janvier est rectifié le lendemain. Vingt-six voix incertaines sont confisquées par le camp de l'inexorable. Abusivement. Existe-t-il même une majorité pour le châtiment suprême ? Rien n'est moins sûr. Nous le démontrerons.

*

Au moment où s'imprime ce livre, la Haute Cour réanimée et les cours d'assises surchargées sont les seules juridictions où il est impossible d'appeler. Le peuple au nom duquel le verdict est prononcé, réputé infaillible quand il rend directement la justice, ne l'est plus au moment où il délègue ses pouvoirs. Pour une peine légère, les Français ont droit à une double chance, pour un crime à une seule...

La Convention, qui a confisqué l'exécutif, le législatif et le judiciaire, se montre plus libérale : elle accorde au condamné un ultime recours et fait procéder à un vote sur le sursis. Il sera rejeté le 20 janvier 1793. L'exécution aura lieu le lendemain... Au moment de retrouver Dieu, Louis retrouve la grandeur de ses pairs.

Lors des journées de juillet 1789, vous disiez, Majesté, à un de vos familiers : « Mais que faut-il que je fasse ? » Il vous répondit : « Sire, faites le roi. » Au seuil du tombeau, vous le fîtes.

Chapitre II

DES CIRCONSTANCES ATTÉNUANTES

Il n'est jamais facile d'expliquer, encore moins de comprendre l'attitude d'un accusé. L'homme qui a le malheur de rendre des comptes à d'autres hommes appelés juges est d'abord condamné à jouer un rôle. Prisonnier d'une panique mais aussi de son MOI, il devient un mannequin, dont chaque mot, chaque geste, chaque mimique est commenté. Le box est un prisme déformant. Il rapetisse, grandit, diabolise.

Le roi n'échappe pas à cette malédiction. La Convention et l'Histoire interprètent à leur façon ses réponses, ses mensonges, ses dérobades, sans se soucier de sa personnalité. La Convention se préoccupe des crimes de Capet sans s'interroger sur son identité. À quoi bon ? L'immaturité, la folie, le malheur, la faiblesse de caractère, la déraison ne constituent pas, au moment de l'affaire, des circonstances atténuantes. Elles ne feront leur apparition dans notre code qu'au milieu du XIXe siècle. Jusque-là, le tribunal constate l'existence de l'infraction et applique la loi. Julien Sorel, le petit séminariste de Stendhal auteur d'une tentative d'assassinat – dans une église de surcroît – sur une grande bourgeoise, sera une des dernières victimes de cet ostracisme simplificateur. La mort était prévue. C'est la mort qu'il reçoit.

La personnalité de Louis XVI, ses avocats ne l'invoquent pratiquement jamais. Pour eux comme pour la

Convention, il demeure un symbole hors d'atteinte de la charité. Représentant de Dieu sur terre, comment l'absoudre pour des faiblesses incompatibles avec une perfection supposée ?

Cette plaidoirie âpre dont le roi est en partie – mais en partie seulement – frustré, pour toutes ces raisons mais aussi parce qu'il le veut, nous ne l'écrirons pas. Quoi de plus frivole que ces plaidoyers imaginaires prononcés en robe de chambre.

Les circonstances atténuantes, l'enfant humilié, bafoué, par l'outrecuidance et la bigoterie peut les revendiquer.

Les circonstances atténuantes, le petit garçon livré en pâture à un frère surdoué peut les revendiquer.

Les circonstances atténuantes, l'adolescent cerné par la mort, agressé par la maladie peut les revendiquer.

Les circonstances atténuantes, le fiancé gauche, l'époux humilié par la nature, bafoué par les courtisans, brocardé par la malveillance peut les revendiquer.

Les circonstances atténuantes, le monarque projeté sur le trône sans préparation aux côtés d'une épouse frustrée et étourdie peut les revendiquer.

Les circonstances atténuantes, le politique châtré par des précepteurs réactionnaires et rétrogrades peut les revendiquer.

Les circonstances atténuantes, le chrétien éperdu de Dieu, terrifié par le blasphème et le sacrilège, hanté par l'excommunication, peut les revendiquer.

À quoi bon parodier l'enflure de la barre ? Cet homme intelligent, ce légat de Dieu n'a pas admis de devenir un accusé ordinaire. La Convention de son côté n'aurait pas compris l'évocation d'une compassion dont les victimes du 10 août avaient été sevrées. L'indulgence ne pouvait être que politique et l'humanité n'avait rien à voir avec le verdict.

Pourtant, comment ne pas puiser dans l'existence de Louis XVI des arguments minorants ou absolutoires ? Innocent à ses yeux, coupable à ceux de la Convention, pitoyable aux nôtres, tel apparaît le roi.

DES CIRCONSTANCES ATTÉNUANTES

*

Le premier de ses sacrificateurs fut Monsieur le Dauphin, son père. Louis-Ferdinand, seul enfant mâle de Louis XV, était un obèse qui ne pesait pas lourd dans le royaume. Au sortir d'une enfance endiablée qui le vit battre ses valets, houspiller mère, sœurs, précepteurs, ce glouton se mit aussi à dévorer le missel, à se goinfrer de patenôtres en des messes quotidiennes au cours desquelles il prosternait à l'orientale « la pesante machine », comme il appelait sa personne gargantuesque.

À quinze ans, le dadais colossal fut marié à une rousse infante d'Espagne de trois ans son aînée et qui promettait de la hanche. Marie-Thérèse, maîtresse, l'éveilla; Marie-Thérèse, princesse, l'éduqua. Il se trouva moins de graisse ou s'en accommoda, s'aperçut qu'il avait un regard; sombre d'expression, il étincelait, parfois, comme égaré.

La Dauphine comblait non seulement ses sens mais aussi les vœux de la famille par une grossesse tôt survenue. Louis XV – Papa roi, titre dont son fils l'affublait – était aux anges : il allait devenir grand-père. Il le fut, d'une petite-fille. Et Marie-Thérèse, deux jours plus tard, s'en alla dans une syncope, léguant à Louis-Ferdinand dix-sept mois de bonheur, la nostalgie de voluptés sans cesse renouvelées. Pour consoler ce veuf à perpétuité, le roi lui trouva une seconde compagne.

La nouvelle Dauphine arriva de l'Est; on avait besoin d'alliés là-bas. Marie-Josèphe, troisième fille d'Auguste III, électeur de Saxe et roi de Pologne, arrangeait bien les Affaires; pas celles de son futur époux. Il avertit sa promise, par l'intermédiaire d'une dame d'honneur, qu'il n'oublierait jamais sa disparue. Nullement découragée, le soir des noces, sitôt la cérémonie du coucher terminée, elle lui murmura : « Je suis bien aise de vous voir verser des larmes sur la mort de votre première épouse, elles m'annoncent que je serai la femme la plus heureuse si j'ai le bonheur de vous plaire comme elle et c'est ce qui fait mon unique étude. »

Cette opiniâtre s'ingénia à séduire son époux, allant jusqu'à encourager le culte ostentatoire qu'il vouait à la défunte. Qu'aurait-elle craint d'une rivale d'outre-tombe ? D'autant que la Saxonne donnait du rein avec le même feu que l'Ibérique. Le « joli laideron » finit par subjuguer Louis-Ferdinand non sans résultat. En treize ans, elle donnera au royaume neuf enfants dont Louis-Joseph, duc de Bourgogne, en 1751, Louis-Auguste, duc de Berry, futur Louis XVI, le 23 août 1754, Louis-Stanislas, comte de Provence, futur Louis XVIII, en 1755, et en 1757, Charles-Philippe, comte d'Artois, futur Charles X.

Cette obstination procréatrice n'empêchait pas les époux de se livrer à de bien étranges distractions : une fois l'appartement à eux seuls, ils s'entretenaient de la Camarde, de requiem, de catafalques, dansaient des quadrilles à la lueur d'une bougie jaune et se disaient avec délices : « Nous sommes morts. » Invention, pourrait-on penser, si le récit de ces extravagances macabres ne venait pas de la Dauphine elle-même. Pour satisfaire le Dauphin, elle consentait, malgré sa répulsion – dit-elle –, à entrer dans ces ballets funèbres. Mais la mort décida de s'amuser d'eux.

Elle commença en 1752 par moucher sa chandelle à Madame Henriette, avant d'enlever au berceau, en 1754, le duc d'Aquitaine, second des Enfants de France, et de taquiner, en 1757, les peurs de Sa Majesté à l'aide du canif de Damiens. La mort est là, omniprésente. Elle emporte Bourgogne en 1761, puis Louis-Ferdinand en 1765. L'arrière-grand-père Stanislas Leszczynski, roi de Pologne, succombe à son tour le 23 février 1766. Et avec quelle horreur ! Il meurt brûlé dans sa robe de chambre. De quoi alimenter les contes et légendes familiaux.

Le 4 mars 1767, au milieu d'une foule immense, dans l'effroi et le chagrin, Marie-Josèphe reçoit les derniers sacrements. Elle trépasse le 13 mars 1769, aussi lointaine que d'habitude mais pour toujours désormais. Louis, son fils, accompagne le cortège pas à pas. Dans sa tête et dans son cœur, il est orphelin depuis longtemps.

L'hécatombe n'est pas restée suspendue au chevet de la

DES CIRCONSTANCES ATTÉNUANTES

Dauphine, elle continue de s'alourdir avec la princesse de Savoie, en septembre 1767, le prince de Lamballe en mai 1768 et, le 24 juin de la même année, la reine tombée depuis des mois dans un coma profond au grand dam de Tronchin, le médecin de la Cour.

Comme pour se faire pardonner ses écarts, le roi lui donne des funérailles superbes, mais n'y assistera pas. C'est Louis, nouveau Dauphin, qui préside à l'enterrement de sa grand-mère. Il vient de fêter ses quatorze ans. C'est derrière le cercueil de cette aïeule qu'il apparaît pour la première fois comme l'héritier de la couronne. Moins de six ans plus tard, le 10 mai 1774, à son tour Louis XV meurt, victime de la petite vérole. Son petit-fils le voit saigner, le visage enflé, croûté, d'un vert bronze. Quand cet ultime trépas lui confère le trône, Louis XVI est devenu un familier de la mort.

*

Quand régnait encore le Bien-Aimé, le Dauphin se vit attribué le privilège rare de choisir le gouverneur de ses enfants, du passage aux hommes (de la septième année) à l'adolescence.

Il pressentit d'abord le marquis de Mirabeau, père de son fils et, à ce titre, inoublié. On le surnommait « l'Ami des Hommes », à cause de ses mœurs de patriarche et de ses vues sur les « joies simples », niaiseries des utopistes exposées dans son *Traité des réformes*. Rêvant d'une jeunesse dressée à Sparte et parfaite au Lycée d'Aristote, il se voyait déjà, à Versailles, traiter à la dure les enfants princiers. Il en parla trop...

Le Dauphin pensa alors à Montesquieu dont *L'Esprit des lois*, selon lui, « renfermait plusieurs vérités utiles, semées parmi beaucoup d'erreurs dangereuses ». La mort écarta le philosophe dont il ne retint pas cette constatation d'expérience : « Les pères peuvent plus aisément donner à leurs enfants leurs passions que leurs connaissances. »

Choiseul, devenu ministre grâce à la complicité de la

Pompadour – Maman Putain, comme on la surnommait aimablement –, proposa au gros homme ses services d'éducateur. Il projetait de recréer les Enfants de France à son image. Au refus du Dauphin que, déjà, il ne prisait guère, une haine bouillonnante échauffa ses humeurs. Les fils de Marie-Josèphe devinrent, dans l'instant, « les objets de Saxe ». Mais à peine éconduit, Choiseul put ricaner. Ces enfants de porcelaine étaient confiés à une espèce d'éléphant : La Vauguyon. L'homme devait son élévation à un fait d'armes. Commandant à Fontenoy la brigade du Royal-Dauphin, il avait, sous les yeux de son maître, dispersé les fantassins anglais en les canonnant à la poudre, faute de boulets. Au demeurant, le meilleur courtisan du monde, rondouillard, papelard, dévotieux, avaricieux avec les domestiques qu'il délestait, sans vergogne, de leurs grattes, Antoine-Paul-Jacques de Stuers de Quélen et de Caussade, comte de La Vauguyon, breton de lointaine origine et gascon de Tonneins, ne savait rien, se prétendait beaucoup ; et on lui donna raison. Il va devenir, après son père et sa mère, le troisième – et le plus nocif – sacrificateur de Louis XVI.

Ce confident-manipulateur impose ses quatre dogmes : piété, bonté, justice et fermeté. Il place le futur roi dans une niche entre Ponce Pilate, Machiavel et saint François d'Assise. Il lui enseigne les rudiments d'un patriarcat dévalué. Son éducation à rebrousse-siècle et la pauvreté de sa pensée politique, c'est à ce sot qu'il les doit. De la bibliothèque idéale de son élève, il écarte le modernisme et toutes les modérations inscrites au cœur des paradoxes de la philosophie pour porter au pinacle un Fénelon louis-quatorzien et son *Télémaque* qui date déjà, à peine écrit. Il inculque à son élève le culte de la raison d'État cher à Louis XIV et le principe du salut public remontant à Philippe le Bel. Jamais Louis XVI ne remettra en question ces concepts qui conduisent le royaume depuis des siècles.

Mais déjà un quatrième sacrificateur pose ses griffes : Louis-Joseph, duc de Bourgogne, son propre frère. Son aîné de trois ans resplendit à la Cour. D'une beauté que rehausse le profond d'un regard trop adulte, l'enfant n'a pas eu besoin de son gouverneur pour apprendre dès sept ans qu'un caractère impétueux sied aux Élus. Pour qu'il puisse casser, cogner, hurler tant et plus, les murs de sa salle de jeux sont capitonnés à hauteur d'homme sur ordre de ses parents. Ils ont discerné dans les impétuosités et les crises de nerfs de ce fils rêvé les signes d'une maladie, qu'on appellera plus tard paranoïa, et sans laquelle il n'est pas de tyran véritable.

Au printemps 1760, on l'opère d'un abcès à la hanche. Il supporte sans une larme ni un cri l'intervention lente avec pour seul anesthésique un breuvage à base de miel et d'opium. La tumeur déclenche le processus d'une tuberculose des os irrémissible. Les scalpels et les charpies activent l'infection. Bourgogne, dès lors, fiévreux, passe de son lit à un fauteuil roulant, s'agace sur ses jouets et de voir toujours les mêmes têtes. « Il était né pour aimer vingt millions d'hommes et non cinq à six personnes », observe finement La Vauguyon.

Mais cet étrange précepteur a une idée singulière : livrer Berry à Bourgogne, un enfant à un autre. Il pousse donc le futur Louis XVI dans l'arène et, ce faisant, continue à le briser.

Ce paternalisme fraternel assombrit – beau thème pour un avocat – la personnalité du cadet. Louis est coupable avant d'être jugé. Forcément coupable. La Vauguyon approuve l'arrogance de Bourgogne et l'abaissement de Berry. Il surenchérit, à l'occasion, demandant par exemple à son élève favori « s'il voudrait bien céder son droit d'aînesse à Monseigneur le duc de Berry à condition de se porter aussi bien que lui ». Question navrante et dont la réponse n'est point douteuse : « Non, jamais, quand je devrais rester au lit toute ma vie dans l'état où je suis. » Pas tout à fait en âge de comprendre, mais d'une sensibilité sur le qui-vive, Berry prend les fausses confidences, l'amitié feinte et condescendante de son frère pour un attentat contre sa personne indigne, incapable, indécise, que savait-il encore... Il réagit alors, comme souvent par la suite, au milieu des dangers : il abandonne. Louis prend le chemin de sa chambre comme, plus tard, celui de Varennes. Au début de mars 1761, la

fièvre le couche, il tousse, crache le sang, gagné à son tour par la phtisie. On l'installe à la va-vite dans un quelconque appartement et on l'oublie. Une fois, une seule, un valet vient aux nouvelles : Bourgogne, trop bon, s'inquiète de son frère. Mais le destin est facétieux et la situation se retourne.
 Le 15 mars, l'abbé Desmarais, son confesseur, annonce à Bourgogne sa fin prochaine. Il ne s'en émeut pas, sollicite de son père, comme une grâce, de recevoir le viatique de l'extrême-onction. À La Vauguyon qui lui demande s'il regrette la vie, il répond, surmontant son étouffement : « J'avoue que je la perds à regret mais j'en ai fait depuis longtemps le sacrifice à Dieu. » Cette phrase, Louis-Auguste, fidèle jusqu'au bout à l'image de son frère, la mimera à son dernier moment.
 L'enfant ne fêtera pas, du moins dans ce monde, la résurrection pascale. À la fin de la nuit du 21 mars, tout ensanglanté, il demande son confesseur : « Le moment est venu. Donnez-moi le crucifix. » Il crie : « Maman, maman ! » Il est 2 heures et demie. Le surdoué a des funérailles grandioses en la basilique de Saint-Denis. Le prédicateur est éloquent, moins, toutefois, que le deuil du peuple. D'un prince qui meurt jeune, les opprimés disent : « Il n'a pas eu le temps. »

*

 Si les psychiatres, les psychanalystes, les psychothérapeutes, les psychologues, les enquêteurs de personnalité avaient existé à l'époque, quelles conclusions auraient-ils tirées des humiliations, amputations, castrations subies dès l'enfance et tout au long de son existence par l'accusé de la Convention nationale ? Comment auraient-ils interprété des signes aussi flagrants que ces « rien » parsemant l'existence du roi ? Avant les « rien » en réponse aux questions du président Barère, leitmotiv de son procès, il en existe deux autres plus célèbres encore. « Rien » est le mot inscrit par le roi dans son journal intime le 14 juillet 1789. L'autre « rien » se trouve quelques chapitres en amont sur le même livre, le lendemain de son mariage après une nuit de dérobade, pour ne pas employer un autre mot. Ces « rien » forment un tout et le malheureux commente de la même façon la prise de la Bastille et la non-consommation de son mariage.

Le cinquième castrateur de Louis XVI est une castratrice. Elle s'appelle Marie-Antoinette de Habsbourg. Le 7 mai 1770, à Strasbourg, les gouvernantes autrichiennes remettent la Dauphine à sa suite française. Auparavant, dépouillée de ses vêtements viennois, elle est retrouvée nue au milieu de ses suivantes. Fragonard est dépassé par la frivolité gauche de la jeune fille. « Un teint qui décourageait les ombres », dira joliment Mme Vigée-Lebrun. La Dauphine est un mets royal. « Il n'y a pas que les ortolans qui fondent dans la bouche, écrit un contemporain. Le roi, Mesdames et surtout Monseigneur le Dauphin en paraissent enchantés et disent à l'envi : elle est incomparable. » Sa malchance ne l'est pas moins. Pendant sept ans, le prince sera son époux, pas son mari : interminable parenthèse de chasteté forcée. Marie-Thérèse mise au courant du désenchantement de sa fille se transforme en conseillère conjugale. Elle évoque une « nature tardive que l'on doit éveiller par un esprit de bonne collaboration », exhorte son enfant à ne point manifester d'humeur, lui recommande d'avoir recours à des cajoleries dont la recette a depuis longtemps fait ses preuves. Mais, ajoute-t-elle, « il faut ménager les plaisirs, car trop d'empressement gâterait tout ». Élève attentive, Marie-Antoinette s'affaire en vain. Louis XVI, plus « bègue que muet » selon la cruelle expression de Sainte-Beuve, s'arrête régulièrement à la porte du petit temple. Et pour quelles raisons ?

Aranda, ambassadeur d'Espagne à Paris, débusque les secrets d'alcôve. Il écrit à son souverain : « Les uns disent que le frein comprime tellement le prépuce qu'il ne se relâche pas au moment de l'introduction nécessaire pour l'accomplissement de l'acte. D'autres supposent que ledit prépuce est si adhérent qu'il ne peut se relâcher assez pour permettre la saillie de l'extrémité pénienne, ce qui empêche l'érection complète de se produire. » Ces hypothèses laissent apparaître un mal bénin à la merci d'un coup de bistouri.

Encore faut-il le consentement du patient. Il mettra sept ans à le donner. Irrésolution maladive ? Plus vraisemblablement son catholicisme étroit lui interdit de corriger la nature, de se mettre en opposition avec la volonté de Dieu, comme si le Très Haut s'intéressait, à défaut de celui des anges, au sexe de son légat.

Le Dauphin, puis le souverain, devient la fable de la ville. Aux sourires succède le ricanement, au persiflage, l'ordure.

> *Chacun se demande tout bas*
> *Le roi peut-il, ne peut-il pas ?*

fredonnent les chansonniers.

L'empereur Joseph II décide d'aller au secours de sa sœur. Le 19 avril 1777, il débarque à Paris en simple équipage pour y effectuer un voyage privé. Sous le nom du baron de Falkenstein, il confie à ses familiers : « Les deux souverains seraient deux francs maladroits ensemble. Louis aurait des érections mais une fois le membre introduit il reste là sans remuer deux minutes peut-être puis il se retire sans jamais décharger, toujours bandant et souhaitant le bonsoir. » Le frère conseille au mari de se faire « dénouer l'aiguillette », selon l'expression consacrée. Quand Louis XVI y consent enfin, le résultat ne se fait pas attendre. Le 20 juillet 1777, Marie-Antoinette écrit à sa mère : « C'est une bien heureuse occasion pour moi. Je suis dans le bonheur le plus essentiel de toute ma vie. Il y a déjà plus de huit jours que mon mariage est parfaitement consommé. L'épreuve [le mot est révélateur] a été réitérée et encore bien plus complètement que la première fois. Je ne crois pas être grosse encore, mais au moins j'ai l'espérance de pouvoir l'être d'un moment à l'autre. »

Atteint dans son honneur, dans sa dignité, Louis XVI perd la face. Le lit a eu raison du lys. Ce serrurier peu apte à forcer les serrures est l'artisan de son propre malheur. Aussi incapable de combler la reine que d'épouser son temps, il s'avance à tâtons dans le siècle des Lumières.

La reine ! Sa responsabilité est grande. Ses inconséquences, ses désillusions, son désir de revanche, sa volonté de s'étourdir constituent autant de circonstances atténuantes pour le roi. Le courage dont elle fit preuve aux heures tragiques, la dignité de sa fin n'effacent pas ce rôle néfaste. Sa liaison avec Fersen justifie la réflexion d'un contemporain : « Le roi ne voyait avec précision que les objets proches, le reste n'était pour lui qu'ombres et contre-jours. »

Le 30 janvier 1774, la reine se rend au bal masqué de l'Opéra et sa route croise celle de Fersen. En plein carême affectif, elle n'est plus la nymphette de Strasbourg mais une jeune femme d'une beauté inutilisée. Vers 2 heures du matin, masquée, vêtue d'un domino qui cache ses épaules, elle trouve au jeune Axel un charme indéfinissable. Elle est amoureuse. Leurs rapports divisent encore les historiens. Les uns s'instituent protecteurs de la vertu royale, les autres la moquent. Que penser de cette tendre aventure ? Sans doute la rencontre charnelle d'une jeune femme délaissée avec l'un des plus beaux hommes de son temps ? J'espère pour Marie-Antoinette qu'elle a aimé Fersen au sens plein du terme et que Fersen l'a aimée. Le contraire serait trop triste.

Cette liaison déchire le roi, d'autant plus cruellement qu'il s'en sait responsable. Vers 1787, pendant la chasse, un écuyer lui remet des plis cachetés, déposés en urgence sur son bureau. Il descend de sa monture, s'assied sur le talus et en prend connaissance. Quelques instants plus tard, quand les valets reviennent, ils trouvent leur maître secoué par les pleurs. Son chagrin est si accablant qu'il faut le ramener au château. Ces maudites lettres contiennent la révélation de l'inconduite de la reine et du Suédois. Le roi continuera à fermer les yeux.

Au départ de Paris, Fersen déguisé en cocher facilite la fuite de sa maîtresse et de son mari. Piètre organisateur, il sera avec Bouillé responsable du désastre. « Pauvre femme, elle méritait autre chose », dira-t-il. Comment le roi de France a-t-il pu admettre que l'amant de sa femme organise sa fuite ? Je renvoie ceux qui s'en étonnent à la contemplation du portrait de Louis XVI gravé par Joseph Boze : l'homme est gros, boursouflé, sans grâce. Cet embonpoint contraste avec la sveltesse de l'amant. D'un côté Monsieur Jourdain, de l'autre Don Juan. La reine disait de son mari qu'il était un pauvre homme. Si la Convention l'avait traité comme tel, il s'en serait tiré.

*

Louis XVI se voit davantage comme un saint que comme un monarque. « Quel bonheur pour les peuples quand les rois cherchent en Dieu même les règles de la conduite qu'ils doivent tenir pour les gouverner », disait son père. Ce concept absolutiste et cagot imprégnera l'esprit de son fils. Tout au long de son règne, il sera seul, n'ayant pour confidents que ses confesseurs et ce Christ obstinément muet.

Oint de l'huile sainte, il a la certitude le jour de son sacre – cérémonie désuète qu'il a imposée contre l'avis de ses ministres – de sauver en les touchant deux mille quatre cents tuberculeux et cancéreux. Ce guérisseur connaît son premier martyre avec la constitution civile du clergé. Il considère cette réforme comme une agression contre la foi. Cette déchristianisation le heurte au plus profond de son âme. Avant de céder à Malesherbes sur le statut des huguenots, il lui confiait jadis : « La proscription des protestants est une loi d'État, une loi de Louis XIV; ne déplaçons pas les bornes anciennes. » Aux arguments de son futur défenseur, il répond : « Où est donc, dans la révocation de l'édit de Nantes, une atteinte portée à la justice ? La révocation de l'édit de Nantes n'est-ce point le salut de l'État ?[1] »

La position de Louis XVI sur le statut des juifs a donné lieu à bien des extrapolations. Contrairement à l'opinion du comte de Paris, le roi n'avait pu émanciper les juifs du royaume. Lorsque le Parlement de Metz daigna promulguer l'édit de novembre 1787, accordant l'état civil à « tous ceux qui ne font pas profession de la religion catholique », il spécifia qu'« en ce qui concerne les juifs du ressort il ne sera rien innové ». C'est pour vaincre cette résistance parlementaire que le roi confia à Malesherbes la mission d'envisager une solution d'ensemble. Cet œcuménisme encore balbutiant est à mettre à l'actif du souverain, mais il faudra attendre septembre 1791 pour que la tolérance, dont l'abbé Grégoire s'est fait le héraut, trouve enfin gain de cause.

Le courroux du pape qui manie ses foudres le 10 mars 1790, condamnant d'un même élan dans un bref *Alii Quantum* la constitution civile du clergé et la Déclaration des droits de l'homme, lui fait vivre les moments les plus douloureux de sa vie. Lui qui a déjà tout toléré : les sobriquets ridicules, la cocarde tricolore, les insolences du Tiers, l'humiliant retour à Paris, le massacre de ses partisans, l'exécution de Favras, l'outrecuidance de ses sujets, le bonnet rouge, n'accepte pas de devenir hérétique. Il veut bien pactiser avec le peuple, pas avec le diable. Il accepte de paraître démocrate, pas apostat, Jacobin, pas renégat.

Le reniement de son propre confesseur l'abbé Poupart de Saint-Eustache, qui prête serment, ne le déstabilise pas : « Vous voyez, ô mon Dieu, écrit-il alors, toutes les plaies qui déchirent mon cœur et la profondeur de l'abîme dans lequel je suis tombé. Je fais le vœu de révoquer le plus tôt possible toutes les lois qui seraient indiquées soit par le pape, soit par quatre évêques choisis parmi les plus vertueux comme contraires à la pureté et à l'intégrité de la loi, à la discipline et à la juridiction spirituelle de la sainte foi catholique et romaine, notamment la constitution civile du clergé. »

À son successeur, le père Hébert, dont la piété et l'énergie le séduisent, Louis demande s'il peut communier malgré son concours à une législation hérétique. « Monsieur Hébert, je connais toute la pureté de vos principes catholiques qui sont aussi et seront toujours les miens. Jugez par votre cœur du tourment du mien sur les maux de la religion. Il est le plus cruel de tous ceux qui m'affligent : tout ce qui s'est fait contre elle l'a été contre moi et s'il plaît au ciel de me rendre l'autorité, le premier usage que j'en ferai, soyez-en sûr, sera pour consolider l'Église et réparer les ruines du sanctuaire. » Les assurances du prêtre ne suffisent pas à le persuader de son état de grâce et c'est en catéchumène que Sa Majesté écrit à M. de Bonnal, évêque de Clermont, pour lui demander la permission de faire ses pâques :

« Je viens, monsieur l'évêque, m'adresser à vous avec conscience comme à une des personnes du clergé qui ont montré constamment le zèle le plus éclairé pour la religion. C'est pour mes pâques que je viens vous consulter. Je voudrais les faire dans la quinzaine, vous connaissez le triste cas où je me trouve par ma malheureuse acceptation des décrets sur le clergé. J'ai toujours regardé cette acceptation comme forcée, étant fermement résolu si je venais à recouvrer ma puissance à rétablir le culte catholique. Les prêtres que j'ai vus pensent que je puis faire mes pâques; je vous prie de voir les évêques que vous jugerez à propos et vous prie de me renvoyer ma lettre avec votre réponse. »

À cette supplique déchirante qui résume ses scrupules, ses hésitations, l'évêque répond par une épître intégriste : « Il me faudrait pour prononcer sur cette importante question toutes les lumières et la grâce du Très Haut. J'ai consulté les évêques les plus distingués : ils sont tous d'avis que Votre Majesté doit s'abstenir d'approcher de la Sainte Table car enfin elle ne peut que par un grand nombre d'œuvres méritoires se laver aux yeux de Dieu d'avoir concouru à cette révolution. Je sais bien qu'il a été entraîné par des circonstances irrésistibles mais ses sujets auront à lui reprocher encore longtemps d'avoir sanctionné des décrets destructifs de la religion. »

En 1789, un drame fut plus dur que tous les autres : le 4 juin, en pleine guérilla de procédure avec le Tiers qui veut se constituer en Assemblée nationale, son fils aîné, le nouveau Dauphin, meurt après une cruelle agonie à Saint-Cloud. Une délégation des États généraux demande à le voir. Il a pour refuser cette formule bouleversante : « N'y a-t-il pas un père dans cette assemblée ? » Marie-Antoinette devant le tribunal de Fouquier-Tinville lancera un cri plus déchirant encore quand le drôle osera l'accuser d'inceste : « J'en appelle à toutes les mères. »

Aucun de ses défenseurs n'évoquera l'horreur de cette épreuve, aucun ne parlera de ces précédentes mutilations, de cette confrontation avec le néant qui d'un Dauphin à l'autre engoncent le roi dans un christianisme étouffant.

DES CIRCONSTANCES ATTÉNUANTES

Quand le 26 décembre 1790 (deux ans, jour pour jour, avant la plaidoirie de Desèze) Louis XVI se décide enfin à sanctionner la constitution civile du clergé, il est persuadé de commettre un péché mortel. Il enfle une situation prévisible qu'un monarque, même profondément croyant, aurait pu aisément surmonter. Malheureusement, il se conduit en homme d'Église, pas en homme d'État. Il porte sa croix en acceptant son sceptre. Le roi prépare sa fin. Après son « sacrilège », le martyre pourra, seul, lui ouvrir les chemins du pardon et du ciel. Si l'on oublie qu'il fut d'abord une victime de lui-même, comment apprécier le verdict impitoyable qui le frappe ? Si l'on ignore sa personnalité, comment déchiffrer son système de défense ? Sa dérobade du 11 décembre 1792, son sang-froid et sa grandeur du 21 janvier 1793 sont incompréhensibles sans la connaissance de l'homme. Cet ouvrage, sans l'absoudre, permettra, peut-être, de mieux comprendre le plus complexe de nos rois. Une famille castratrice ; une éducation rétrograde ; l'impuissance et la gloire ; le vertige de la mort ; la fascination de la foi : autant de circonstances atténuantes. Malheureusement nul ne les invoquera.

Chapitre III

UN SERRURIER SOUS LES VERROUS

Après son interpellation à Varennes, la Législative, pour sauver la Révolution et la royauté, cohabitation impossible, invente le feuilleton de l'enlèvement : Fersen a kidnappé le mari de sa maîtresse avec la complicité d'un général félon, Bouillé. Peu importe l'invraisemblance. C'est l'intérêt de tous et chacun feint d'y croire : le roi parce qu'il sauve provisoirement sa couronne, la Cour ses privilèges, l'Assemblée la face. Barnave, dans son discours du 15 juillet 1791, résume ce soulagement collectif : « Allons-nous terminer la Révolution ? Allons-nous la recommencer ?... Un pas de plus serait un geste funeste et coupable, un pas de plus dans la ligne de la liberté serait la destruction de la royauté, dans la ligne de l'égalité, la destruction de la propriété... » L'ancien dirigeant du Tiers, subjugué par Marie-Antoinette, songe-t-il à préserver la famille royale, se laisse-t-il conduire par l'ambition ou l'intérêt ? La guerre déclarée le 20 avril 1792 est espérée par tous, seul Robespierre est réticent.

La Gironde pense consolider sa position par le triomphe de nos armes, la Cour par leurs déboires. Le roi souhaite la victoire de l'Allemagne, parce que sans elle le jacobinisme s'installerait partout en Europe. Ce virtuose du double langage ne cache guère son jeu quand il écrit à Breteuil : « Au lieu d'une guerre civile, ce sera une guerre politique et les choses en seront bien meilleures : l'état physique et moral de la France fait qu'il lui est impossible de soutenir une demicampagne. » Le même jour, Marie-Antoinette confie à son beau Suédois : « Les imbéciles, ils ne voient pas que c'est nous servir ! » Elle parle des Girondins.

Ces imbéciles, quand ils ouvrent le conflit contre le roi de Hongrie et de Bohême, se souviennent-ils du vœu de la Constituante : « La nation française renonce à entreprendre aucune guerre en vue des conquêtes et n'emploiera jamais ses forces contre la liberté d'aucun peuple... » ? C'était le 29 mai 1790, deux ans déjà. Cette guerre « franche et bonne » selon l'expression de cet irresponsable de Brissot tourne vite à la débâcle. Dès le 29 avril 1792, les troupes de Dillon, le Gamelin de l'époque, se débandent, pendent le général et refluent en désordre. Quelques jours plus tard, Biron est défait sous Valenciennes et Rochambeau, chef de l'armée du Nord, démissionne. La route de Paris est ouverte.

Dans la capitale, la chasse aux traîtres s'organise. Danton et Robespierre s'en prennent à la Gironde. Qui réplique en demandant la mise en accusation de Marat. Liés à la grande bourgeoisie, attachés à cette liberté économique qui nous vient d'Angleterre, les amis de Vergniaud comprennent, un peu tard, que seule une monarchie constitutionnelle peut consolider les acquis révolutionnaires et éviter l'anarchie. Il faudra attendre Louis-Philippe pour que se réalise ce rêve. Pour l'heure, les deux factions de l'Assemblée se réconcilient – provisoirement – sur le dos du roi et de son fameux comité autrichien. On voit des espions partout et Brissot, qui souhaitait de grandes trahisons pour relever les cœurs, est comblé. Dans ce climat de fin de règne, après la chute de Verdun et de Longwy, Brunswick, commandant en chef des armées coalisées, lance le 25 juillet 1792 son manifeste.

Philosophe cérémonieux, penseur botté, franc-maçon d'assaut, le général en chef de la coalition passe pour un libéral et un militaire de talent. Libéral, il restera dans l'Histoire comme auteur de l'ultimatum incendiaire qui porte son nom. Militaire, il s'illustra surtout par des défaites. Pendant la guerre de Sept Ans, il se fait successivement rosser par Condé, Broglie et de Castres[1]. Au moment de l'émigration, ses trois vainqueurs se retrouvent sous ses ordres. Revanche. Cet homme qui bénéficie d'une réputation supérieure à ses qualités avait séduit Mirabeau, qui avait même pensé lui proposer le trône de France. C'est le fils du général Custine envoyé par le comte de Narbonne, alors ministre de la Guerre, qui lui en fit la proposition. Interloqué, Brunswick déclina ce cadeau empoisonné.

Quand Paris prend connaissance des termes du diktat, l'exaspération est à son comble. On accuse le roi, qui n'y est pour rien, d'être à l'origine de cette nouvelle ingérence et la reine d'être un agent à la solde de sa famille.

Enfiévrée, la capitale se soulève. L'insurrection qui marque la chute de la royauté aurait pu, si Louis XVI n'avait pas été Louis XVI, lui permettre de reprendre les rênes en main. Il en avait les moyens. Les principaux chefs révolutionnaires le savent et se terrent. Robespierre et Marat, l'un dans une cave, l'autre dans un grenier, attendent que l'orage passe.

Les forces royales sont moins nombreuses mais aguerries et mieux équipées que les assaillants : mille deux cents Suisses, troupe d'élite, sans états d'âme mais avec des états de service, épaulés par un millier de gendarmes, deux mille gardes nationaux, deux cents volontaires accourus pour protéger le roi. Sans doute ni les gendarmes, ni les gardes nationaux ne sont complètement sûrs, mais sous le commandement d'un officier de valeur, le marquis de Mandat, encadrés par les soldats de métier, ils peuvent prétendre à la victoire; la partie est loin d'être perdue quand Pétion, le nouveau maire de Paris, arrivé aux Tuileries vers 21 h 30 donne l'ordre de répondre à la force par la force.

La suite, on la connaît : l'imprudence de Mandat qui se rend à l'Hôtel de Ville, son assassinat dont Danton revendiquera lors de son procès la responsabilité, l'attitude résolue de Santerre, commandant de la garde nationale qu'il désorganise en la privant de son artillerie, la défense du château, la dérobade pitoyable du roi incapable de galvaniser ses soldats. S'adressant aux moins sûrs d'entre eux, il bafouille : « J'aime bien la garde nationale... » Ce n'est pas son panache blanc qu'il agite mais le drapeau de même couleur, celui de la reddition, quand Roederer, procureur-syndic du département de la Seine, lui suggère de se réfugier avec sa famille au sein de l'Assemblée. Il y parvient vers les 8 heures du matin, laissant la garnison du château sans commandement. Louis XVI, recru de fatigue, dépassé par les événements, tourne le dos au lieu de faire face. On se souvient également de la résistance acharnée des Suisses, de leur massacre, de la bravoure des gens de Paris et de Marseille, de la traque impitoyable des vaincus abattus comme des chiens. Bonaparte, un spectateur averti, dira : « J'ai vu des femmes bien mises se porter aux dernières indécences sur les cadavres des Suisses. Jamais, jamais depuis, aucun de mes [sic] champs de bataille ne me donna l'idée d'autant de cadavres que représenta la masse des Suisses. » Le bilan est terrifiant : huit cents officiers et soldats étrangers gisent sur le pavé, des centaines de morts parmi les assaillants. Le roi n'a pas commandé le feu mais a laissé sans directives des hommes prêts à mourir pour lui. Quand il entend la fusillade, il hésite, tergiverse, se contredit. De l'Assemblée, il lance d'abord un ordre incompréhensible : « Que les soldats reviennent à leur poste », puis il leur enjoint de regagner leur caserne sans se rendre compte qu'il les expédie à la mort sous les piques et les coups. Il ne sonne pas la retraite ; il se rend coupable de non-assistance à personne en danger.

Quand le soir tombe sur le triomphe de l'insurrection parisienne, la Législative essaie de gérer une victoire qui n'est pas la sienne mais celle du peuple. Au lieu de se soumettre à la volonté de la gauche qui exige la déchéance du roi, elle biaise en décidant de le suspendre de ses augustes fonctions.

« L'Assemblée nationale, considérant que les dangers de la patrie sont parvenus à leur comble ; que c'est pour le corps législatif le plus saint des devoirs d'employer tous les moyens de la sauver ; qu'il est impossible d'en trouver d'efficaces, tant qu'on ne s'occupera pas de tarir la source de ses maux ; considérant que ces maux dérivent principalement des défiances inspirées par la conduite du chef du pouvoir exécutif dans une guerre entreprise en son nom contre la Constitution et l'indépendance nationale; que ces défiances ont provoqué, des diverses parties de l'empire, un vœu tendant à la révocation de l'autorité déléguée à Louis XVI; considérant *néanmoins* que le corps législatif ne doit et ne peut agrandir la sienne par aucune *usurpation*... » Ce « néanmoins » est un chef-d'œuvre : il exprime l'embarras d'une Assemblée qui ne veut pas commettre l'irréparable. « ... que, dans les circonstances extraordinaires où l'ont placé les événements imprévus par toutes les lois, il ne peut concilier ce qu'il doit à sa fidélité inébranlable à la Constitution avec la ferme résolution de s'ensevelir sous les ruines du temple de la liberté plutôt que la laisser périr. »

Préambule révélateur. Les députés veulent en découdre, non en finir avec le roi. Certains d'entre eux donnent même l'impression de vouloir refaire le coup de Varennes et ne songent qu'à gagner du temps.

Aussi, l'Assemblée décrète :

« ARTICLE I : Le peuple français est invité à former une Convention nationale. La commission extraordinaire présentera demain un projet pour indiquer le mode et l'époque de cette Convention.

» ARTICLE II : Le chef du pouvoir exécutif est provisoirement suspendu de ses fonctions jusqu'à ce que la Convention nationale ait prononcé sur les mesures qu'elle croira devoir alerter pour assurer la souveraineté du peuple et le règne de l'égalité et de la liberté. »

Pour donner à la fois un gage et le change, la Législative moribonde fait placarder dans Paris une affiche informant le bon peuple que le roi et sa famille sont désormais des otages. Où les mettre ? On pense d'abord au Luxembourg. L'idée de ce palais, trop luxueux et peu sûr, est vite abandonnée. Quelqu'un suggère l'hôtel de la Chancellerie place Vendôme. Pour des raisons identiques, ce haut lieu n'est pas retenu. Incapable de prendre une décision, l'Assemblée se défausse sur la Commune. Celle-ci ne s'embarrasse pas de scrupules et confie la garde du roi et de sa famille « aux vertus des citoyens de Paris ». Le 12 août 1792, elle décrète : « Les prisonniers seront " déposés " dans la tour du Temple sous la surveillance de la loi et de celle de la loyauté française » et adresse à l'Assemblée nationale un réquisitoire sévère contre le souverain.

L'administration pénitentiaire est la même sous tous les régimes. Les hommes qui gardent le roi ne sont ni pires ni meilleurs que les matons ordinaires quand ils se trouvent face à des prisonniers de qualité. Les vexations commencent le 21 août. Ce jour-là, la section Poissonnière de la municipalité de Paris déclare qu'un membre du conseil général de la Commune « avait déshonoré son caractère au point de rattacher le bouton de culotte de Louis XVI ». Elle invite les vingt-sept autres sections « à se réunir à elle pour exiger que le substitut du procureur de la Commune fasse connaître le membre qui s'est avili à ce point afin qu'il soit promptement expulsé du conseil général [2] ».

*

Le serrurier sous les verrous, la Législative part à la découverte d'une procédure introuvable. On ne juge pas tous les jours le représentant de Dieu sur terre. Le 12 août 1792, elle décide : « Les Suisses qui ont tiré sur le peuple seront jugés par une cour martiale et les conspirateurs du 10 août par le tribunal criminel. » Puis la répression se coule dans le moule d'une juridiction d'exception. Vieille tradition monarchique consacrée par l'Empire, banalisée par les Républiques successives. La faction dominante s'empresse de déposséder les magistrats de leurs prérogatives et confie à des juges triés sur le volet le soin de punir les vaincus. Sur proposition d'Hérault de Séchelles [3], un tribunal extraordinaire est institué pour sanctionner « les crimes commis dans la journée du 10 août et d'autres crimes qui y sont rattachés ». Cette instance succède à l'éphémère tribunal de lèse-nation et à la Haute Cour d'Orléans. Elle est composée de quinze jurés choisis parmi les membres des sections, de huit juges, huit suppléants, deux accusateurs publics dont Fouquier-Tinville qui fait ses premières passes dans la mise à mort, deux greffiers et deux commissaires nationaux nommés par le pouvoir exécutif provisoire. Elle est divisée en deux sections composées chacune de quatre juges, quatre suppléants, un accusateur public, un greffier, quatre commis-greffiers et un commissaire national. Les jurés se prononcent en dernier ressort « sans qu'il puisse y avoir lieu à un recours au tribunal de cassation ». Robespierre obtient ainsi satisfaction, lui qui déclarait le 15 août : « Il faut de nouveaux juges au peuple, créés pour la circonstance, car si vous renommiez les juges anciens, vous rétabliriez les juges prévaricateurs et nous retournerions dans ce chaos qui a failli perdre la nation... » Le non-droit ou le chaos! Il faut avoir la bonne conscience blindée de l'Incorruptible pour énoncer sans sourciller pareilles énormités. Le nouveau tribunal condamne à mort Collenot d'Angremont, sergent recruteur de la royauté, Laporte, le responsable de la liste civile, Rezoy, journaliste de droite accusé d'atteinte au moral de l'armée, mais il acquitte certains accusés dont Montmorin Saint-Herem, ancien ministre des Affaires étrangères. Cette vindicte qui épargne les premiers violons ne satisfait qu'à demi ceux qui rêvent de frapper un grand coup : juger le roi.

L'idée du procès était dans l'air bien avant la prise des Tuileries. Déjà, au lendemain de Varennes, une pétition de trente mille noms exigeait la proclamation de la République et la mise en accusation du fuyard. Le 31 août 1792, la section de Mauconseil réunissant plus de six cents citoyens réclamait « la déchéance de ce roi cruel ». Quelques jours plus tard, la section des Gravilliers se prononça « pour la mise en accusation de Louis Capet pour crime contre la sûreté nationale ». Des adresses réclamant la République, il y en a partout : à Montpellier, à Paris où le club des Cordeliers reproche à l'Assemblée de délibérer quand « l'ennemi approche et que le roi, si l'on n'y prend garde, va livrer nos cités aux fers ensanglantés des despotes de l'Europe ». Avant que le procès ne commence, les réquisitoires « sauvages » se multiplient.

L'un des plus célèbres est celui de Vergniaud, du 3 juillet 1792. L'homme qui deviendra un défenseur ondoyant du souverain l'accable ce jour-là.

« C'est *au nom du Roi* que les princes français ont tenté de soulever contre la nation toutes les cours d'Europe ; c'est pour venger *la dignité du roi* que s'est conclu en août 91 le traité de Pillnitz entre la cour de Vienne et celle de Berlin ; c'est pour *défendre le roi* qu'on a vu accourir en Allemagne sous les drapeaux de la rébellion les anciennes compagnies des gardes du corps ; c'est pour venir *au secours du roi* que les émigrés sollicitent et obtiennent de l'emploi dans les armées autrichiennes et s'apprêtent à déchirer le sein de leur patrie [...] C'est *au nom du roi* que la liberté est attaquée... Enfin tous les maux qu'on s'efforce d'accumuler sur nos têtes, tous ceux que nous avons à redouter, c'est *le seul nom du roi* qui en est le prétexte ou la cause... »

Cette philippique plus redoutable que les meilleures diatribes de Fouquier-Tinville est envoyée aux départements. Elle contient en germe les rapports des innombrables commissions de la Législative, de la Convention et de l'acte d'accusation. Valazé, Mailhe, Lindet et les autres ne diront pas autre chose, à l'instar de la section des Gravilliers, qui, avant le procès, prononce la sentence : « Louis XVI vous n'êtes plus roi des Français. Les citoyens qui composent la plus grande section de Paris [...] ont voté à trois reprises successives, à l'unanimité, réunis à plus de huit mille, la déchéance du roi des Français et ce cri de réprobation a été répété par quarante-six sections de cette ville immense. Il le sera bientôt par toutes les sections de Paris [4]. »

Après le 10 août, l'idée de voir comparaître Louis se renforce dans l'opinion publique. Le juger ? Mais comment ? Selon quelle procédure ? Devant quelle juridiction ? Ce problème de l'inviolabilité constitutionnelle de la personne du roi ne cessera de se poser, de la prise des Tuileries à la veille de l'exécution, juridisme fatal, car la défense en négligera d'autres arguments moins sophistiqués mais plus efficaces.

UN SERRURIER SOUS LES VERROUS

*

Entre les légalistes cramponnés à la Constitution et les révolutionnaires qui obéissent à leur propre logique, aucun dialogue n'est possible. Déjà la Terreur s'amorce et la frénésie de la deuxième Révolution se dessine dans ces querelles de juristes.

Que dit la Constitution de 1791 ? Elle confère au roi un caractère inviolable et sacré [5]. Il n'est responsable que dans trois occurrences :

Si un mois après l'invitation du corps législatif le roi n'a pas prêté le serment ou si, après l'avoir prêté, il le rétracte [6] ;

S'il se met à la tête d'une armée et en dirige les forces contre la nation ou s'il ne s'oppose pas par un acte formel à une telle entreprise qui s'exécuterait en son nom [7] ;

Si, ayant quitté le royaume, il n'y rentrait pas après l'invitation qui lui en serait faite par le corps législatif et dans le délai qui sera fixé par la proclamation [8].

Aucun de ces cas ne s'applique à Louis XVI : il a prêté serment ; il n'a pas pris la tête de la dissidence ; il est demeuré en France.

Si la Convention passait outre pour le juger, quelle sanction le roi risquerait-il ? la déchéance : redevenu citoyen à part entière après son abdication, il n'aurait à rendre de comptes que pour les actes commis postérieurement [9].

Cette réglementation oblige les adversaires de Louis XVI à faire preuve d'imagination. Ils allèguent – non sans raison – que le serment prêté par le roi à la Constitution n'exprime qu'une allégeance postiche et que nul n'a le droit d'invoquer pour sa défense sa propre turpitude. L'inviolabilité, ajoutent-ils, résulte d'un contrat synallagmatique [10] entre le peuple et le souverain. Faute d'être exécuté de bonne foi, il devient caduc. De plein droit. Quant au clivage entre les actes politiques du roi (qui doivent être approuvés par le ministre responsable) et ses agissements personnels (qui n'exigent aucun contreseing), ils le considèrent comme artificiel.

Dans son discours du 14 juillet 1791 à la Constituante, Robespierre l'affirmait déjà : « Messieurs, s'agit-il d'un acte personnel à un individu revêtu du titre de roi ? S'agit-il, par exemple, d'un assassinat commis par cet individu, cet acte est-il nul et sans effet ou bien y a-t-il là un ministre qui signe et qui réponde ? » Vergniaud, le 3 juillet 1792, devant la Législative, avait repris l'argument : « Le roi est inviolable mais seul il jouit de son inviolabilité qui est incommunicable. Il ne répond ni de ses fautes ni de ses erreurs; ses agents en répondent [...] Et si le roi à l'abri de l'inviolabilité entreprenait de détruire impunément la Constitution », alors, conclut le Girondin s'adressant fictivement à lui, « vous n'êtes plus rien pour cette Constitution que vous avez si indignement violée, pour ce peuple que vous avez si lâchement trahi ».

Cette distinction entre la délinquance politique et la criminalité privée avait-elle été prévue par les textes ? Rien n'est moins sûr. Ce qui justifie le procès de Louis XVI, c'est le souvenir de notre ancien droit, où deux justices cohabitaient : la justice déléguée rendue par les tribunaux, la justice retenue, apanage du seul monarque. La puissance qu'on retire au roi revient à son premier détenteur, le peuple, qui en reçoit le plein exercice. Le décret du 10 août 1792 [11] le rappelle : « La Convention est convoquée pour assurer la *souveraineté du peuple* et le règne de l'égalité et de la liberté. » Cette formule actualise la vieille idée de Sieyès dans son ouvrage *Qu'est-ce que le Tiers État ?* : « Le peuple, dès qu'il n'y a plus de Constitution, reprend une souveraineté sans limites et ses délégués exercent tous les pouvoirs car c'est la Constitution même qui sépare tous les pouvoirs et en règle les exercices [12]. »

Après le 10 août 1792, il n'y a plus de roi, plus de Constitution. Le peuple a donc le droit de retenir et d'exercer sa justice. Reste à savoir devant quel tribunal le roi doit comparaître.

UN SERRURIER SOUS LES VERROUS

*

La Constitution du 3 décembre 1791 est muette à ce sujet. Son article 23 évoque bien « une Haute Cour nationale formée des membres du tribunal de cassation et de hauts jurés devant connaître les délits des ministres et agents principaux du pouvoir exécutif et des crimes qui attaqueront la sûreté générale de l'État, lorsque le corps législatif aura rendu un décret d'accusation ». Mais cette Haute Cour ne peut connaître que les infractions commises par les seconds couteaux, du roi, il n'en est pas question.

Déchu, doit-il relever de la procédure de droit commun, établie par la loi du 7 février 1791 [13] et toujours en vigueur? Ce texte divise le procès en plusieurs séquences : *l'instruction préparatoire* confiée à un juge de paix puis *la mise en accusation* conduite par un membre du tribunal de district compétent. Véritable juge d'instruction, ce magistrat transmet ses propositions au jury d'accusation composé de huit membres tirés au sort sur une liste de deux cents citoyens dressée par les autorités départementales. Cette procédure, une des plus démocratiques que la France ait connue, donne la parole aux citoyens dès la phase initiale du procès : ils décident le non-lieu ou le renvoi de l'inculpé devant le tribunal. La liberté, chose trop précieuse pour n'être confiée qu'à des professionnels, est mise en copropriété. Sage précaution qu'oubliera la République en la confiant à un seul homme.

Une fois l'instruction terminée, l'accusé comparaît, si le jury d'accusation en décide, *devant le tribunal criminel* pour y être jugé par le jury de jugement, composé, lui aussi, de non professionnels. Ainsi le peuple, après avoir décidé de l'inculpation, statue sur la culpabilité.

Certains reprochent à la Convention de n'avoir pas appliqué à Louis XVI cette procédure. Mauvaise querelle. Comment le sort du roi de France pouvait-il dépendre d'un juge de paix, d'un directeur du jury, d'un jury d'accusation, d'un jury de jugement? Dans aucune Constitution française le chef de l'État ne relèvera des tribunaux ordinaires.

En 1875, la IIIe République instituera la Chambre des députés jury d'accusation et le Sénat jury de jugement. En 1946, la IVe République créera une Haute Cour de justice élue par l'Assemblée nationale et une commission d'instruction composée en majorité de parlementaires. Aujourd'hui la Constitution de la Ve République prévoit une Haute Cour composée en nombre égal de députés et de sénateurs et son article 69 précise : « Le président de la République n'est responsable de ses actes accomplis dans ses fonctions qu'en cas de haute trahison. Il ne peut être mis en accusation que par les deux assemblées statuant par un vote identique au scrutin public et à la majorité absolue des membres le composant. Il est jugé par la Haute Cour de justice. » L'inviolabilité, règle séculaire consacrée par la royauté et par la République, fait du chef de l'État un justiciable privilégié.

En cet automne 1792, pour les Jacobins durs et purs, Louis XVI s'est mis lui-même hors la loi. Le 21 septembre, Merlin de Thionville traduit leur pensée : « Un roi détrôné n'est même pas un citoyen. » Il ne peut donc prétendre à la protection d'une procédure ordinaire. Sorte d'ectoplasme juridique, il relève d'une fantomatique réglementation oscillant entre le nouveau et l'ancien droit. C'est ce dernier qui recevra la meilleure part. Louis XVI aura droit à une instruction secrète d'où tout conseil sera chassé; jusqu'à son premier interrogatoire, il sera privé de contact et considéré « comme un muet volontaire ». C'est encore l'ordonnance de 1670 [14] qui recevra application lors de son interrogatoire où il devra répondre « directement par sa bouche sans le ministère d'un conseil ». Livré aux monitoires républicains où les clubs ont remplacé les paroisses, sevré de confrontations, il n'obtiendra l'assistance de ses défenseurs qu'après sa première comparution.

Louis XVI est traité comme ses sujets au début de son règne, avant qu'il n'humanise la procédure et tire la justice de son Moyen Âge.

Chapitre IV

DES PIÈCES SANS CONVICTION

L'instruction du procès de Louis XVI commence le soir du 10 août. C'est une erreur de la faire débuter seulement le 1er octobre 1792, date de la création par la Convention de la commission des Vingt-Quatre.

En pleine insurrection, la Législative ordonne la saisie des pièces à conviction et des documents arrachés aux Tuileries par les assaillants. Leur mise sous scellés se déroule dans la plus grande pagaille et donne lieu à une féroce concurrence entre les différents organes chargés de les collecter. Elle illustre la rivalité croissante entre la Commune et la Législative et témoigne, au-delà du désordre, du légalisme imperturbable dont les assemblées révolutionnaires ne se départiront jamais.

L'article 7 du décret de suspension du pouvoir exécutif stipulant que « les registres de la liste civile seront déposés sur le bureau de l'Assemblée », l'intendant, Arnaud de Laporte, s'exécute avec empressement. Thuriot et Brissot font décréter la mise sous séquestre de ces documents et des dossiers des ministres déchus.

De son côté, la Commune ne reste pas inactive et les commissaires de la section du Louvre se transportent aux Tuileries, interdisent l'accès des bureaux de Laporte et des appartements royaux.

Dans les jours qui suivent le 10 août, le comité de surveillance, les divers organismes insurrectionnels sont submergés par l'arrivée de mémoires, lettres, correspondances, bijoux, argenterie, mobilier, trouvés au château. Cette moisson lave le peuple de Paris de l'accusation de pillage mais accentue la confusion. Pour y mettre fin, l'Assemblée crée la commission des Tuileries dont la tâche est de placer ces pièces « sous la sauvegarde des lois ». Dans le souci d'une forme qui ne perd jamais ses droits même aux pires moments, elle décide que les bureaux de la liste civile seront inventoriés par dix commissaires des sections du Louvre et des Piques, territorialement compétentes, en présence de six députés de l'Assemblée législative dont Merlin et Gohier. Une autre commission, dite celle-là commission extraordinaire, s'occupe de collecter tout ce qui peut être retenu contre le roi et d'interroger les personnes interpellées.

Ces organismes, premiers d'une longue série, traduisent la volonté de la Législative d'apparaître comme protectrice et régulatrice des libertés. La commission des Tuileries va jouer le rôle du juge d'instruction et le comité de surveillance [1] celui de greffier. Ainsi l'instruction du procès commence avant la décision de l'entreprendre. Cette singularité pèsera lourd devant une postérité mal éclairée sur le contexte juridico-politique de l'époque. Elle sera retenue à charge contre la Législative alors qu'elle essaie de canaliser l'incontrôlable.

*

Chaque jour, on voit défiler à la tribune les gens les plus étranges. Certains racontent n'importe quoi. D'autres, plus sérieux, apportent des pièces et des témoignages à crédibilité variable.

Le 15 août 1792, Bazire, député de la Côte-d'Or, membre de la commission des Tuileries, donne connaissance de deux lettres trouvées « dans un secrétaire qu'il a fallu rompre pour voir ce qu'il contenait ». Elles concernent les dépenses de la Maison du roi à Coblence et constituent la première charge sérieuse contre le futur accusé. Homme déroutant que ce Bazire. Il sauva la vie à bon nombre de Suisses ; puis, après le procès du roi, demandera avec Danton que la Terreur soit à l'ordre du jour. L'activisme à éclipses de ce révolutionnaire de choc ne l'empêchera pas d'être condamné pour indélicatesse et exécuté le 5 avril 1794. La corruption sera présente tout au long du procès. Les connivences suspectes y joueront leur rôle.

Pour l'heure, le futur corrompu dénonce les manigances du roi pour financer l'émigration. « Un grand nombre d'effets précieux qui remplissaient autrefois les maisons royales ont disparu. Il y avait beaucoup de meubles massifs en or et en argent. Nous n'en avons trouvé aucun, il est probable qu'ils ont été fondus et convertis en espèces et envoyés aux émigrés. » Voilà qui impressionne l'Assemblée. Le rapport est imprimé, distribué aux députés et envoyé aux départements et aux armées. Plus tard, Bazire avouera avoir forcé le trait pour secouer l'opinion et l'inciter à demander des comptes au roi.

Le 15 septembre, Gohier donne lecture d'un certain nombre de lettres ayant trait à « différents projets de contre-révolution et principalement l'éloignement du roi sous l'escorte des gardes suisses, de l'ancienne garde royale et d'une partie de la garde nationale ». Le lendemain, il présente son rapport d'ensemble sur les documents inventoriés aux Tuileries. « Les pièces trouvées dans le bureau de la liste civile nous ont paru si nombreuses que [...] vous m'avez chargé d'en faire l'analyse, de vous en présenter le tableau. Je viens au nom de tous les commissaires vous offrir ce travail que l'on pourrait intituler la nécessité de la journée du 10 août, vérifiée par les titres mêmes inventoriés chez les principaux agents de la contre-révolution. »

Bon vivant, ce juriste qui séduira Bonaparte s'étend avec complaisance sur les intelligences de la Cour avec les puissances étrangères et les manœuvres intérieures pour amener la contre-révolution. Pourtant son intervention laisse la Législative sur sa faim. À part un billet de Monsieur démontrant qu'il n'a jamais cessé ses relations avec le roi, les autres documents compromettent surtout Laporte ou des comparses. Cependant Gohier apporte la preuve – ce n'est pas mince – que Louis XVI avait continué à payer la solde des gardes du corps réunis à Coblence sous la poigne de Condé, le grand-père du duc d'Enghien. Quelques jours auparavant, un véritable réquisitoire avait été prononcé contre le roi par la commission extraordinaire et le comité de surveillance. Delaunay d'Angers, le rapporteur, n'avait pas mâché ses mots et traitait Louis XVI de tyran, de parjure, de conspirateur, l'accusant de s'abriter derrière son inviolabilité constitutionnelle « pour éviter le grand acte de justice qui se prépare ».

Dans Paris enfiévré, encore sous le choc du manifeste de Brunswick, deux lettres découvertes dans l'intervalle produisent un effet détestable. La première écrite par le prince Philippe de Noailles au roi : « Sire, j'ai l'honneur de remettre à Votre Majesté les états de recettes et dépenses de ses quatre compagnies des gardes du corps du 1er avril 1788 au 1er juillet 1791. Votre Majesté verra avec quelle économie elle a toujours été servie par cette troupe si cruellement traitée. C'est faire saigner le cœur de Votre Majesté que de lui en parler. Ces comptes ont été huit jours entre les mains de Monsieur de Laporte. Quand Votre Majesté les aura examinés je la supplie de mettre son approbation aux états signés de nous. Je joins ici un mémoire à peu près semblable au premier que j'ai remis à Votre Majesté. Je la supplie d'écrire ses ordres à côté... Votre Majesté trouvera ci-joint un mémoire explicatif des dépenses de corps et une lettre que j'ai reçue de Coblence. »

Le roi de France entretenant de ses deniers les régiments émigrés qui se proposaient – Provence et Artois n'en faisaient pas mystère – d'en finir avec la République, voilà qui pouvait apparaître comme une trahison. La seconde lettre, anonyme cette fois, adressée au prince de Poix le 7 octobre 1791, donnait des détails sur le transfert des fonds royaux et sur leur emploi. « Il appartient à une personne telle que vous de n'attendre aucune sollicitation et de vous mettre en avant de la manière la plus marquée en disant à M. Desfontaine de déposer chez MM. Tournon et Ravel, banquiers à Paris, tous les fonds de la caisse du corps en assignats et de lui demander des lettres de crédit pour pareilles sommes sur les banquiers les plus connus d'Angleterre et de Hollande et de les apporter à Coblence... » Ce document se terminait par cette phrase accablante : « Il sera rendu compte au roi dans la forme ordinaire de l'emploi de ces fonds. » Ainsi Louis XVI devenait complice de l'émigration par fourniture de moyens et la preuve était faite qu'à Paris le 10 août la garde du roi payée par le roi avait tiré sur le peuple et qu'en Allemagne les émigrés armés par le roi étaient prêts à se porter aux frontières dans les fourgons allemands.

*

Ainsi, les résultats obtenus par la commission des Tuileries étaient loin d'être négligeables. Ils démontrent le caractère factice du ralliement du souverain aux nouvelles institutions et sa résolution de reconquérir, avec l'aide des soldats émigrés et des généraux perdus, ses prérogatives confisquées. Peut-on s'en indigner ? Il aurait fallu à Louis XVI un héroïsme teinté de masochisme ou un flair politique hors du commun pour agir de façon différente. Depuis 1789, la monarchie et la Révolution ne cessent de se duper. Elles sont toutes deux prisonnières de logiques inconciliables. Pourtant, il manque encore les pièces les plus accablantes. Il faudra attendre l'armoire de fer et souvent le XIXe siècle pour apporter la preuve que Louis XVI et Marie-Antoinette ont pactisé avec l'ennemi. La reine de France ne révélait-elle pas à Mercy, l'ancien ambassadeur d'Autriche à Paris, des secrets militaires ? « Dumouriez, ne doutant plus de l'accord des puissances, a le projet de commencer le premier par une attaque en Savoie et une autre par le pays de Liège. C'est l'armée de M. de La Fayette qui doit servir à cette dernière attaque. Voilà le résultat du dernier conseil d'hier. » Cette lettre découverte plus tard dissipe les dernières équivoques.

Si, dans l'immédiat, le dossier demeure dans un certain flou, la faute en incombe aussi à un manque de sérieux dans le classement des pièces, de rigueur dans leur analyse. La confusion règne et personne ne songe à soumettre au prisonnier du Temple les documents saisis. Rassemblés à son insu, détournés de leur sens premier, présentés comme l'expression même de sa pensée, ils servent de base à un intense travail psychologique tendant à accréditer sa culpabilité. À cette époque déjà la présomption d'innocence s'inscrit en trompe l'œil.

*

L'instruction sous la Législative est également marquée par la disparition successive – et bien opportune – d'un certain nombre de témoins précieux pour la défense, dont les auditions ne purent avoir lieu pour cause de mort violente. C'est d'abord la Haute Cour d'Orléans qui condamne à mort Delessart, ancien ministre des Affaires étrangères [2], Dabancourt, ancien ministre de la Guerre [3], et le duc de Brissac, commandant général de la garde constitutionnelle du roi. Cette juridiction qui succéda au tribunal de lèse-nation pour juger les délits intéressant le salut de l'État est bientôt trouvée trop indulgente [4]. Elle est dessaisie par la force fin août 1792 par un commando conduit par Fournier « l'Américain », un des vainqueurs des Tuileries. Il s'empare des dossiers, enlève les détenus et les laisse massacrer à Versailles le 9 septembre 1792. Parmi les victimes, Estienne de la Rivière, juge de paix de la section Henri IV, chargé au mois de mai 1792 de l'enquête sur le comité autrichien [5].

Le tribunal du 17 août, juridiction d'un seul été, créé par la Législative pour succéder à la Haute Cour puis les massacres de Septembre, fracture décisive dans l'histoire de la Révolution, touchent eux aussi indirectement au procès de Louis XVI dans la mesure où ils éliminent d'autres témoins potentiels. Le 2 septembre, une foule armée, poussée par la peur de l'invasion et de la trahison, excitée par les libelles de Marat dans *L'Ami du peuple* et surtout de Fréron dans *L'Orateur du peuple*, alertée par le tocsin, chauffée à blanc par les meneurs – qui déclaraient ouvertement qu'ils prépareraient la Saint-Barthélemy des révolutionnaires – se transporte dans les prisons. Après des simulacres de jugement, elle assassine pêle-mêle les contre-révolutionnaires, les prêtres réfractaires, les nobles captifs, les droit commun. Le lendemain, à la nouvelle de la capitulation de Verdun, des Parisiens de toutes conditions, « les bras nus », – cette fois, c'est le peuple qui plonge sa souveraineté dans le sang – continuent la besogne. Cette parodie de justice coûtera la vie à plus de mille deux cents [6] détenus des maisons d'arrêt de la capitale. À l'Abbaye, Maillard, le sinistre tape-dur, fait du zèle ; à la Force, Jacques Hébert, membre de la Commune et dont le journal, *Le Père Duchesne*, exerce une grande influence, est au premier rang des massacreurs. Après cinq jours de laisser-faire, les politiques se ressaisissent et tentent d'endiguer l'holocauste dont le Tribunal révolutionnaire assurera la survie codifiée. Condorcet écrira : « Nous tirons le rideau sur les événements dont il serait trop difficile en ce moment d'apprécier le nombre et de calculer les suites. » Ces massacres que l'on reprochera à Danton, ministre de la Justice, entraînent la disparition d'un certain nombre de gens qui en savaient long, à commencer par la princesse de Lamballe et Montmorin Saint-Herem, conseiller de Louis XVI. Tous deux auraient pu fournir des éclaircissements sur la genèse du 10 août et le comité autrichien.

Faut-il voir dans ces éliminations successives la trame d'un vaste complot destiné à escamoter tous les témoins à décharge ? Certains historiens l'affirment et dressent le mémorial des témoins disparus. Au premier rang d'entre eux, Arnaud de Laporte, responsable depuis le 1er janvier 1791 de la liste civile accordée au roi par la Constitution – aucun paiement ne pouvait s'effectuer sans une double signature, celle de Louis XVI et la sienne. Ce grand argentier d'une couronne branlante aurait pu écarter certaines accusations financières proférées contre le monarque déchu. Mis en état d'arrestation « pour la liberté de l'individu et pour la tranquillité publique [7] », son procès préfigure les juridictions parodiques de la Terreur. *Le Moniteur* écrit : « L'instruction de Laporte a été très longue : 36 heures. Accusé d'avoir payé avec les deniers de la liste civile un grand nombre de libelles dont le but était d'avilir l'assemblée-nation, de fomenter des divisions et d'amener la ruine du gouvernement établi [...] Le jury a déclaré qu'il croyait à l'existence d'une conjuration et qu'il était convaincu que Laporte en était le complice. » Exécuté le 28 août 1792, il montrera, selon le même journal, « beaucoup de courage et de fermeté jusqu'au moment de son supplice, alors seulement il a paru se troubler, mais bientôt, recouvrant ses forces, il est monté lui-même à l'échafaud et a reçu la mort avec courage [8] ». Qu'il s'agisse d'un témoin essentiel ne fait aucun doute. De là à conclure qu'on l'exécute pour qu'il se taise est excessif. Il paie ses opinions comme tant d'autres : Roussel, employé de Collenot d'Angremont, Cazotte, commissaire de la Marine et écrivain, son ami Pouteau, secrétaire de la liste civile, Bachmann, commandant des gardes suisses le 10 août, Rulhieres, chef de la gendarmerie nationale, La Ville d'Avray, premier valet de chambre du roi, ou Wittgenstein, Chantrel, commis de Pouteau, Montmorin de Fontainebleau. Il ne s'agit plus de citations à témoins mais d'un appel aux morts... Pour séduisante qu'elle soit, la thèse de l'élimination systématique ne peut être retenue. Qui aurait ordonné ce massacre programmé ? Dressé la liste des victimes ? Guidé la main des juges ? Donné les ordres aux tueurs ? Quel serait le premier fusil de ce tir sélectif ?

La thèse d'un complot machiavélique ne cadre ni avec l'époque ni avec la façon dont la répression est conduite. Les membres des juridictions d'exception ne font aucune distinction entre les prisonniers. Les assassins de Septembre tuent par vengeance, par sauvagerie, pas par malignité. Dans les procès politiques, les témoignages ne pèsent pas lourd et se transforment souvent en boomerang dont l'accusé est la victime. La peur peut transformer les fidèles en accusateurs : Collenot d'Angremont, un royaliste pourtant, avant son exécution, disait à ses juges : « Messieurs, nous étions une troupe de brigands dignes du dernier supplice; mais notre chef est entre vos mains, qu'en faites-vous ? Pourquoi n'est-il pas avec nous ? Son sang doit couler avec le nôtre sur l'échafaud. Les lois de l'égalité vous en font un devoir. C'est sa cause que nous servions, nous n'avons pas commis de crime pour notre propre compte, c'est pour lui que je dressais et que j'endoctrinais une armée d'espions. S'il n'eut point existé un roi des Français nommé Louis XVI, trois mille patriotes n'eussent point trouvé la mort sous les murs de son château. Nous demandons à être confrontés à ce roi et sa complice qui nous ont induit à mal par l'appât de leur liste civile. » Que l'accusation pouvait-elle demander de mieux ? Pourquoi supprimer un tel homme avant qu'il ne parle ? Devant l'inflexible Convention, combien de témoins à décharge se seraient mués en auxiliaires de l'accusation ? Beaucoup de « survivants » ont été interrogés par les différentes commissions sans que le sort du roi en fût modifié. Parmi les plus importants, Salvette de Lange, banquier, accusé d'avoir prêté de l'argent à Louis XVI pour être envoyé au comte d'Artois; Duruey, banquier et ancien trésorier des Affaires étrangères, sous le coup de la même accusation; Bonnières, administrateur du comte d'Artois, qui avait fait passer à l'étranger les sommes envoyées par Louis XVI à son frère; Septeuil, trésorier de la liste civile; Narbonne et de Grave, anciens ministres de la Guerre. Leurs témoignages n'ont été ni publiés ni produits au procès par la commission des Vingt et Un, ni communiqués à la défense. Pour clore la discussion sur cette pseudo-élimination, rappelons que la Convention décida de ne point entendre de témoins après l'intervention d'Azema, député de l'Aude : « L'instruction du procès par témoins ne saurait entraver la procédure; s'il était permis à " Louis le faux " de produire des faux témoins en sa faveur, il serait impossible de le trouver jamais coupable, pourtant qu'il le fut par la facilité qu'il aurait eue à en produire qui lui seraient vendus ou dévoués; toute preuve serait détruite même celle par écrit et des plus incontestables. »

Pourquoi fermer les yeux des gens à qui la loi ferme la bouche? Si les témoins de l'au-delà ne viennent pas encombrer le prétoire des hommes quand ils jugent un roi, il faut invoquer la passion et la cruauté du temps, pas un plan concerté. Avec la Convention, l'instruction du procès va connaître une phase nouvelle.

Chapitre V

LA CONVENTION SE PENCHE SUR SON PROCÈS

Le 21 septembre 1792, la Convention, cette assemblée de géants nommée par un corps électoral nain, prononce la déchéance du roi. Les élections ne sont pas achevées et ce vote n'émane que de trois cent soixante et onze députés sur les sept cent quarante-neuf que doit compter l'Assemblée. D'entrée de jeu, Ducos, représentant de Bordeaux, ancien membre de la Montagne coopté par la Gironde, donne le ton : « Le considérant de votre décret, ce sera l'histoire *des crimes* de Louis XVI, histoire déjà trop connue du peuple français. Il n'a pas besoin d'explication après les lumières qu'a répandues la journée du 10 août... » Pour un futur juge – il votera la mort du roi –, il fait preuve d'une impartialité à éclipses.

La royauté abolie, la Convention se penche sur son procès et essaie de mettre de l'ordre dans une instruction jusque-là anarchique. Rewbell, ancien bâtonnier de l'ordre des avocats au Conseil souverain d'Alsace, Montagnard convaincu, fait observer qu'en cas de procès, il serait indispensable de communiquer les pièces saisies à l'accusé. La Commune ne l'entend pas de cette oreille et accuse la Convention de vouloir « égarer les preuves ». Panis, ami de Robespierre, avocat lui aussi, tient un langage de procureur : « Vous verrez que les scélérats auront gain de cause. Cela est arrivé à la mairie, quand je tournais la tête on enlevait une pièce. Je fus satisfait d'y mettre le scellé et de tenir la plume d'une main et le sabre de l'autre [*sic*]. D'ailleurs ces pièces appartiennent à la Commune dont nous sommes les délégués. » Ses collègues le houspillent et Marat vient à sa rescousse : « Le conseil municipal de surveillance est dépositaire des pièces à conviction contre Louis le conspirateur et un projet criminel d'enlever ce dépôt paraît concerté depuis quelque temps. » Marat est obsédé par les complots. Il n'est pas le seul. Le 1er octobre, une députation du comité de surveillance de la Commune annonce à la Convention que les papiers sous scellés à l'Hôtel de Ville contiennent des preuves accablantes contre certains membres de l'Assemblée législative corrompus par l'intendant de la liste civile. Son porte-parole lit une lettre adressée par Laporte à Septeuil le 3 février 1792 dont les termes prêtent à suspicion. Satisfait de son effet, il marque un temps : « Nous donnerons la liste de la distribution de cette somme et bien d'autres. » Piqués au vif, les députés exigent des noms. Des quatre coins de l'Assemblée des cris fusent : « La liste [...] nous voulons la liste. » Décontenancé, le dénonciateur bredouille, incapable de fournir quoi que ce soit. Désireux de sauver la face, il promet de prendre les précautions nécessaires pour empêcher les suspects d'échapper à l'emprise de la loi. L'incident fait long feu et la Commune marche arrière. C'est le moment choisi par Merlin de Thionville pour essayer de dédouaner ses amis du comité de surveillance : « Il est temps qu'après avoir décrété l'abolition de la royauté, la Convention montre qu'un roi détrôné n'est même pas un citoyen et qu'il faut qu'il tombe sous le glaive national. [*On applaudit.*] Eh bien, les preuves de ses trahisons et celles de ses agents existent au comité de surveillance. Je demande que l'infâme qui voulait verser le sang du peuple soit jugé par vous... » Puis il ajoute cette phrase qui pèsera lourd : « La Convention doit être pour lui jury d'accusation et jury de jugement. » En proposant cet amalgame fréquent dans l'ancien droit mais contraire aux règles de la nouvelle procédure, Merlin est fidèle à sa pensée : Louis n'étant plus un Français à part entière, il n'a pas droit aux garanties communes. Marat, bilieux comme à son ordinaire, revient à la charge pour proposer la création d'une nouvelle commission extraordinaire dotée de pouvoirs supérieurs à ceux de la commission des Tuileries. Cette fois, il ne s'agit plus d'un simple organisme collecteur mais d'une véritable et redoutable juridiction. Sa proposition est accueillie et la Convention adopte le décret suivant :

« ARTICLE 1 : Il sera nommé une commission extraordinaire de vingt-quatre membres qui ne sera prise ni parmi les membres des assemblées législative et constituante, ni parmi les membres de la députation de Paris et autres citoyens de cette ville, membres de la Convention nationale.
» ARTICLE 2 : Cette commission se transportera sur-le-champ à la mairie et scellera et contresignera tous les cartons où sont déposées les pièces recueillies par le comité de surveillance de Paris.
» ARTICLE 3 : Aucun desdits cartons ne sera ouvert successivement ; les pièces qui s'y trouveront contenues seront cotées et paraphées par deux des commissaires de la Convention nationale, en présence des autres et par deux commissaires du comité de surveillance et deux officiers municipaux ; il en sera fait un inventaire sommaire.
» ARTICLE 4 : Dans le cours de leur opération, les commissaires de la Convention nationale prendront tous les moyens convenables pour s'assurer des prévenus et pourront même décerner des mandats d'amener et d'arrêt.
» ARTICLE 5 : Les pièces importantes indiquées par la Convention nationale seront imprimées [1]. »

La Convention, d'obédience girondine, s'efforce de légaliser l'instruction et de neutraliser la Commune. Cette commission dite des Vingt-Quatre est présidée par Charles Barbaroux, avocat au barreau de Marseille. Doté d'un charme qui a fait fondre Mme Roland et d'un courage hors du commun, ce héros du 10 août déteste la populace parisienne et accuse ses meneurs de pousser à l'anarchie. Si la capitale persévère dans ses errements, un nouveau corps de Marseillais viendra la mettre à la raison, dit-il à qui veut l'entendre. Cette faconde menaçante du style « retenez-moi ou je vais faire un malheur » l'incite à demander la mise en jugement des massacreurs de Septembre : « Je n'aurai de repos que lorsque les crimes seront punis, les vols restitués et les fauteurs de dictature anéantis. » À ses côtés, en qualité de rapporteur, siège Charles Valazé [2]. Avocat lui aussi, il se donnera la mort dans le box du Tribunal révolutionnaire et ne participera pas à la dernière nuit joyeuse et tragique de la Gironde. Quand Brissot s'étonnera de sa pâleur et lui dira : « Eh quoi, Valazé, tu faiblis ? – Non, je meurs », répondra-t-il. Cet homme dévoré de conviction, selon l'expression de Lamartine, présente le 4 octobre à la Convention un rapport préliminaire impitoyable pour les « pagailleurs » de la Commune : « Quel n'a pas été l'étonnement des Vingt-Quatre quand ils ont reconnu la tâche immense qu'ils ont à remplir ! Ils n'ont pu faire encore qu'un inventaire très sommaire de ces papiers. Ils consistent dans quatre-vingt-quinze cartons, six boîtes dont une de cinquante-quatre pieds cubiques [environ deux mètres cubes], vingt grands portefeuilles, trente-quatre registres, sept liasses de papiers et plusieurs milliers de feuilles renfermées dans des sacs à blé. »

Puis, il coupe les ailes aux rumeurs : « Jusqu'à présent il n'est rien résulté de cet inventaire, ni des interrogatoires que nous avons fait subir à quelques accusés sinon la preuve de la conspiration du roi détrôné. » Cette dernière phrase lui sera reprochée. Elle n'est guère critiquable si l'on se souvient de la correspondance saisie. Lehardy, député du Morbihan, autre membre de la commission qui sera condamné à mort pendant la Terreur pour avoir brandi le poing contre la Montagne, profère ces mots malheureux : « Je crois que l'intention de l'Assemblée n'est pas d'employer vingt-quatre de ses membres pour prouver à la France ce dont elle ne doute pas, c'est-à-dire que le ci-devant roi est coupable. » La présomption d'innocence tombe pour la seconde fois.

Biroteau à son tour épingle la Commune : « Nous devons dire contre certains membres du comité de surveillance que nous avons trouvé des papiers qui prouvent l'innocence de plusieurs personnes massacrées dans les prisons [...] Il est temps de dire la vérité. Des personnes innocentes ont été massacrées parce que les membres qui avaient donné le mandat d'arrêt s'étaient trompés de noms... » Un frémissement d'horreur secoue l'Assemblée. Biroteau poursuit : « Quant à ce qui est relatif à notre mission, je déclare que ce comité sommé par nous de nous donner les pièces à l'appui de la dénonciation ne nous a remis que des lettres la plupart insignifiantes... »

Un autre conventionnel prend la défense de Ribes, député de la Législative accusé de corruption. « Je connais les signatures des citoyens Ribes et j'atteste que la signature trouvée dans les papiers de la liste civile est celle de Ribes banquier et non pas celle de Ribes député... » Furieux, Marat tempête : « Eh quoi! Vous demandez les preuves écrites du complot d'une Cour perfide! Vous voulez donc que l'on constate par des actes notariés les machinations des suppôts du despotisme et la connivence des députés du peuple que j'ai dénoncées [...] J'ai cru apercevoir dans cette assemblée un parti formé contre le comité de surveillance. Je l'ai dénoncé. Le but de ce parti était d'enlever au comité de surveillance les pièces à conviction des trahisons de la Cour. » Ces paroles au vinaigre font monter la tension et la Convention connaît un de ses premiers tumultes. La Montagne s'acharne à perdre le roi; la Gironde s'efforce de le sauver. Issues du tronc commun de la bourgeoisie, chacune à sa manière essaie de préserver les acquis de la Révolution.

Barbaroux veut en finir avec cette discussion interminable : il faut juger Louis XVI, mais dans les formes, continuer une instruction encore balbutiante. Ces hésitations et ces scrupules, Bourbotte, futur lieutenant de Carrier, le terrible proconsul de Nantes, essaie de les effacer le 15 octobre 1792 : « Il faut frapper la tête d'un homme dès longtemps proscrit par l'opinion publique. Je demande donc que la discussion sur cette grande affaire soit entamée. Ce grand acte de justice est réclamé sur tous les points de la République. S'il y a parmi les membres de la Convention quelqu'un qui pense que les prisonniers du Temple ne doivent pas être punis de mort, qu'il monte à cette tribune et qu'il les défende, quant à moi, je demande contre eux la sentence de mort. »

Cette mise en demeure ne reste pas sans effet et, le lendemain, une nouvelle étape est franchie : la Convention charge son comité de législation d'étudier tous les problèmes juridiques soulevés par l'affaire et d'en fixer la procédure, applicable non seulement au roi de France, « mais aussi à tous les rois qui règnent et qui régneront à jamais ». Ambition sans postérité.

Dans Paris, les sections s'agitent sous les murs du Temple, les manifestations se multiplient et les meneurs exigent la mort du prisonnier. Santerre, commandant général de la garde nationale, ordonne de doubler les postes et d'effectuer des patrouilles pendant que le comité de législation se met à l'ouvrage. Il désigne comme rapporteur Jean Mailhe, inscrit au barreau de Toulouse, acquis aux Lumières, introduit dans la Maçonnerie, avocat des humbles contre les notables, grand pourfendeur des lettres de cachet. Ce révolutionnaire de la première vague, membre très actif des « Amis de la Constitution », élu à la Législative puis à la Convention, est proche des Girondins, détesté par Robespierre et antijacobin notoire. Son attitude dans le procès sera déterminante. Désirant sauver le roi, il le perdra. Pour l'heure, par cette déclaration choquante dans la bouche d'un futur juge, il s'adresse à l'opinion : « Quoique cette question [la culpabilité du roi] ne doive souffrir aucune difficulté, cependant il faut la traiter avec la plus grande solennité non pour Louis XVI mais pour donner un grand exemple aux nations. C'est parce que Louis XVI est vraiment coupable que la Convention doit mettre plus de solennité à son jugement. » Les conclusions de Mailhe seront les mieux senties et les plus argumentées. Elles cerneront au plus près l'ensemble des problèmes juridiques soulevés par cette instance sans précédent. Commission des Tuileries, commission extraordinaire, commission des Vingt-Quatre, comité de sûreté générale, comité diplomatique, comité de législation : une instruction à têtes multiples.

★

Valazé, au nom de la commission des Vingt-Quatre, rapporte et dépose le 6 novembre 1792 un ouvrage au titre interminable : « Rapport fait à la Convention nationale par la commission extraordinaire des Vingt-Quatre sur les crimes du ci-devant roi dont les preuves ont été trouvées dans les papiers recueillis par le comité de surveillance de la Commune de Paris ».

Les Vingt-Quatre ont mis tant d'ardeur dans leurs recherches acharnées des preuves contre Louis Capet (c'est la première fois que l'on affuble officiellement Louis XVI de ce nom) qu'ils ont souvent, au dire de leurs rapporteurs, « confondu les nuits et les jours ». Ils sont harassés d'avoir « revu » cent fois leurs liasses mais, le labeur accompli, ils se sentent gênés de passer de l'état de magistrat instructeur à celui de juge. Cette dualité contre nature pèsera lourd.

Sur le fond, hormis des conversations imaginées ou des lettres supposées disparues, ils n'ont pas apporté, excepté une demi-douzaine de documents, grand-chose de décisif. En revanche, ils se sont attaqués au problème de l'inviolabilité royale et ont tranché en huit pages juridiquement légères : cette prérogative constitutionnelle ne fait obstacle ni au jugement ni à la condamnation du roi.

On n'est pas tendre pour leur rapport dont la Gironde ressent les carences. Barbaroux fait demander au comité de surveillance de Paris, au comité général de la Convention, aux greffes du tribunal du 17 août et de la Haute Cour nationale « d'autres pièces sur la trahison de Louis XVI ». De son côté, Rabaut Saint-Étienne, représentant de l'Aube, déplore l'aspect partiel du rapport et lui reproche de contenir davantage d'ombre que de lumière.

L'Histoire ne sera pas moins critique. Seligman parle d'une « insuffisance déconcertante ». Albert Soboul condamne un style « déclamatoire » et « désordonné ». D'autres invoquent une immaturité politique, un manque d'esprit de synthèse, un parti pris délibéré. Certes, le travail des Vingt-Quatre est imparfait mais il possède deux mérites : être le premier et servir de modèle à tous les autres. Il ne faut pas oublier les conditions éprouvantes dans lesquelles les commissaires accomplissent leur tâche. Quand ils se mettent au travail, les fumées du 10 août ne sont pas dissipées et dans les ruisseaux coule encore le sang de septembre. Mal soutenus par la Convention, contrecarrés par la Commune, ils partent de rien et font ce qu'ils peuvent. La première de nos commissions d'enquête fait mal la différence entre le parquet et le siège et rédige un véritable réquisitoire. Valazé s'efforce, non sans mal, de classer une masse de documents épars, souvent illisibles, plus ou moins crédibles.

On lui a reproché cette déclaration : « Nous sommes en quelque sorte les témoins qui déposent dans cette grande affaire. » La bonne conscience s'en est indignée. À tort. Il existe à l'époque des auxiliaires de justice d'un style particulier, « les témoins de la procédure », scrutateur de la régularité et de la rectitude. C'est à eux qu'il fait allusion. Il n'ignore pas le caractère imparfait de son rapport, mais dénonce ceux qui, à dessein, ont rendu sa tâche difficile : « On se surveille de toutes parts, partout on cherche à s'environner des ombres les plus épaisses. Ici l'on écrit en caractères symboliques [*sic*] ; on suit des projets commencés la veille et dont le début est resté sans trace, soit qu'ils n'aient été discutés que dans des conversations secrètes, soit que les lettres qui pouvaient les prendre dès leur origine n'aient pu être recueillies. À chaque pas, nous avons vu éclore de nouveaux plans, et presque aussitôt le fil des conspirations a été interrompu sans qu'il nous fût possible d'en retrouver la trace... » Puis il porte sur le roi un jugement sévère : « Cet homme fallacieux était le premier, nous en sommes certains, à parler de mystère et ses vils courtisans n'ont que le mérite d'avoir enchéri les uns sur les autres : l'honneur de l'invention lui appartient tout entier. » Puis il a cette formule que Machiavel n'eût pas désavouée : « L'art de tromper est naturel au roi. » Portrait sans tendresse, mais plus proche de l'original que bien des caricatures qui font de Louis XVI un saint en rupture d'auréole.

LA CONVENTION SE PENCHE SUR SON PROCÈS

La véritable faiblesse du rapport de la commission des Vingt-Quatre est dans son style. Chaque accusation est précédée d'une interpellation grandiloquente. Quand Valazé reproche au roi la pension versée à la femme de Favras, il s'exprime ainsi : « Tu verras que tu ne saurais nous abuser sur tes intentions quand nous te produirons les quittances... Quand nous te représenterons ta promesse... Tu seras forcé de convenir que tu ne répandais tes largesses que sur les ennemis du peuple français, de cette nation prodigue envers toi du fruit de ses abondantes sueurs... » Comment faire grief au roi d'aider la veuve d'un homme qui lui a sacrifié sa vie ? Il croit si peu enfreindre la loi en faisant cette charité qu'il demande des reçus. Quand il prend à son compte les allégations faisant de Louis XVI un spéculateur sur les grains, le sucre et le café grâce à la complicité de Septeuil, le rapporteur écrit : « De quoi n'était-il pas coupable, le monstre ? Vous allez le voir aux prises avec la race humaine tout entière, je vous le dénonce comme accapareur... » Quelles preuves apporte-t-il ? « Après avoir revu cent fois les liasses qui renfermaient les factures et les correspondances relatives à ce commerce qui s'est fait à partir du mois de juin 1791 jusqu'au 10 août 1792, nous sommes parvenus à trouver la pièce probante... » La pièce probante ? Il s'agit de la liasse numéro deux en date du 9 janvier 1791 signée Louis. Un ordre autorisant Septeuil à placer les fonds royaux hors de nos frontières.

Si l'on en croit *Le Moniteur,* la production de ce document dans un Paris sevré des denrées de première nécessité cause davantage de tort au roi que sa correspondance avec l'émigration. Pourtant le mandat donné au trésorier de la liste civile laisse planer le doute sur les intentions spéculatives de Louis XVI. « J'autorise M. de Septeuil à placer mes fonds libres comme il jugera convenable, soit en effets sur Paris, soit sur *l'étranger* sans néanmoins aucune garantie de sa part. À Paris, le 9 janvier 1791. Louis. » Ce document ne prouve pas grand-chose, sinon que le roi de France, dans un pays en pleine inflation, possède des comptes au-delà des frontières. Pratique discutable, certes, mais nullement criminelle. L'opinion pourtant s'en exaspère.

La partie la plus critiquable du rapport Valazé concerne le problème de l'inviolabilité constitutionnelle. Pour écarter cet obstacle juridique de taille, il distingue les crimes politiques et les infractions de droit commun. Seuls les premiers sont couverts par la Constitution, les autres relèvent des tribunaux ordinaires. Puis il s'en prend au principe même de l'inviolabilité du roi : « L'inviolabilité est un institut nécessaire [sic] à la monarchie et c'est une preuve évidente du vice de ce gouvernement [...] Apparemment on avait vendu au roi le droit infaillible de bouleverser l'empire. » Arguments sommaires et guère convaincants.

Quant à la déchéance, seule peine – on s'en souvient – prévue par la Constitution contre le souverain, le rapporteur l'écarte d'une phrase : « Je ne reconnais plus aujourd'hui, à titre de peine, la déchéance tant prônée. Il n'y a plus lieu de la prononcer puisque la royauté n'existe plus en France. » Lapalissade. Puis Valazé reprend les thèmes « le roi de l'étranger », « le roi corrupteur » : « Si Louis Capet sollicite lui-même l'ennemi extérieur, s'il soudoie, s'il cherche à en susciter dans l'intérieur même de ses États, alors, le cas n'ayant point été prévu pour lui par la Constitution, il n'a point à l'invoquer, il n'a point le droit d'exiger qu'on se borne à lui infliger pour toute peine celle indiquée dans cette même Constitution [...] il rentre dans la classe ordinaire des citoyens... »

Malgré cette redondance, sans doute à cause d'elle, le rapport de la commission des Vingt-Quatre provoque un malaise. On reproche à ses membres de n'avoir pas fait la différence entre instruction et accusation. Le métier de juge est difficile, il faut pour l'exercer se dépouiller de ses préjugés, de ses opinions, de ses passions. Marquer la distance. Valazé et les siens n'instruisent qu'à charge. Ils auront d'innombrables successeurs...

*

Le lendemain, 7 novembre 1792, Mailhe, au nom du comité de législation, lit à son tour son rapport. Plus clair, mieux charpenté, mieux présenté que le précédent, il séduit notamment Billaud-Varenne : « Je pense que les principes sont tellement évidents que la Convention peut décréter sur-le-champ que Louis peut être jugé. Mais je voudrais que l'on ajoute ce mot : peut et *doit* être jugé. »

L'inviolabilité du roi, bâclée par Valazé, est au cœur des réflexions du rapporteur. Constitution et inviolabilité sont indissociables. La disparition de l'une entraîne celle de l'autre. La nation préexiste au roi et à la Constitution. Elle concède mais peut reprendre à tout instant. De ce constat, Mailhe tire une réponse positive à la première question : Louis XVI peut être jugé.

Reste le choix du tribunal. Le comité de législation avait hésité entre deux solutions : la Convention ou « un tribunal formé par la nation tout entière ». C'est l'Assemblée qu'il choisit car « elle représente entièrement et parfaitement la République française ». À l'ancienne monarchie, où le souverain était presque un dieu, s'est substituée, depuis la transformation des États généraux en Assemblée nationale, une nouvelle conception du pouvoir qui fait du roi le premier fonctionnaire du pays. Seule la souveraineté nationale qui la précède peut juger la souveraineté monarchique quand elle devient usurpatrice. La Convention, ayant reçu de la nation délégation de tous les pouvoirs (y compris le judiciaire), est seule compétente. Elle constitue le tribunal le plus sûr et le plus impartial. « À moins que Louis XVI ne demande des juges susceptibles d'être corrompus par l'or des cours étrangères, pourrait-il désirer un tribunal qui fût censé moins suspect ou plus insensible ? Prétendre récuser la Convention nationale ou quelqu'un de ses membres, ce serait vouloir récuser toute la nation. » Mailhe accable de ses sarcasmes les maniaques du droit commun : « Renverrez-vous Louis devant le tribunal du lieu de son domicile ou devant celui où ses crimes ont été commis ? Vous avez à vous prononcer sur les crimes d'un roi mais l'accusé n'est plus roi ; il a repris son titre originel, il est homme. S'il fut innocent, qu'il se justifie, s'il fut coupable, son sort doit servir d'exemple aux autres nations. » Cette dialectique impressionne. Il termine son rapport en élargissant le cercle de famille.

« Je n'ai rien dit de Marie-Antoinette, ce n'est point dans le décret qui a commandé le rapport que je vous ai fait au nom du comité. Elle ne devait et ne pouvait y être. D'où lui serait-il venu le droit de faire confondre sa cause avec celle de Louis XVI ? La tête des femmes qui portaient le nom de reine de France a-t-elle été jamais plus " violable " [sic] ou plus sacrée que celle de la foule des rebelles ou des conspirateurs ? Quand vous vous occuperez d'elle, vous examinerez de la décréter d'accusation et ce n'est que devant les tribunaux ordinaires que votre décret pourra être renvoyé. » La Terreur n'écoutera pas Mailhe. C'est devant la plus terrible des juridictions d'exception, le Tribunal révolutionnaire, que l'Autrichienne sera déférée lors d'une odieuse parodie de procès.

Enfin l'enfant paraît : « Je n'ai pas non plus parlé de Louis-Charles. Cet enfant n'est pas encore coupable. Il n'a pas encore eu le temps de partager les iniquités des Bourbons. Vous avez à balancer ces destinées avec l'intérêt de la République. »

Mailhe marque un temps, ménage ses effets en détachant chaque mot : « Voici les bases du décret que le comité m'a chargé de vous confier :

» 1. – Louis XVI peut être jugé.
» 2. – Il sera jugé par la Convention nationale.
» 3. – Trois commissaires pris dans l'Assemblée seront chargés de recueillir toutes les pièces, renseignements et preuves relatifs aux délits imputés à Louis XVI.
» 4. – Les commissaires termineront le rapport énonciatif des délits dont Louis XVI se trouvera prévenu.
» 5. – Si cet acte est adopté, il sera communiqué à Louis XVI et à ses défenseurs, s'il juge à propos d'en choisir.
» 6. – Les originaux des mêmes pièces si Louis XVI en demande la communication seront portés au Temple après qu'il en aura été fait pour rester aux archives des copies collationnées et ensuite rapportés aux Archives nationales par douze commissaires de l'Assemblée qui ne pourront ni s'en dessaisir ni les perdre de vue.

» 7. – La Convention nationale fixera le jour auquel Louis XVI comparaîtra devant elle.

» 8. – Louis XVI, soit par lui, soit par ses conseils, présentera sa défense par écrit et signée par lui, ou verbalement.

» 9. – La Convention portera son jugement par appel nominal. »

L'enthousiasme avec lequel la Convention accueille ce rapport contraste avec sa réserve de la veille. Les partisans du procès exultent. À tort. Mailhe parle de délits, non de crimes, et accumule les formalités qui constituent autant de garanties pour l'accusé. Dans ce temps de démesure, l'humanisme de la Constituante demeure.

La Convention une fois encore décide l'impression du rapport, sa traduction dans toutes les langues, son envoi aux départements, aux municipalités, aux armées et sa distribution aux députés. Pendant plus d'un mois, ils vont en discuter et la première défense parlementaire du roi va s'efforcer, non sans courage, de détourner le cours de l'Histoire.

Chapitre VI

ON NE PEUT RÉGNER INNOCEMMENT

La discussion sur le rapport Mailhe va durer du 13 novembre jusqu'au 11 décembre 1792, date de la première comparution de Louis XVI. Partisans de l'inexorable et tenants de l'indulgence s'opposent. Impitoyablement. Leurs argumentations fixent le sort de la Révolution. Le roi de France, lui, porte son mal comme Jésus sa croix et la perspective de son martyre n'impressionne guère le descendant de Saint Louis. Il est absent de cette nouvelle société qui piétine ses valeurs, sa foi et sa justice. Il n'y a plus sa place. Il le sait. Il songe à un autre royaume où les justes se retrouvent. Juste, il se croit au tréfonds de lui-même. Les innocents, ceux qui le sont ou ceux qui se l'imaginent, sont difficiles à défendre. Un certain nombre de conventionnels vont en faire l'amère expérience.

Quand s'ouvre la séance du 13 novembre 1792, Pétion pose la question essentielle, celle que Mailhe croyait avoir résolue : le roi peut-il être jugé ? Il se gargarise de grands mots, évoque la « solennité » de l'affaire, sa marche « imposante », la nécessité de discuter, de décider avec maturité. « J'ai entendu avec surprise demander dans la dernière séance que l'on décrétât de suite que le roi était jugeable. Il est important de prouver, la loi à la main, qu'il ne peut invoquer la loi. Il est inutile d'examiner ce mode de jugement avant de savoir s'il peut être jugé ; il est inutile d'avoir à examiner la peine avant d'avoir décrété les deux premières questions. Je demande donc que sans divaguer on traite simplement la question : " Le roi peut-il être jugé ? "[1] » Au cœur de la tragédie, le débat est marqué par un duel entre Saint-Just et Morisson flanqué de Fauchet, de Rouzet et de Faure qui, à ses côtés, redoublent d'efforts pour préserver le roi. Pour parvenir à leurs fins, ils n'hésitent pas à l'accabler. La Restauration leur en fera grief. À tort. Dans de tels procès, les avocats doivent prendre du recul et de la distance. Recul à l'égard du crime; distance à l'égard de l'accusé. Non par opportunisme mais par habileté. Ils lâchent du lest pour se rapprocher des juges, mieux les persuader. Les conventionnels de l'indulgence n'agissent pas autrement. Ils savent que leur seule chance de sauver la tête de Louis XVI devant cette Assemblée légaliste est de se poser en serviteurs intransigeants de la loi. Morisson, leur chef de file, n'en est pas à son coup d'essai. Déjà au début de 1792, il réclama l'ajournement du projet d'accusation contre les princes français réfugiés à l'étranger. Il combattit les mesures spoliatrices contre les émigrés et se posa en protecteur œcuménique des droits de l'homme. Son rôle lors du procès sera décisif, pas toujours dans le bon sens. S'il avait voté la détention au lieu de s'abstenir, la majorité n'aurait pas été la même et sa voix, loin de se dissoudre, aurait pu infléchir le cours de l'Histoire. Quand, ce 13 novembre 1792, il prend la parole, la Convention attentive écoute d'abord une diatribe contre la perfidie du roi : « Il a bien évidemment trahi sa patrie; il a soulevé contre nous une partie de l'Europe; il a fait égorger des milliers de citoyens. »

Après un tel début, on pouvait s'attendre à une nouvelle charge. C'est, au contraire, une ligne de défense que creuse Morisson : « Quoi qu'ait pu faire le roi, quelque manquement à son office qu'il ait pu commettre et que la postérité attestera, aucune loi positive préexistante ne peut lui être appliquée : *ici nous sommes religieusement sous l'empire de la loi comme des juges impassibles,* nous consultons froidement notre code pénal; eh bien, ce code pénal ne contient aucune disposition qui puisse être appliquée à Louis XVI. »

Il rappelle que l'inviolabilité dont le roi bénéficiait au moment des faits « n'a pas été anéantie par des actes positifs tels que la suppression de la royauté et l'établissement de la République ».

En divorce avec Valazé et Mailhe, il place l'ancien souverain hors d'atteinte de la répression. Pour qu'un tribunal puisse le condamner, il faudrait lui appliquer des lois promulguées postérieurement aux faits qu'on lui reproche et tenir pour lettre morte une Constitution qui avait rendu majeur le peuple français. Ce discours frappe et, pour la première fois, la gauche paraît décontenancée.

Après le renard, l'épervier. Quand l'orateur regagne sa place, un jeune homme, un quasi-inconnu, monte à la tribune. Saint-Just prononce, calmement, pendant une dizaine de minutes, un discours sans précédent et sans descendance. D'une voix encore mal posée, mais tranchante comme une lame, il vrille des arguments inouïs : il ne faut pas juger le roi en citoyen mais en ennemi; César fut immolé en plein Sénat sans autre formalité que vingt-deux coups de poignard : « Aujourd'hui on fait avec respect le procès d'un homme assassin d'un peuple, pris en flagrant délit la main dans le sang, la main dans le crime.... »

Des arêtes de son discours, chacun se souvient : « On ne peut régner innocemment, la folie en est trop évidente, tout roi est un rebelle et un usurpateur [...] Quelle République voulez-vous établir au milieu de nos combats particuliers et de nos faiblesses communes ? Quelle République voulez-vous établir si la hache tremble entre vos mains ? »

Ces incantations stupéfient l'Assemblée. Elle retient son souffle quand Saint-Just engage le combat juridique : la Révolution a-t-elle le droit de juger la royauté ? Curieusement, il ne s'éloigne guère des conceptions de Morisson et, d'une certaine façon, l'architecture de leurs discours est identique. Juger c'est appliquer la loi : tout le legs révolutionnaire est intact et repris pour tel. Mais qu'est-ce que la loi ? Voilà où leurs chemins divergent. « Une loi est un rapport de justice, affirme Saint-Just, un rapport entre personnes de même nature mais qu'y a-t-il de commun entre Louis et le peuple français ? » L'essentiel de l'argumentation montagnarde est là, brûlante sous ce verbe chauffé à blanc. Le roi est un étranger au pacte social passé entre les citoyens. Il n'est pas un citoyen. Il ne l'était pas avant son crime. Il l'est encore moins depuis. « Juger un roi comme un citoyen, ce mot étonnera la postérité froide... Quel rapport de justice y a-t-il donc entre l'humanité et les rois ? Qu'y a-t-il de commun entre Louis et le peuple français pour ménager sa trahison ? »

Robespierre reprendra l'argument le 3 décembre. N'étant point partie au contrat social, Louis XVI n'est pas un obligé de la communauté et en conséquence il ne peut être jugé civilement... L'Incorruptible et l'implacable disciple oublient un détail : le roi a prêté serment à la Constitution, il peut donc en revendiquer les garanties. Aussi juristes et légalistes que Morisson en dépit des apparences, la loi qu'ils invoquent n'est pas la même ; là elle est positive, écrite, ici elle est naturelle, permanente et échappe à la création positive des hommes. Leurs conclusions sont diamétralement opposées. Pour Morisson, Louis XVI *ne peut être jugé*. Pour Saint-Just, Louis XVI *doit mourir*. C'est un devoir civique. Aucun obstacle ne se dresse plus sur la route de l'échafaud. La prétendue inviolabilité royale « ne s'est point étendue au-delà de son crime et de l'insurrection ».

La catilinaire de Saint-Just fait oublier la démonstration courageuse de Morisson. Le talent du galopin lumineux prend la défense parlementaire du roi à contre-pied en portant le combat sur le droit insurrectionnel, sans cesser pour autant d'être légaliste. Le roi était *une partie* de la Constitution. Il *est* la Constitution. Qu'il la viole et il s'en retranche. Il est *hors* Constitution. Il s'est jugé lui-même, et condamné.

C'est au nom de la loi que Saint-Just propose d'exécuter Louis XVI mais d'une loi d'une autre nature, celle que l'on applique aux rebelles qui justifient la légitime défense d'un peuple face à la tyrannie. Cette règle dont la Convention est la servante lui dicte de condamner l'usurpateur. « Citoyens, si nous lui accordions de le juger civilement, c'est-à-dire suivant les lois, c'est-à-dire en citoyen, à ce titre il jugerait le peuple lui-même. »

Après ce brûlot, l'Assemblée continue ses travaux. Les orateurs se succèdent. Fauchet, ancien prédicateur de Louis XVI, ne donne pas dans la nuance. Élu à la Convention, celui qui proclamait « le sans-culotte Jésus, premier républicain du monde, crucifié par les aristocrates de la Judée », change de camp et de langage et se fait le porte-parole de l'indulgence. Pour l'heure, il s'oppose à la mise en jugement du roi, contredit par Robert, de Paris, (dont nous reparlerons), approuvé par Rouzet, député de la Haute-Garonne, dont le discours est un des plus émouvants et des plus méconnus de tout le procès. Ce n'est pas à la tête, mais au cœur qu'il s'adresse : « Il n'est pas dans l'intérêt de la nation de juger Louis XVI; moins encore de le conduire à l'échafaud. La nation a même un intérêt contraire et l'Assemblée pourra aisément s'en convaincre. Et d'abord Louis XVI est-il coupable ? [...] Citoyens, ne nous faisons pas d'illusions, comme les tyrans nous sommes juges et parties dans cette cause... » Avec crânerie il plaide – il sera pratiquement le seul à le faire – les circonstances atténuantes : « Je dirai mon opinion avec la liberté qu'aucune puissance ne parviendra à me ravir, pourquoi balancerais-je à retracer qu'à son avènement au trône, le roi a volontairement renoncé à une partie des prétendus droits que ses prédécesseurs s'étaient permis d'exercer? Qu'il a aboli la servitude dans ce que l'on a appelé ses domaines? Qu'il a appelé dans ses conseils tous les hommes que la voix publique lui désignait, même les empiriques qui avaient fasciné les yeux du peuple [...] Et pourquoi craindrais-je de dire qu'induit en erreur, successivement par les hommes de probité et par les fripons, il a été précipité d'abîme en abîme ? » Puis il s'en prend aux amoureux du sang, les interpelle : « Et vous hommes féroces, qui souvent divinisez la vengeance publique pour vous envelopper sous vos vengeances particulières [...] Hommes atroces qui voudriez faire rejaillir l'opprobre dont vous êtes couverts sur le peuple que vous êtes trop souvent parvenus à égarer [...] Il serait d'autant plus injuste de chercher à juger ou à punir Louis XVI, qu'il est déjà jugé et puni plus sévèrement qu'il en avait été menacé par la Constitution... » Enfin, et non sans audace, il lance un appel à la clémence. « Vous offririez à l'univers qui vous contemple le spectacle d'un grand roi rentré avec sa famille dans la classe des citoyens, la seule avouée par la nature [...] Leçon bien plus sublime que celle que prépareraient tous les bourreaux réunis... »

Rouzet récidivera le 1er décembre. Il s'en prendra même à Saint-Just : « Si sous le beau prétexte des lois de la nature, nous nous permettions aujourd'hui de nous conduire pour ce qui s'est passé hier comme si nos conventions d'un moment avaient existé de toute éternité, qui nous répondra que demain avec les mêmes moyens nous ne devenions pas à notre tour les victimes de nouvelles spéculations... » Qui ne pense à Thermidor en lisant cette apostrophe! Après lui, le 15 décembre, Grégoire, persistant dans une opinion émise dès le retour de Varennes, conclut à la mise en jugement du roi, écartant, d'un revers inquisitorial, les arguties de ses adversaires : « La postérité s'étonnera peut-être qu'on ait pu mettre en question si une nation entière peut juger son premier commis. » Puis pour être entendu de la Convention encore secouée par le discours de Rouzet, il la manipule de sa sombre éloquence : « J'évoque ici tous les martyrs de la liberté, victimes depuis trois ans. Est-il un parent, un ami de nos frères immolés sur la frontière ou dans la journée du 10 août qui n'ait eu le droit de traîner le cadavre aux pieds de Louis XVI en lui disant : voilà ton ouvrage? Et cet homme ne serait pas jugeable! Et moi aussi je réprouve la peine de mort et, je l'espère, ce reste de barbarie disparaîtra de nos lois. Il suffit à la société que le coupable ne puisse plus nuire. Mais le repentir est-il fait pour les rois? L'Histoire qui burinera ces crimes pourra le peindre d'un seul trait. Aux Tuileries, des milliers d'hommes étaient égorgés. Le bruit du canon annonçait un carnage effroyable et ici dans cette salle il mangeait [...] Je conclus à ce que Louis XVI soit mis en jugement... »

Il le sera, et l'abbé ne sera pas déçu. Grâce à Morisson, Robespierre, Saint-Just, Rouzet et Grégoire, la France connut une des plus grandes séances parlementaires de son Histoire, une des plus sombres.

Chapitre VII

L'ARMOIRE DE FER

Malgré les palabres et les envolées, l'instruction continue à piétiner. Les papiers trouvés lors du saccage des Tuileries du 10 août établissent la duplicité du roi, mais ne démontrent pas sa trahison. Deux pièces seulement, on s'en souvient, sont accablantes : un billet des princes émigrés et le paiement par la liste civile des arriérés de solde de la garde royale en Allemagne. L'accusation ne peut en tirer qu'un profit limité. Pour le reste, il s'agit d'impressions générales sans argument probant. Les documents irréfutables viendront plus tard, quand seront publiées les correspondances de la famille royale avec les princes émigrés et avec Fersen.

Le 20 novembre 1792 se produit un événement inattendu, la découverte de l'armoire de fer. En début d'après-midi, le ministre de l'Intérieur se présente à l'Assemblée. Il apporte, affirme-t-il, des pièces capitales découvertes avec l'aide d'un serrurier, un certain Gamain, dans une armoire de fer aménagée par le roi aux Tuileries. Essoufflé, Roland harangue les députés d'une voix vibrante d'excitation : « Je viens rapporter à la Convention nationale plusieurs cartons remplis de papiers qui, par leur nature, par le lieu où ils ont été trouvés m'ont paru de la plus grande importance. Ces pièces étaient dans un lieu si particulier, si secret que si [sic] la seule personne de Paris qui en avait connaissance ne me l'eût indiqué, il eût été impossible de les découvrir... »

Puis il développe son récit : quand le roi préparait sa fuite entre le 19 et le 22 mai 1791, il avait creusé pendant trois nuits une cavité dans le mur du petit couloir reliant son alcôve à la chambre du Dauphin pendant que son valet de confiance, Durey, transportait les gravats à la Seine. Pour clore cette cache, Louis XVI, artisan habile, avait forgé une porte de fer dans son petit atelier personnel. Incapable de river lui-même ce battant de métal sur le mur, il envoya Durey à Versailles chercher Gamain, une vieille connaissance. De père en fils chez ces gens, on était attaché au service du château. Ce Gamain-là avait continué la tradition. Serrurier lui-même, il avait la chance de servir sous un roi serrurier à qui il avait enseigné les rudiments de son art dans la petite forge encore existante sous la cour de Marbre. Il entre aux Tuileries par les cuisines et dans l'Histoire par la porte de service. Toute la journée du 22 mai 1791 se passa à fixer les gonds et la gâche dans la maçonnerie. Comme Gamain avait soif, le roi lui offrit du bourgogne de sa cave.

Les jours passent. Gamain apprend la fuite à Varennes, le retour pitoyable à Paris. Il s'inquiète. Arrive le 20 juin et avant qu'il n'ait le temps d'éponger ses sueurs froides, survint le 10 août. Et si le roi parle ? Et si Durey se met à table ? Et si l'on retrouve les papiers ? L'angoisse le tenaille. Dix fois il décide de rompre son silence... y renonce. Comment expliquer ce mutisme de plus d'une année ? Soudain une idée lumineuse : il suffit de déplacer la date et de situer l'événement en avril 1792. Soulagé, il passe aux aveux : « Je soussigné, François Gamain, serrurier et notable de la Maison Commune de la ville de Versailles, déclare que dans le courant d'avril de ladite année [1792], j'ai été chargé avec mystère par Louis XVI de pratiquer une ouverture dans l'intérieur du mur en face des Tuileries qui regarde le couchant, au passage de la chambre à coucher; que j'ai été chargé en outre de recouvrir cette ouverture par une porte de fer de tôle forte, FERMÉE PAR UNE SERRURE DE SÛRETÉ. [...] J'ai cru en ma conscience en faire la révélation au citoyen Heurtier, mon supérieur, dont je me flatte d'avoir la confiance à tous égards. [...] J'ai ensuite été appelé à Paris par lui de la part du ministre de l'Intérieur, où m'étant transporté le 20 du même mois, j'ai accompagné le ministre aux Tuileries pour lui indiquer l'ouverture en question. Je déclare en outre que le même jour, j'ai ouvert, par ordre du ministre, la porte qui recouvrait ladite cachette dans laquelle le ministre a trouvé des papiers qu'il a fait empaqueter en présence du citoyen Heurtier et de moi, pour être le tout transporté à la Convention nationale par des personnes qu'il a fait appeler à cet effet. Fait à Paris le 1er décembre 1792 (an premier de la République française). François Gamain. »

Devant l'Assemblée stupéfaite, Roland débite son histoire en ayant soin de bien mettre en relief l'importance de sa découverte et l'excellence de son flair. Pris à son tour par la psychose du complot, il ajoute : « Cette découverte fera que plusieurs de nos confrères ayant siégé aux Assemblées constituante et législative en seront probablement compromis [...]. Ces papiers renferment des correspondances de Laporte et de plusieurs autres personnes attachées au roi. Il y a même des lettres originales du ci-devant roi. »

La Convention en a entendu d'autres et lui marchande ses applaudissements. Devant ce fiasco, il propose un remède classique. « J'ai fait ouvrir ce matin cette armoire et j'ai parcouru rapidement ces papiers. Je crois qu'il est important que l'on nomme une commission pour en prendre connaissance. » Quelques Montagnards s'étonnent de la désinvolture du ministre de l'Intérieur. Goupilleau, qui manquera se faire assassiner par un furieux au moment de la mort du roi, le lui fait savoir : « Je crois devoir me plaindre de ce que le ministre Roland n'ait pas fait ouvrir cette armoire en présence de vos commissaires [1] chargés de l'inventaire des papiers des Tuileries qui travaillaient dans le même moment dans un appartement voisin. »

Roland reste coi et l'Assemblée passe à une laborieuse discussion sur la composition de la nouvelle commission. Camille Desmoulins persifle : « Nous ne parvenons pas à nommer douze membres pour examiner ces papiers quand nous n'avons pas trouvé étrange qu'un homme les examinât seul avant nous. »

Cet exercice solitaire de la curiosité est, en effet, difficile à justifier. Certains insinuent que le ministre avait pu soustraire des pièces mettant en cause ses amis ou le compromettant lui-même. Mais que faisait-il ce jour-là aux Tuileries ? Il était à sa place. En effet, après le 10 août, Roland, redevenu ministre de l'Intérieur, décida que le conseil se tiendrait désormais au palais dans les appartements de Mme de Tournelle.

D'après les employés de la commission des Vingt-Quatre, ce 20 novembre n'est pas un jour comme les autres. Au matin ils voient Roland, suivi d'un personnage de haute taille, au teint cireux, entrer dans la chambre du roi dont ils brisent les scellés. Ce flagrant délit d'un haut serviteur de l'État éveille leur attention. À 11 heures et demie, les deux hommes, les bras chargés de ballots et de deux serviettes, se retirent. Or, il est 14 h 30 quand Roland arrive à l'Assemblée située pourtant à cinq minutes des Tuileries. Qu'a-t-il fait pendant cet intervalle de près de trois heures ? Mystère. Cette volonté délibérée d'agir seul engendre la méfiance des contemporains et la suspicion des historiens. Atteint par les accusations de la Montagne, Roland, le 21 novembre 1792, contre-attaque : « La découverte que j'ai annoncée hier à l'Assemblée a donné lieu à bien des calomnies. On a prétendu que j'aurais dû dresser procès-verbal des pièces saisies avant de les porter à la Convention, que j'aurais dû prévenir les commissaires de l'Assemblée et on a même dit que j'avais escamoté des bijoux... »

Plusieurs voix : « C'est Marat qui l'a dit. »

« Je demande si, quand je trouverai ou soupçonnerai quelque chose, je serai obligé de demander à l'Assemblée des commissaires... »

Un cri général : « Non, non. »

La Convention passe à l'ordre du jour et le ministre sort de la salle sous les applaudissements. Il l'a échappé belle. Pour être tout à fait tranquille, il fait signer à Heurtier cette déclaration :

Je soussigné, architecte, inspecteur général des bâtiments nationaux, atteste la sincérité des faits articulés dans la pré-

sente déclaration du citoyen Gamain. J'atteste en outre que je n'ai pas perdu les papiers de vue depuis le moment où ils ont été découverts jusqu'à celui où le ministre, que j'ai toujours accompagné, est entré à la Convention pour les y déposer et que l'ordre dans lequel les papiers ont été trouvés n'a même pas été dérangé. À Paris, le 1er décembre 1792, l'an premier de la République française.

Le 22 janvier 1793, deux mois après cette découverte, Roland, que l'affaire continue à empoisonner, se défend à nouveau dans le post-scriptum de sa lettre de démission envoyée à la Convention.

Je dois ajouter ici quelques réflexions pour faire apprécier l'esprit d'intrigue et de persécution qui, faute de moyens de m'inculper, s'attache à la découverte des papiers et à l'apport que j'en fis à la Convention. Je n'ai été instruit de la cachette qu'au moment où je m'y suis transporté. Je n'ai eu que le temps de la faire ouvrir devant moi, d'y prendre les papiers et de les mettre dans deux serviettes et de les porter sur-le-champ à la Convention. Deux témoins ont attesté ces faits par procès-verbal : l'inspecteur général des bâtiments nationaux, Heurtier, et le serrurier Gamain qui avait fait la cachette, qui seul la connaissait et l'avait révélée... Ma célérité prouve que je n'ai voulu ni pu rien soustraire.

Sa célérité !
On connaît la fin tragique de Roland. Déclaré hors la loi avec les Girondins lors de la proscription du 31 mai 1793, il se réfugiera chez des amis à Rouen où il se suicidera, le 10 novembre, en apprenant l'exécution de sa femme, sa conseillère, l'égérie et l'âme de la Gironde : « Je n'ai pas voulu rester plus longtemps sur une terre souillée de crimes. » Pour le mot et pour le geste, on doit beaucoup pardonner à celui que Jaurès appellera un « vieillard malfaisant ».

Quant à l'armoire de fer, sa réalité a été unanimement admise par les historiens jusqu'à des temps très proches. Un des témoins les plus sérieux, Mme Campan, rapporte : « Le roi avait une quantité prodigieuse de papiers et avait eu malheureusement l'idée de faire construire très discrètement, par un serrurier qui travaillait près de lui depuis plus de dix ans, une cachette dans un corridor intérieur de son appartement [...]. La reine l'invita en ma présence à ne rien laisser dans l'armoire et le roi, pour la tranquilliser, lui dit qu'il n'y avait rien laissé... Je voulus prendre le portefeuille... Il était trop lourd pour que je puisse le soulever... Le roi le porta et dit : " La reine vous dira ce qu'il contient. " " Ce sont, dit la reine, des pièces qui seraient on ne peut plus funestes pour le roi si on allait jusqu'à lui faire son procès... " » Ainsi au temps de la Restauration, quand fleurissait le culte du souverain martyr, une familière de Marie-Antoinette confirme l'existence de l'armoire de fer et de ses documents compromettants. Cette déposition n'efface pas les singularités d'une affaire déconcertante.

C'est la date de construction de la cachette qui prête tout d'abord à équivoque. Durey affirme que le roi a posé la fameuse porte avant Varennes. On voit mal l'utilité d'un tel mensonge. En revanche, on perçoit les motifs de Gamain à reculer la date. S'il reconnaît avoir exécuté le travail en 1791, on lui demandera les raisons de son mutisme, de ses révélations tardives. Pour écarter les soupçons, il compose une fable. « Le travail fini, comme il avait très chaud, Capet lui servit de sa propre main un verre de vin en l'engageant à le vider jusqu'à la dernière goutte... » Le benêt obéit, salue le roi et quitte les Tuileries. En route il est pris « d'atroces douleurs aux entrailles », se traîne jusque chez lui, croit sa dernière heure arrivée. Malgré des soins énergiques, il reste « perclus de tous ses membres pendant plus de cinq mois ». Dès son rétablissement, son premier soin est d'avertir, en bon citoyen, le ministre de l'Intérieur... Cet inquiétant roman néglige quelques détails : le 4 juin 1792, après son « empoisonnement », le mourant assiste à la séance du conseil général de la Commune, occupation qu'il renouvelle les 8, 17, 20 juillet puis le 20 août. Début avril 1794, il adresse une pétition à la Convention afin d'obtenir une pension. C'est le représentant Joseph Musset, ci-devant curé, qui la présente en terme choisis... et diffamatoires pour la mémoire de Louis XVI. « Ce monstre dont le nom renferme tous les forfaits, qui rappelle un prodigue de scélératesse et de perfidie [...] a présenté de sang-froid un verre de vin empoisonné à un père de famille et qu'il assassine [sic] de la sorte avec un air d'intérêt et de bienveillance. Être affreux qui récompensez ainsi ceux qui vous servent, quel cas faites-vous du reste des hommes ? »

Le rescapé imaginaire reçut une rente viagère de mille deux cents livres. Les amateurs d'histoires morales noteront qu'il ne profita guère des largesses de la République puisqu'il mourut un an plus tard, le 10 mai 1795.

Gamain prétendait avoir fixé sur le battant *une serrure de sûreté* que Louis XVI, un connaisseur, ne pouvait confondre avec une serrure ordinaire. Or, les trois clés trouvées dans l'appartement de Thierry de La Ville d'Avray, valet de chambre du roi, portaient la mention « clés que le roi m'a remises aux Feuillants le 12 août 1792 ». L'une d'elles ouvrait l'armoire de fer mais aussi des meubles sans intérêt. Pourquoi, dans pareilles conditions, parler d'une serrure de sûreté ?

Malgré des contradictions de ce style et des obscurités, les commentateurs de toutes opinions n'ont pas mis en doute l'existence de cette armoire de fer pendant près de deux cents ans. Mallet et Isaac, scolaires et sereins, Michelet, romantique et imperturbable, Lenotre, frivole et pointilleux, Dumas, imaginatif et créateur, Mathiez, sourcilleux et précis, Seligman, jamais pris en défaut, Soboul, accroché à la scrupuleuse vérité, tous s'accordent. Plus près de nous, Arthur Conte, à qui le procès de Louis XVI doit tellement, Jacques Isorni, le seul homme à avoir défendu un maréchal puis un roi de France, Alain Decaux, qui se confond avec l'Histoire, ont pris une position identique.

En 1982, le consensus est rompu. Au terme d'une recherche de neuf ans, Paul et Pierrette de Coursac s'interrogent. Comment Roland plongé dans un véritable océan de papiers (sept cent vingt-six pièces dont certaines ont dix, vingt et jusqu'à cent pages) a-t-il pu préciser, en si peu de temps, son contenu ? Ils se demandent comment Louis XVI, serrurier expérimenté, a pu confondre une serrure ordinaire avec une serrure de sûreté. Ils affirment que la clé détenue par Thierry de La Ville d'Avray était un simple passe. Éléments des plus minces, qui les mènent à cette étonnante conclusion : ce n'est pas Louis XVI mais Roland qui a fait construire la fameuse armoire par son complice Gamain. L'érudition de Paul et Pierrette de Coursac impressionne. Mais pourquoi une telle mise en scène ? Mes réflexes d'avocat s'alarment. « À qui profite le crime ? » peut-on à bon droit demander. « À Roland qui veut perdre le roi », répondent ses accusateurs... À supposer une telle motivation, le résultat de cette machination serait décevant, et le risque disproportionné. Si l'on avait trouvé dans l'armoire de fer des documents accablants, par exemple la preuve des transactions secrètes du souverain avec les puissances étrangères, on pourrait prêter un mobile sérieux au ministre. Après les avoir rassemblés, il les aurait « découverts » au moment le plus favorable. Un tel coup de théâtre aurait, à coup sûr, aggravé la situation de Louis XVI. Or, l'inventaire démontre que la cache ne contient rien d'extraordinaire ni de décisif. Alors ? À supposer que Roland ait fait construire et garnir l'armoire de fer, il en connaissait nécessairement le contenu. Sachant qu'il ne pouvait lui nuire, ni embarrasser les Girondins, on comprend mal cette découverte en catimini. Ne valait-il pas mieux l'entourer de toute la publicité nécessaire, y convoquer les commissaires des Tuileries, en appeler à la Convention ? Or, tout porte la marque de l'improvisation.

À force de vouloir faire coller l'incollable, on arrive à romancer une histoire qui ne doit son obscurité qu'aux bavures d'un vieil homme, à son souci de « faire le ménage ». On dit aussi que sa femme, Manon, dont le bureau jouxtait le sien, espérait extraire de cette masse de papiers de quoi perdre Danton, que la rumeur accusait d'avoir touché une forte somme pour sauver Louis XVI. Éventualité, on le verra plus loin, nullement impossible pour quiconque connaît le tribun.

★

Ces papiers, en fait, quels étaient-ils ? Pour en dresser la liste, l'Assemblée réagit, nous l'avons dit, par la création d'une nouvelle commission dite des Douze, présidée par un farouche Montagnard, Ruhl. Spécialiste de la mise en accusation, il avait jadis demandé à la Législative celle du cardinal de Rohan, de Mirabeau le Jeune [2], de Condé et de ses partisans... Sans tarder, la commission se met au travail, effectue une description sommaire des pièces saisies. Elles ont trait aux affaires ecclésiastiques, à la Maison du roi, à l'éducation du Dauphin, aux dépenses de la Cour, à la fuite à Varennes, à la correspondance avec Laporte, La Fayette, Talon, Dumouriez. La commission découvre aussi une lettre de Sainte-Foy du 14 juin 1792 : « Je suis assuré de m'entendre avec M. Dumouriez pour tout ce qui est le service de Sa Majesté. » Elle est lue par Ruhl le 7 décembre 1792 mais sans trop d'insistance. Au lendemain de la victoire de Jemmapes (6 novembre), il ne s'agit pas d'accabler un général vainqueur qui n'est point encore un officier perdu.

Feu Mirabeau est moins heureux et la corruption du grand marginal démontrée. Manuel, député de Paris, demande la mise en accusation de sa mémoire. On voile sa statue de crêpe, on brise son buste ; ses restes, exhumés du Panthéon, sont jetés à la fosse commune. Faute de prendre des réquisitions contre un mort, on poursuit des vivants : Sainte-Foy, Dufresnes et Talon. Sont également mises au jour une correspondance du comte Delessart, ministre des Affaires étrangères, prouvant que Louis XVI dissimule l'état des négociations menées avec l'Autriche ; une lettre du roi au comte de Poix : « Je connais des personnes qui désapprouvent fort intérieurement ce que les circonstances me forcent à faire... » ; et sa supplique à l'évêque de Clermont pour lui demander la permission de faire ses pâques en 1791 [3].

Cette pièce éclaire l'itinéraire politique de Louis XVI et

dévoile ses tourments. Il a tout risqué : sa vie, sa fortune, son trône, pour n'être point sacrilège. Le procès de Louis XVI serait-il le dernier soubresaut des guerres de religion ?

Chapitre VIII

LOUIS DOIT MOURIR PARCE QU'IL FAUT QUE LA PATRIE VIVE

Après la découverte de l'armoire de fer, la Convention est condamnée à durcir sa position. Le procès du roi doit être conduit à son terme et la Gironde comprend qu'elle ne peut plus tergiverser. Le 30 novembre 1792, Jean Bon Saint-André parle d'une simple formalité! Pour ce protestant, ancien élève des jésuites, la cause est depuis longtemps entendue : « Je pose en fait que Louis XVI est déjà jugé ; que le jugement prononcé par le peuple le 10 août a été confirmé par les assemblées primaires lorsqu'elles nommèrent des députés à la Convention. Je demande que Louis XVI étant regardé comme jugé on ne s'occupe plus que de sa punition... »

La Révolution n'a plus le choix : « Si Louis XVI est innocent, nous sommes tous des rebelles, s'il est coupable, il doit périr. » Coupable ? Comment ne le serait-il pas ? « Un roi par cela seul qu'il est roi est coupable envers l'humanité. » Crime contre l'humanité, le terme fera fortune.

Le 3 décembre 1792, la discussion sur le jugement de Louis XVI reprend de plus belle et Barbaroux demande l'adoption d'un décret tendant à sa « mise en cause ». Charlier, représentant de la Marne, trouve l'expression un peu creuse : « Qu'il soit mis en état d'accusation », souhaite-t-il. L'Assemblée préfère cette seconde solution et passe au vote.

Gamon, élu de l'Ardèche, proteste et suggère que, au préalable, Louis XVI soit entendu sous peine de violer le principe du contradictoire, cher à la Constituante. Mise en cause, mise en accusation, ces formules ont la vie dure. Elles font frissonner les juristes, disparaissent, redeviennent d'actualité, chaque fois qu'une réforme du code de procédure pénale s'amorce avant de s'enliser. Les mots, plus faciles à changer que les habitudes, servent d'alibi à la bonne conscience...

Robespierre monte à la tribune : Louis est coupable, forcément coupable. Déjà, dans les lettres à ses commettants, il écrivait : « Le roi doit être puni ou la République française ne serait que chimère. » Comme Saint-Just, il pense que l'affaire ne relève point du droit positif mais du droit des gens, cher à Montesquieu. Il dénonce la collusion du roi et de l'étranger mise en lumière par le manifeste de Brunswick, la correspondance avec Calonne et les chefs de l'émigration : « Citoyens, l'Assemblée a été entraînée à son insu loin de la véritable question. Il n'y a point de procès à faire. Louis n'est point un accusé. Vous n'êtes point des juges. Vous ne pouvez être que des hommes d'État et des représentants de la nation. Vous n'avez point une sentence à rendre pour ou contre un homme, mais une mesure de salut public à prendre, un acte de providence nationale à exercer... »

Faire son procès, c'est déjà admettre l'éventualité d'une innocence contre nature. Entre le roi et la République il n'y a pas de dialogue même judiciaire possible, tout est une question de force. Et l'Incorruptible martèle ces mots : « Louis XVI fut roi et la République est fondée : la question fameuse qui nous occupe est décidée par ces seuls mots ; Louis XVI a été détrôné par ses crimes, Louis a dénoncé le peuple français comme rebelle ; il a appelé pour le châtier les armées des tyrans ses confrères. La victoire et le peuple ont décidé que lui seul est rebelle, Louis peut être jugé ou la République n'est point absoute... »

Le député d'Arras, hiératique, renvoie Capet devant le tribunal de la nature pour atteinte à la vertu et à la liberté. Puis, changeant de registre, il place les députés devant le vrai dilemme : « Je ne dirai qu'un mot : la Constitution vous défendait tout ce que vous avez fait. S'il ne pouvait être puni que de la déchéance, vous ne pouviez la prononcer sans avoir instruit son procès. Vous n'aviez point le droit de le retenir en prison. Il a celui de vous demander son élargissement et des dommages et intérêts. La Constitution vous condamne. Allez donc aux pieds de Louis XVI invoquer sa clémence. »

Aux hésitants, Robespierre rappelle sans ménagement qu'ils sont – eux aussi – des rebelles et qu'entre la Convention encore mal assurée de sa légitimité et la royauté moribonde, il n'existe pas de compromis. Sa conclusion est un chef-d'œuvre de dialectique biseautée : « Je propose à regret cette fatale vérité : Louis doit mourir parce qu'il faut que la patrie vive. » C'est, avec le discours sur l'appel nominal, l'intervention la plus corrosive, la plus démagogique aussi du député d'Arras. Au mieux de sa forme, il pique au vif la Convention en lui donnant à choisir entre la mort du roi et sa propre disparition ; entre l'avortement de l'œuvre révolutionnaire et sa consécration.

Il en faut davantage pour démonter Pétion. L'ancien maire affronte Robespierre, combat son argumentation avec pugnacité : comment déclarer sans débat judiciaire Louis traître à sa patrie ? L'Assemblée a le droit de juger le roi, pas de l'assassiner. Il enfonce le clou légaliste. La Convention, pour son honneur et celui de la France, décrète ce 3 décembre que Louis XVI sera jugé par elle. Comme la royauté, la République retient sa justice.

La Gironde porte, dès le lendemain, son attaque sur un autre terrain. Buzot est chargé de faire diversion en dénonçant les intrigues des principaux chefs montagnards avec le ci-devant duc d'Orléans. Buzot, aiguillonné par Mme Roland, propose à la Convention de décréter que la peine de mort sera appliquée à quiconque tenterait de rétablir en France la royauté, sous quelque domination que ce soit. L'allusion à Philippe Égalité est claire, mais il n'est pas le seul visé. Buzot pense aussi à la Commune qui projette d'étendre son pouvoir à la France entière. Son intervention provoque un beau tohu-bohu. Philippeaux, Bazire et Merlin se livrent à une véritable joute oratoire. Les huissiers interviennent, les travées vocifèrent. On se croirait revenu sous la Législative à l'époque des journées de juin. La proposition de Buzot est finalement adoptée. Comment ne l'aurait-elle pas été malgré le coup porté à la Montagne ? Quel conventionnel pouvait s'opposer à cet anathème lancé contre l'Ancien Régime ?

Puis un échange oppose Philippeaux à Pétion. Le premier demande que l'Assemblée siège en permanence jusqu'au jugement définitif du roi; le second, qu'elle fasse preuve de moins de hâte mais de plus d'assiduité.

Robespierre sent le moment venu de porter le coup décisif. Il demande à intervenir à nouveau : « Quelle est donc la mesure que vous devez prendre ? C'est de juger sur-le-champ sans désemparer. L'Assemblée n'a pas déclaré qu'il y aurait un procès en forme; seulement elle a décidé qu'elle prononcerait elle-même le jugement ou la sentence du ci-devant roi. Je soutiens que d'après les principes il faut le condamner à mort en vertu de l'insurrection... » Cette casuistique sent le soufre. L'Incorruptible ne prend pas l'Assemblée au mot, mais au collet, pour forcer sa décision. Il est vertement rappelé à l'ordre par Buzot qui se fait l'avocat de la proposition Pétion. Il obtient gain de cause et la Convention décide de s'occuper tous les jours, depuis midi jusqu'à 6 heures, du procès. Les députés deviennent les forçats de la procédure.

*

Le 6 décembre 1792, un nouveau duel oppose, cette fois, Bourbotte à Manuel. Bourbotte, installé au sommet de la Montagne, veut provoquer un éboulement par un appel à la dénonciation dans la vieille tradition des monitoires : « Que Louis Capet soit traduit dès demain à la barre de cette Assemblée. Qu'elle ordonne à vous deux, commissions des Vingt-Quatre et des Douze, de lui présenter une série de questions à lui faire pour savoir s'il veut déclarer ceux qui lui ont conseillé une partie de ses crimes ou qui ont partagé avec lui l'exécution. » Et l'orateur de poursuivre : « Que l'on dresse l'acte énonciatif de ces mêmes crimes pour lui en faire connaître la nomenclature et les preuves afin de prononcer dès le lendemain contre lui la peine que j'invoquais même à cette tribune. » C'est un procès-express et une exécution-minute que propose le député de l'Yonne. Il se fait rappeler à l'ordre par Manuel. Curieux personnage que ce représentant de Paris. Jadis il écrivait à Louis XVI une lettre commençant par ces mots : « Sire, je n'aime pas les rois », cette aversion ne l'empêchera pas de déclarer aux Jacobins : « Les massacres de septembre sont la Saint-Barthélemy du peuple qui s'est montré aussi méchant qu'un roi [1]. » Ce jour-là, il fait preuve de la même détermination : « J'ai dit qu'un roi mort n'est qu'un homme de moins sur la terre mais la Convention nationale ne peut commettre un assassinat. Je demande que Louis XVI soit entendu. »

Manuel, lui, le sera, car l'Assemblée adopte le décret Quinette, représentant de l'Aisne, et crée... une troisième commission, dite des Vingt et Un, chargée de préparer l'acte énonciatif des crimes de Louis Capet et de fixer la procédure de son procès.

Le 6 décembre 1792, elle décrète :

« ARTICLE 1 : La commission des Vingt-Quatre, les comités de législation et de sûreté générale, nomment chacun trois membres qui se réuniront à la commission des Douze.

» ARTICLE 2 : Cette commission de vingt et un membres présentera lundi matin [10 décembre 1792] l'acte énonciatif des crimes dont Louis Capet est accusé. Elle remettra dans un ordre convenable toutes les pièces à l'appui de cet acte.

» ARTICLE 3 : La commission présentera dans la séance du marti matin, à 8 heures, la série des questions à faire à Louis Capet.

» ARTICLE 4 : La Convention nationale discutera dès la séance de lundi l'acte énonciatif des crimes de Louis Capet.

» ARTICLE 5 : Le lendemain, Louis Capet sera traduit à la barre de la Convention pour entendre la lecture de cet acte et répondre aux questions qui lui seront faites, seulement par l'organe du président.

» Article 6 : Copies de l'acte énonciatif et de la liste des questions seront remises à Louis Capet. Le président l'ajournera à deux jours pour être entendu définitivement.

» Article 7 : Le lendemain de cette dernière comparution à la barre, la Convention nationale se prononcera sur le sort de Louis Capet par appel nominatif ; chaque membre se présentera successivement à la tribune.

» Article 8 : La Convention nationale chargera le pouvoir exécutif, sous sa responsabilité, de prendre toutes les mesures de sûreté générale pendant le cours du jugement de Louis Capet. »

Oubliés les droits que la Constituante et la Législative accordaient aux accusés. Le délai concédé à Louis XVI pour préparer sa défense est ridiculement court ; on ne lui communique aucune pièce à charge malgré le souhait exprimé par Mailhe le 27 novembre. D'avocats, il n'en est pas question. On se croirait revenu au droit intégriste de l'Ancien Régime.

La situation du roi est d'autant plus compromise que Marat veille au grain : « Je vous propose un moyen infaillible : c'est que la mort du tyran soit votée par appel nominal et que cet appel nominal soit publié... » Ce mode de scrutin, qui place les juges sous l'œil inquisiteur du public et de la rue, est adopté. Il se révélera fatal à Louis XVI. Les tièdes et les indécis hésiteront à rallier le clan de l'indulgence. Quand elle spécule sur la lâcheté, la répression est sûre de toucher des dividendes.

Ceux qui pensent que le procès du roi ne s'ouvre que ce jour-là ont tort. Cette affaire en partie double, politique et judiciaire à la fois, dure depuis le 10 août. Ce 6 décembre 1792 elle entre seulement dans sa phase ultime qui s'achèvera le 21 janvier 1793.

Les instructions successives obtiennent au moins un résultat : Louis XVI est devenu Capet. Il faudra du courage pour continuer à l'appeler le roi ; de l'héroïsme pour lui donner du « Sire » en public.

Le dénouement de l'impitoyable lutte entre les Girondins et les Montagnards est proche. Les premiers veulent sauver une tête par humanisme, mais aussi par calcul politique. Les seconds, conscients que Louis XVI est le verrou qui leur ferme la porte du pouvoir, n'épargneront rien pour le faire sauter.

La commission des Vingt et Un [2] peut être comparée à notre actuelle chambre d'accusation, juridiction collégiale chargée de décider du renvoi d'un inculpé devant la cour d'assises.

Pendant que les conventionnels s'entre-déchirent, ses membres œuvrent d'arrache-pied. L'acte énonciatif qu'ils rédigent est de tous les documents de la procédure le plus juridique et le plus complet. Certes, il se ressent de la hâte qui a présidé à son élaboration et de l'acharnement de dernière minute dont font preuve les commissaires pour terminer dans les délais. Lindet précisera que son rapport préliminaire fut rédigé en un jour et demi et qu'il dut en une nuit peaufiner son texte.

Homme complexe que ce Lindet. Ancien avocat, député de l'Eure à l'Assemblée législative puis à la Convention, il prend parti pour la Montagne. Habile politique, indulgent par nature, intransigeant par calcul, il deviendra membre du Comité de salut public pendant la Terreur. Impliqué dans la conspiration de Babeuf, il sauvera sa tête devant le Tribunal révolutionnaire et sera acquitté en 1797 après la conspiration des Égaux. Malgré ce lourd passé, il ne sera pas poursuivi comme régicide au moment de la Restauration.

Pour l'heure, il se sort avec bonheur d'une tâche difficile, rendue plus ardue encore par l'imprécision et l'exagération de ses prédécesseurs. Le 10 décembre 1792, au nom de la commission des Vingt et Un, il rapporte sur les crimes imputés à Louis XVI. À ce moment, Paris est en ébullition. Les clubs, les sections et la Commune maintiennent la pression sur la Convention.

La crise n'est plus seulement politique. Elle est devenue économique dans un pays où les restrictions sévissent, où l'inflation galope. Le 1er décembre 1792, un ancien curé,

Jacques Roux, porte-parole des « enragés », prononce un discours incendiaire du style Apocalypse de saint Jean à la sauce républicaine devant l'assemblée générale de la section de l'Observatoire : « Il est temps d'apprendre aux peuples de la terre que les nations ne sont plus la propriété des rois, que la vertu seule rend l'homme inviolable et que le crime conduit le tyran à l'échafaud [...] La tête de Louis tombera ou nous nous ensevelirons sous les débris de la République[3]. » Comme le dira Camille Desmoulins, on entrait ici en *terra incognita*. La Révolution changeait de nature.

Lindet, lui, harmonise, ramasse, durcit le ton. Pour effacer l'emphase du rapport Valazé, il explique sa méthode de travail : « Votre comité a pensé qu'il était utile de faire précéder la lecture de l'acte d'accusation par un historique rapide de la conduite du ci-devant roi depuis le commencement de la Révolution. Je l'ai rédigé dans un style simple et à la portée de tous les citoyens... » Son rapport est d'une objectivité apparente qui accable. Dans un premier temps, il balaie d'une phrase l'obstacle juridique. La Constitution n'existe plus à la suite d'un plan qui devait être destiné à l'effacer et à anéantir l'État. Comment une acceptation feinte, un faux serment peuvent-ils donner au roi un droit dont il souhaite la disparition ? Quand il aborde la genèse de la Révolution, il trouve une formule heureuse pour définir la faiblesse de caractère de Louis XVI : « L'autorité était sans respect pour la liberté des citoyens et sans force pour maintenir l'ordre public. » Il oppose le dépouillement de l'Assemblée nationale aux fastes de l'appareil du despotisme et souligne la responsabilité de la Cour dans le massacre de la Bastille. C'est seulement en apparence que Louis XVI a accepté l'ordre nouveau, alors qu'il ne songeait qu'à rétablir sa puissance et à abaisser la nation. Puis Lindet rappelle la lettre du roi à l'évêque de Clermont, évoque la fuite à Varennes et le manifeste du fuyard : « Il voulait le renversement de l'État puisqu'il ne voulait ni les lois ni la Constitution qu'il avait juré de maintenir. » Suit la longue énumération des « crimes du roi » : *c'est lui* qui le 17 juillet 1791 a fait tirer sur les citoyens au Champ-de-Mars ; qui est à l'origine de la convention de Pillnitz où l'empereur d'Autriche et le roi de Prusse s'engageaient à rétablir la monarchie absolue en France ; qui retarda la réunion d'Avignon avec la France ; qui détourna les fonds publics au profit du pouvoir royal en appauvrissant la République ; qui se livra à des tentatives de corruption sur certains membres du corps législatif ; qui paya les corps francs émigrés ; qui sabota la défense nationale avant de déclarer la guerre le 20 avril ; qui par l'intermédiaire de Montesquiou retint loin des champs de bataille nos troupes d'élite, dégarnissant ainsi nos frontières ; qui protégea les ministres coupables ou incapables et qui favorisa les prêtres fanatiques ; qui par son veto abusif fit le jeu de l'ennemi. Il en arrive enfin au 10 août, « provoqué par la Cour pour soulever les faubourgs et les massacrer ensuite en les faisant avancer et les prenant par-derrière avec son artillerie ». L'orateur en est maintenant à la conclusion. Il marque un temps et son regard parcourt la Convention. Il sait qu'il a réchauffé le cœur des tièdes et glacé celui des timorés. Quand il reprend la parole, le silence est total : « Louis est coupable de tous ces attentats dont il a conçu le dessein dès le commencement de la Révolution et dont il a tenté plusieurs fois l'exécution. Tous ces pas, toutes ces démarches ont été constamment dirigés vers le même but qui était de recouvrer son ancienne autorité, d'immoler tout ce qui résistait à ses efforts. Plus fort et plus affermi dans ses desseins que tout son conseil, il n'a jamais été influencé par ses ministres, il ne peut rejeter ses crimes sur eux, puisqu'il les a au contraire constamment dirigés ou renvoyés à son gré. » La dernière charge est terrible : « La coalition des puissances, la guerre étrangère, les étincelles de la guerre civile, la désolation des colonies, les troubles de l'intérieur qu'il a fait naître et entretenus et fomentés sont les moyens dont il s'est servi pour relever son trône ou s'ensevelir sous ses débris... »

Ce rapport occupe près de sept pages des Archives parlementaires et demeure le meilleur « réquisitoire » de tout le procès. Alors que chacun croit l'intervention achevée, Lindet s'exprime à nouveau : « Je dois vous avertir que la rédaction de l'acte énonciatif des charges n'est pas terminée, la commission étant occupée encore à la vérification de pièces. Je vous demande de nous accorder un délai d'une demi-heure avant d'en faire lecture. » Satisfaction lui est donnée.

Pourtant la discussion n'est pas close et Marat ne désarme pas. « Le rapporteur a omis dans son récit plusieurs faits qu'il importe de rétablir et d'insérer dans l'acte d'accusation. Il ne vous a pas parlé de soixante mille soldats patriotes expulsés des bataillons, des accaparements de numéraires, des accaparements de grains, des compagnies de famine, des massacres juridiques [sic] commis sous le nom du roi, des entraves mises au cours de la justice et tant d'autres crimes dont Louis Capet est coupable, que je serai obligé de rappeler si on ne les rappelle pas. » La gauche et les tribunes applaudissent.

On discute ferme. Les « bavards de la Convention » s'en donnent à cœur joie. Les ajouts à l'acte d'accusation et les questions nouvelles pleuvent, alors même que l'Assemblée s'aperçoit qu'elle n'a décidé encore ni de la marche à suivre ni des modalités de la procédure.

Bazire s'impatiente : « La commission des Vingt et Un s'est adressée au greffier du tribunal criminel du 17 août pour avoir les pièces qui ont servi au procès de Laporte, Septeuil, etc. » Il exige que cette remise ait lieu sans délai.

Valazé rappelle que la commission des Vingt et Un s'est trouvée en butte aux agents de Roland alors ministre de l'Intérieur qui, au prétexte de l'apposition des scellés, refusèrent la communication des pièces déposées au greffe.

La Convention décrète :

> Six membres pris dans son sein accompagnés de deux commissaires du pouvoir exécutif se transporteront sur-le-champ au greffe du tribunal criminel créé par la loi du 17 août à effet d'en retirer toutes les pièces relatives au ci-devant roi [...] les autorisant à procéder à la levée de toute apposition des scellés qui pouvaient se trouver actuellement sur lesdits papiers...

Sur proposition de Valazé, il est décidé que « les pièces qui serviront de preuve contre Louis Capet lui seront lues dès le lendemain ».

Incident mineur, certes, mais combien révélateur! Jusqu'au dernier moment la Convention s'efforce de ne pas ajouter à l'esprit partisan, l'arbitraire et l'absence de contradictoire. L'incident souligne aussi le caractère flou des compétences entre les multiples commissions, comités, assemblées, clubs qui interviennent dans cette affaire. Mais la discussion n'en reste pas là et Barbaroux dénonce une nouvelle fois la Commune : « Le comité de sûreté générale n'a pas remis à la commission des Vingt et Un toutes les pièces dont il est dépositaire. » Puis, se souvenant qu'il est natif du Vieux-Port, il ajoute : « On a trouvé dans le secrétaire du ci-devant roi des listes de proscription dirigées contre les citoyens de Marseille et à la tête desquelles j'avais l'honneur d'être inscrit. Le 11 ou le 12 août, Bazire lui-même m'a déclaré que ces listes existaient. Je demande qu'elles soient remises à la commission des Vingt et Un. » Bazire commence par nier puis, poussé dans ses retranchements, il convient : « C'est peut-être un malentendu. Si Barbaroux regarde des listes de proscription dans lesquelles plusieurs Marseillais sont soupçonnés de vouloir tenter un régicide, nous sommes d'accord... » Personne n'insiste et le Provençal se fait oublier.

La nuit est tombée sur Paris et chacun a hâte d'en finir. Pas Lequinio. L'homme qui, en 1793, demandera la déportation des évêques s'opposant aux mariages des prêtres propose... une instruction civique en forme de catéchisme. Était-ce bien le moment ? Cette proposition saugrenue est applaudie. Garran annonce alors que la commission des Vingt et Un n'a pas encore terminé son travail. L'Assemblée s'ajourne au lendemain 8 heures. Il est minuit.

*

Dans la nuit du 10 au 11 décembre personne ne dort. Personne ? Sauf vous, Sire. Il en faut davantage pour troubler votre repos. Le matin, vous vous êtes levé à 7 heures comme chaque jour. Le temps d'une courte toilette, vous engagez avec Dieu votre dialogue quotidien. A 8 heures, le martèlement des tambours et le hennissement des rosses de la garde nationale vous inquiètent un instant. La prière est la plus forte. Après le petit déjeuner, vous jouez au Siam avec le Dauphin. La petite histoire qui se veut touchante, même dans la tragédie, soutient que l'enfant vous aurait dit, après avoir perdu deux manches : « Toutes les fois que j'ai un point de 16, je ne peux gagner la partie. »... Les dés à peine posés, on vous prévient de l'arrivée du maire de Paris sur le coup de 11 heures. L'exactitude n'est pas la politesse de Chambon. Il ne fait son apparition au Temple qu'à 13 heures, entouré d'hommes graves, presque gênés. L'un donne lecture du décret : « Louis Capet sera traduit à la barre de la Convention. » « Je ne m'appelle point Capet. Mes ancêtres ont porté ce nom mais on ne m'a jamais appelé ainsi. » Après cette protestation platonique, vous avez passé une redingote noisette pour marcher vers votre destin.

Dans quel embarras vous êtes-vous mis, Sire ? Vous allez comparaître devant des juges qui, tous à des degrés divers, ont intérêt à votre perte, mais pas forcément à votre mort. L'Histoire s'étonnera de votre gaucherie, de votre fuite devant vos responsabilités, de votre manque de prestance, de votre quête de conseils. Imagine-t-on Charles Ier demandant le secours d'un avocat ?...

Alexandre Dumas, grand maître de l'imagerie, décrit le procès de l'Anglais de façon saisissante : « Les juges, fiers d'avoir un roi à humilier, se préparaient visiblement à user de ce droit qu'ils s'étaient octroyé. En conséquence, un huissier vint dire à Charles Ier que l'usage était que l'accusé se découvrît devant eux. Charles, sans répondre un seul mot, enfonce son feutre sur la tête qu'il tourne d'un autre côté. Il s'assied sur le fauteuil presque en face du président, fouillant sa botte d'un petit jonc qu'il porte à la main. » Et comme le magistrat fait mine de l'interpeller, il lui cloue le bec : « Je ne vous répondrai que quand vous m'aurez justifié de vos droits à m'interroger. Vous répondre serait vous reconnaître pour mes juges et je ne vous reconnais que pour mes bourreaux. »

Ce n'est pas ce gentilhomme de fer, pétri de morgue et de dédain, qui se présente à la barre de la Convention. Les députés ont devant eux Orgon, mal fagoté, pas rasé, les bajoues devenues flasques par l'inaction et les déboires. Rien qui inspire la sympathie ou la pitié tellement sa défense va être maladroite et dérisoire. « Un homme comme tant d'autres, écrit Michelet, qui semblait un bourgeois, un rentier, un père de famille, l'air simple, un peu myope, le teint pâle déjà par la prison et qui sentait la mort. Une apparence physique ordinaire, l'embonpoint, les joues molles, le regard terne aggravé par une barbe de trois jours, tel apparaît le roi [4]. »

D'autres se moquent, accablent, persiflent. Que l'homme ne se soit pas montré à la hauteur de l'épreuve n'est guère discutable. Mais qui pourrait lui jeter la première pierre ? Il ne faut jamais juger un accusé sur son attitude et un roi n'échappe pas à la condition de justiciable.

Que dire aussi des gens de la Commune, responsables du Temple, qui ne laissèrent même pas à l'ancien monarque la possibilité de se raser et de passer des vêtements décents ? Ces mesquineries expliquent, sans l'excuser complètement, une attitude. N'est pas Charles Ier qui veut. Louis XVI n'est que Louis XVI. Un curieux mélange de culture, de rouerie, d'indécision, d'incapacité à se décider, d'aveuglement, d'attachement au passé. Comment lui reprocher sa tenue ? On lui a retiré ciseaux et rasoir par « mesure de sécurité », en oubliant qu'un si bon catholique ne peut mettre fin à ses jours !

Bientôt, Sire, vous allez arriver à la Convention, dans cette grande salle nue, le Manège. À juste titre. Il s'agit bien d'un manège construit par le Régent pour l'éducation sportive de votre grand-père enfant. Des murs sans ornements, plus longs que larges, rappellent le centre équestre de Vienne où se produisent les lipizzans. Un lieu sans apparat. De simples banquettes enserrent les contours où les députés prennent place. Au centre, sur l'estrade, trône le fauteuil du président.

Un peu en dessous, une table vaste permet aux secrétaires d'étaler leurs dossiers et de répandre leurs manchettes. Face à elle, la barre surmonte la tribune des orateurs. L'ensemble regorge de monde et, dans les travées déjà combles, s'écrasent les cinq cents spectateurs privilégiés d'un spectacle inouï.

Tout ce cérémonial, ces hommes gonflés d'une puissance à laquelle ils ne songeaient pas, même dans leurs rêves les plus fous, font de vous un cerf forcé par la meute. Peut-être songez-vous à cette historiette que raconte Chateaubriand. Cela se passait en février 1787, six ans à peine et déjà une éternité. « ... Le duc de Coigny me fit prévenir que je chasserai avec le roi... Nous roulons dans les carrosses à la suite... On m'avait destiné une jument appelée " l'Heureuse ", bête légère mais sans bouche, ombrageuse et pleine de caprices... Un coup de fusil part, " l'Heureuse " tourne court, brosse tête baissée dans le fourré et me porte juste à l'endroit où le chevreuil venait d'être abattu. Le roi paraît. Au lieu de s'emporter, il me dit avec un ton de bonhomie et un gros rire : " Il n'a pas tenu longtemps. " » Ces lignes sont prémonitoires. Elles s'appliquent à vous, Sire, qui, de chasseur, êtes devenu gibier. Voilà six ans, monarque absolu, vous incarniez l'État. Aujourd'hui vous rendez des comptes, vous qui n'en deviez qu'à Dieu.

Chapitre IX

QU'AVEZ-VOUS À RÉPONDRE ?

Une lumière mesquine tombe des hautes fenêtres de la salle du Manège. Entassés depuis ce matin sur les gradins de bois, les membres de la Convention ont à peine dormi. Il pleut. Une pluie glaciale, une pluie d'hiver qui convient à un 11 décembre. Là-haut, sous les voûtes, les citoyens des tribunes se serrent les uns contre les autres, nerveux. Règne un brouhaha fait de murmures, de protestations contre ceux qui poussent. La foule des grands jours.

Barère préside. Belle voix chaude. Séduisant. Du ton et des manières. À peine se souvient-on qu'il se faisait appeler Bertrand de Barère de Vieuzac lorsqu'il papillonnait, il n'y a pas si longtemps, dans le salon de Mme de Genlis.

La séance est ouverte, mais on prête une oreille distraite aux premiers orateurs. Prieur, autre député-avocat (de Châlons-sur-Marne), signale que, depuis le milieu de la nuit, les pièces de la procédure déposées au greffe se trouvent entre les mains de la commission dite des Vingt et Un, chargée d'instruire le procès du roi. Le Girondin Barbaroux, poisson-pilote du bataillon des Marseillais, excuse son confrère le Montagnard Lindet.

Après avoir travaillé trois jours et trois nuits à l'élaboration de l'acte d'accusation dont il a exposé le prélude la veille, Robert Lindet est à bout de souffle. Barbaroux lit donc le projet de l'acte énonciatif « des crimes dont est accusé Louis Capet ». N'a-t-il rien oublié ?

« Si ! Et même l'un de ceux qui me paraissent le plus propre à caractériser la perfidie du ci-devant roi ! » tonne l'ancien bâtonnier Rewbell, Alsacien qui siège parmi les députés du Marais.

Jean-François Rewbell dit qu'on a omis d'accuser le monarque de désorganiser l'armée, de pousser les soldats à la désertion et de leur faire passer le Rhin pour se joindre à l'ennemi. Quelques applaudissements éclatent dans les tribunes. Rappel à l'ordre du président Barère : « Les citoyens doivent sentir que dans cette séance importante toute la majesté du peuple doit se trouver dans la Convention nationale. J'invite les représentants du peuple et les citoyens des tribunes à se tenir dans le plus profond silence...

– Il y a une autre omission ! insiste le pointilleux bâtonnier. On ne l'accuse pas d'avoir employé, dans les cours étrangères, des agents chargés de susciter des ennemis à la France, et d'engager la Turquie à prendre les armes contre le pays. Je demande que ces faits soient insérés dans l'acte énonciatif... »

Ils le furent.

Alors c'est la ruée. Il n'importe plus d'être crédible, plausible, ou d'apporter une garantie. L'important, c'est de donner d'entrée des gages de fermeté, d'apparaître intraitable.

Un nommé Carpentier se lève en annonçant qu'il a « un fait d'une plus haute importance à rappeler ». L'acte énonciatif ne met pas suffisamment l'accent sur la fuite à Varennes. Au mot « Varennes », Drouet qui siège sur les bancs de la Montagne se lève à son tour. Varennes, c'est une affaire de famille, défense d'y toucher. Il en sait naturellement plus que tout le monde sur les intentions secrètes du roi. Mais Carpentier tient absolument à marquer le point et « rappelle un autre fait : l'intelligence de Louis avec Mirabeau et La Fayette ». Broutilles ! coupe Tallien, le principal meneur de la section des Lombards, l'un des plus jeunes élus de la Montagne à la Convention : « Je rappelle un fait plus important... »

Pour faire bonne mesure, il en cite même trois. Ce Rastignac de la guillotine soutient que le roi, lors de sa fuite, fit défense aux ministres de signer aucun acte législatif, puis se fit remettre les sceaux de l'État, et que dans l'affreuse affaire du Champ-de-Mars (la garde nationale ouvrit le feu sur la foule : cinquante morts), ses intelligences avec La Fayette (qui fit tirer) et le maire Bailly sont évidentes.

Il y a tout de même une protestation. Taveau, un député pratiquement inconnu, lance : « Il ne suffit pas que nous ayons une conviction intime, il faut des preuves palpables pour convaincre l'Europe entière. Je m'oppose à l'insertion de ces faits à l'acte énonciatif... »

Cela tombe sous le sens. Mais qui parle de bon sens ? Certains se déchaînent. Le Girondin Gorsas avance pour preuve de la complicité du roi avec La Fayette la nomination de celui-ci comme lieutenant général des armées. Le député montagnard Philippe Ruhl, cinquante-cinq ans, vieux magistrat de l'Ancien Régime, affirme que « la vraie preuve » est une lettre du roi invitant La Fayette à se joindre à Mirabeau. Un autre Montagnard, Jean-Baptiste Amar, soutient pour sa part que le roi « n'a employé que des ennemis connus de la Révolution » et qu'il a accordé « la protection la plus ouverte aux prêtres non assermentés ». Cette charge désordonnée se voit complétée par l'intervention de l'ancien mousquetaire Dubois-Crancé qui siège avec la Montagne : il demande qu'on joigne « sans délai » à l'acte énonciatif la fameuse lettre à l'évêque de Clermont. On la lit. Une voix ironique conseille : « Ne parlez pas du culte, à moins que vous ne vouliez le faire un jour canoniser... » Il y a des sourires.

En routier éprouvé de l'ordre judiciaire, l'ex-procureur (fiscal) Ruhl fait adopter dans la foulée par l'Assemblée cette formule concise et vaporeuse : « La nation vous accuse d'avoir manifesté le désir et la volonté de recouvrer votre ancienne puissance. » Chacun sait que la culpabilité est jouée d'avance, mais beaucoup sentent qu'il n'y a pas là de quoi guillotiner un homme, fût-il roi.

Alors Marat demande la parole, et chacun retient son souffle, car on connaît la fureur, presque monotone, de ce Savonarole sans-culotte qui lance chaque matin ses accusations dans les colonnes de *L'Ami du peuple*; et l'on sait aussi que le peuple l'idolâtre.

Que suggère Marat? Pour être efficace, dit-il, l'acte énonciatif doit démarrer du premier moment de la Révolution, pour bien montrer que l'attitude du monarque ne correspond pas à des actes inconsidérés, suggérés par des conseillers, mais à un système précis de conspiration contre l'État.

Il supplie qu'on vise juste. Qu'on n'aille pas s'embarquer dans des discussions interminables! Qu'on réduise les chefs d'accusation « à un très petit nombre, parce que ceux sur lesquels les preuves ne seraient pas évidentes affaibliraient ceux sur lesquels elles sont victorieuses ».

« Je vous invite à faire ce choix-là! » insiste-t-il.

Autrement dit : prenez garde! Noyer le poisson – consciemment ou par manque de jugement politique –, c'est faire le jeu du roi.

L'avertissement tombe à plat. Là-bas, la perruque rouge de l'irréductible Billaud-Varenne, autre frénétique de la plume d'oie, émerge de la houle : l'ancien avocat se veut si rigoureux qu'il ne s'habille plus qu'en quaker britannique. Sans vraiment le dire, il encaisse mal le texte de la proposition de Ruhl que ses collègues ont fait insérer tout à l'heure dans l'acte énonciatif : « La nation vous accuse, etc. » Horreur! Vouvoyer Capet.

Nullement impressionné par la démonstration du citoyen Marat, Billaud-Varenne explose :

« Je propose d'ajouter le fait suivant : " La nation t'accuse d'avoir fait prêter aux Suisses, dans la matinée du 10 août, le serment de soutenir ta puissance. La nation t'accuse d'avoir établi à cette même époque, au château des Tuileries, un bureau central composé de plusieurs juges de paix, où se fomentaient tes desseins criminels. La nation t'accuse d'avoir donné ordre au commandant de la garde nationale de tirer sur le peuple, par-derrière, quand il serait entré dans les cours du château. Enfin la nation te reproche l'arrestation du maire de Paris dans l'intérieur du château, pendant la nuit du 9 au 10 août... " »

Remue-ménage sur les bancs. Tallien appuie Billaud-

Varenne. Selon lui, l'ordre écrit donné au commandant de la garde « doit exister » à la Commune. Le député Osselin, qui siège avec la Montagne, dément :

« Je réponds que ce n'est pas Louis qui a signé cet ordre, mais le commandant de la garde lui-même. Au reste, je pense comme Marat qu'il ne faut pas noyer les faits positifs dans des faits douteux... »

Bazire (de la Côte-d'Or) laconique :

« Je combats le système de Marat. »

Tallien, lui, s'aperçoit qu'il a oublié un quatrième fait : le 21 juin, la Cour fit offrir 500 000 livres à Santerre pour qu'il abandonne les patriotes. L'héroïque brasseur sut résister aux sirènes, mais une lettre le prouve. Sûrement, on peut la retrouver.

Quant à Sergent (du faubourg Saint-Antoine), il voudrait que l'acte énonciatif fasse mention des promenades du roi dans les manufactures de son quartier pour y distribuer de l'argent : « Il y avait des gens apostés pour crier " Vive le roi ". Je pense aussi qu'il faut lui demander si c'est par ses ordres que les généraux français ont évacué Courtray... »

Estimant avoir fait bonne mesure, la Convention décide de passer à l'ordre du jour. L'acte d'accusation présenté par Barbaroux est enfin adopté. Le roi peut comparaître, et l'audience commencer.

Une remarque. Dans ces débordements de paroles où la plupart des affirmations tiennent lieu de preuves, pas une fois nous n'avons entendu ce matin la voix des chefs de file de la Montagne ou de la Gironde. Ils ont laissé aux obscurs le soin d'obscurcir encore ce qui reste ténébreux. Marat mis à part – un Marat lucide, qui a compris tout le danger de retirer les apparences de la justice à une mise à mort programmée, et qui, pour y parvenir, entreprend de calmer le jeu des surenchères –, pas une « vedette » ne s'est manifestée. Danton oublie qu'il est Danton et se perd dans la contemplation des voûtes. Plus loin, Camille Desmoulins s'est penché sur un texte. À côté d'un Robespierre attentif et songeur, Saint-Just caresse d'un doigt machinal l'énorme cravate blanche qui lui mange le cou. Ni le redoutable Cambon, ni Vergniaud, ni Brissot, ni Isnard n'ont donné de la voix.

Le député girondin Manuel, qui jouit d'une belle popularité dans le public des tribunes (en 1791, on l'a élu procureur de la Commune), dit sans détours que l'heure n'attend pas et qu'il faut en finir :

« Vous allez entrer dans des discussions beaucoup trop longues. Vous savez qu'il importe que Louis XVI retourne au Temple avant la fin du jour. Je demande donc que vous donniez des ordres pour qu'il soit amené sur-le-champ et qu'il attende pour être introduit à la barre... »

Des cris fusent du « poulailler », au-dessus des travées de l'assemblée : « Très bien ! » – « Qu'on amène le gros Louis !... » – « C'est pas dans les p'tites gens qu'est la plus grande canaille », etc.

Mais Pétion veut être entendu. Il a été mis en cause par Billaud-Varenne à propos du drame des Tuileries dans la nuit terrible du 9 au 10 août.

« Voici les faits dans leur exactitude », commence l'ancien maire sur le ton du récit de Théramène.

Ah ! Que nous aimerions citer entièrement cette petite merveille d'héroïsme à la Perrichon, prononcée d'une voix retentissante par l'ancien avocat Me Jérôme Pétion de Villeneuve, entre autres quand il parle de lui-même à la troisième personne.

« Le commandant général, qui avait donné des ordres sanguinaires à l'insu du maire, lui écrivit plusieurs lettres pour le demander au château des Tuileries. Il fut dit par acclamation dans le conseil de la Commune : il faut que le maire y aille ! Je me rendis au château. Je traversai les différents appartements qui étaient alors remplis de Suisses, la baïonnette au bout du fusil, et d'autres gens que nous appelions dans d'autres temps les " chevaliers du poignard "... »

Enfin on ne regrette plus le déplacement ! C'est beau comme l'antique.

« Il ne me fut pas difficile de voir les sentiments qui les animaient et le courroux qui agitait Louis XVI. Je descendis bientôt au jardin. Je fus entouré par des grenadiers qui me tenaient des propos fort peu rassurants et qui disaient clairement que ma tête en répondrait. Je vis bien qu'on voulait me garder en otage. Les ministres me firent dire de ne point sortir, et de remonter, parce que le roi voulait me parler. Je ne montai point, et je fis bien, car je ne serais pas descendu!... »

On plaint le pauvre Pétion. Il a astiqué au mieux son auréole sans franchement convaincre, mais quel coffre!

Néanmoins, l'assemblée veut en finir. Ducos, « l'enfant chéri de la Gironde », s'inscrit contre la proposition de son ami Valazé qui, au nom des comités réunis, présente encore une série de questions.

« Citoyens, je demande la suppression de cet interrogatoire. Que l'acte d'accusation soit lu en entier au ci-devant roi, puis article par article, et qu'à chaque chef d'accusation on demande : " Qu'avez-vous à répondre ? " »

Mais le boucher Legendre tient absolument à placer un mot. L'ancien membre du comité de sûreté générale réclame, père noble, qu'aucun signe d'approbation ou de désapprobation n'accompagne la déposition du roi à la barre.

« Il faut que le silence des tombeaux effraie le coupable!... »

Le coupable ?

Applaudissements dans les tribunes. L'accueil paraît plus incertain sur les bancs de la Convention. On entend quelques murmures.

Non sans courage, Fermont demande à ce que le roi, comme tout autre accusé, ait le droit de s'asseoir (avec l'autorisation du président du tribunal) et que ses réponses soient exactement recueillies, puis relues avant qu'il les signe. Accepté!

L'Assemblée s'apprête à passer à l'ordre du jour. Après un dernier débat de principe à propos de la loi sur les émigrés (« Comme la Convention n'est pas condamnée à ne s'occuper aujourd'hui que d'un roi, je pense qu'il serait bon que nous nous occupassions d'un objet important, dussions-nous faire attendre Louis à son arrivée », avait proposé Manuel en client sérieux de l'imparfait du subjonctif), un messager venu de l'extérieur se faufile jusqu'à l'estrade où siège Barère, glisse un mot à l'oreille d'un des assesseurs qui, immédiatement, se lève et prévient le président. Le roi arrive, le roi est là.

Barère agite la clochette posée à côté de son encrier. Sa voix se fait solennelle : « J'avertis l'Assemblée que Louis est à la porte des Feuillants... »

Un soulagement encore teinté d'une once de scepticisme passe entre les murs et les fenêtres du Manège. Toute la chaleur gasconne de Barère réveille cette salle placée brusquement devant ses responsabilités, devant l'Europe qui observe, devant la postérité appelée à juger.

« Que votre attitude soit conforme aux nouvelles fonctions que vous allez remplir. La dignité de votre séance doit répondre à la majesté du peuple français : il va donner, par votre organe, une grande leçon aux rois et un exemple utile à l'affranchissement des nations... »

Un mot à l'adresse des tribunes bondées :

« Citoyens, vous êtes associés à la gloire et à la liberté de la nation dont vous faites partie. Vous savez que la justice ne préside qu'aux délibérations tranquilles. La Convention nationale se repose sur votre entier dévouement à la patrie et sur votre respect pour la représentation du peuple... »

Les citoyens de Paris, rappelle-t-il, « n'ont qu'à se souvenir du silence terrible qui accompagna Louis ramené de Varennes, silence précurseur du jugement des rois par les nations ».

En vérité, Barère laisse un peu trotter sa mémoire en évoquant « le silence terrible » qui escortait la berline du roi ramené à Paris. La famille royale fut huée, menacée tout le long du trajet, au point qu'à quelques lieues de Sainte-Menehould, le roi et la reine n'entendaient pas aller plus loin. L'entrée dans la capitale tint du cauchemar. Hurlements des gens jusque sur les toits. On n'osa pas engager la voiture à six chevaux dans le faubourg Saint-Martin et l'on détourna le cortège vers les Champs-Élysées. Là, en effet, pas un cri, pas un regard. Si les chapeaux n'étaient restés vissés sur les têtes, on aurait pu croire que la foule regardait déjà passer l'enterrement.

QU'AVEZ-VOUS À RÉPONDRE ?

« Citoyen président, Louis Capet attend vos ordres... »
Un groupe fait son entrée. On reconnaît le médecin-chef de la Salpêtrière, Nicolas Chambon, nouveau maire de Paris, flanqué de deux officiers municipaux. Puis le général Berruyer et le général Santerre, l'idole du faubourg Saint-Antoine, dans son flamboyant uniforme à grosses épaulettes dorées. La garde étant restée hors de la salle, le colosse Santerre croit prudent de maintenir le roi par le bras pour le mener jusqu'à son fauteuil, au même endroit – ironie du sort – où le monarque avait accepté la Constitution.
Silence impressionnant. Le président dit :
« Louis, la nation française vous accuse. L'Assemblée nationale a décrété, le 3 décembre, que vous seriez jugé par elle ; le 6 décembre, elle a décrété que vous seriez traduit à sa barre. On va vous lire l'acte énonciatif des *délits* qui vous sont imputés. Vous pouvez vous asseoir. »
Dehors, la pluie froide continue de noyer les rues. Le roi retire la redingote roussâtre qu'il a enfilée par-dessus son habit violet en quittant le donjon du Temple. Il n'a guère maigri, il est pâle, mou, bouffi plutôt qu'obèse, et les boutons de son gilet se tendent à craquer. Hors de la réalité, il semble calme et promène lentement sur les travées de la Convention un doux regard de somnambule myope. Il ne tressaille même pas en découvrant, perdues au milieu des députés jacobins, les joues flasques d'un sosie bourbonien – même nez, mêmes lèvres charnues, même double menton à fossettes rondes et confortables comme des coussins – mais vêtu comme un cocher orné d'un petit anneau à l'oreille : c'est le citoyen Égalité, ci-devant duc d'Orléans, arrière-petit-fils du Régent.
Un des secrétaires lit l'acte d'accusation, comme il en a été décidé. Puis Barère le reprend point par point. Il commence :
« Louis, le peuple français vous accuse d'avoir commis une multitude de *crimes* pour établir votre tyrannie en détruisant sa liberté. Le 20 juin 1789, vous avez attenté à la souveraineté du peuple en suspendant les assemblées de ses représentants et en les repoussant par la violence du lieu de

leurs séances. La preuve en est dans le procès-verbal dressé au Jeu de paume de Versailles par les membres de l'Assemblée constituante. Le 23 juin, vous avez voulu dicter des lois à la nation, vous avez entouré de troupes ses représentants et vous leur avez ordonné de se séparer. Qu'avez-vous à répondre ? »

Le roi paraît étonné. De quoi est-il coupable ? N'était-il pas le souverain ? En outre, pourquoi l'accuser de faits amnistiés par son acceptation de la Constitution ? On l'entend répondre avec une sorte d'innocence paisible :

« Il n'existait pas de loi à ce sujet... »

Ce qui est parfaitement exact. Mais que cette première réplique est malheureuse ! La Convention peut l'interpréter comme un mouvement d'orgueil : « J'ai fait ce que bon me semblait. » D'emblée, le roi s'enferme dans ce système intenable.

Le président Barère : « Vous avez fait marcher une armée contre les citoyens de Paris. Vos satellites ont fait couler le sang. Vous n'avez éloigné cette armée que lorsque la prise de la Bastille et l'insurrection générale vous ont appris que le peuple était victorieux. Les discours que vous avez tenus aux diverses députations de l'Assemblée constituante font connaître quelles étaient vos intentions, et les massacres des Tuileries déposent contre vous. Qu'avez-vous à répondre ? »

Le roi : « J'étais le maître de faire marcher des troupes, dans ce temps-là. Mais je n'ai jamais eu l'intention de répandre du sang... »

Comment donner l'ordre de « faire marcher des troupes » sans imaginer que le sang puisse couler ? Pourquoi le roi ne prend-il pas ses responsabilités ? Au lieu de s'expliquer, il se contente de rappeler ses droits. Parce que sa conscience le laisse en paix, il se croit honnête. Il ne voit pas qu'il commence à donner à ses adversaires l'impression de tricher.

Et l'interrogatoire se poursuit. Sur le retard à faire exécuter les décrets concernant l'abolition de la servitude personnelle, du régime féodal et de la dîme. Sur le refus de reconnaître immédiatement la Déclaration des droits de

l'homme. Sur l'augmentation du nombre de ses gardes du corps. Sur la convocation du régiment de Flandre à Versailles. Toujours la même réponse maladroite :
« J'ai fait les observations que j'ai crues justes sur ces sujets.
– Vous avez permis, poursuit le président, que dans des orgies faites sous vos yeux, la cocarde nationale fût piétinée, la cocarde blanche arborée et la nation blasphémée...
– C'est faux. Cela ne s'est pas passé devant moi. »
Le roi s'enferre. Il n'a pu ignorer l'affaire de la cocarde, bien réelle même si elle a été démesurément grossie par la rumeur. Or, il n'a pris aucune sanction.
Barère revient alors sur le serment solennellement prêté lors de la fête de la Fédération :
« Un serment que vous n'avez pas tenu. En outre, vous avez essayé de corrompre l'esprit public... »
Et de mettre en cause Mirabeau, chargé d'organiser en province des mouvements contre-révolutionnaires. L'accusation paraît difficile à prouver. Au lieu de montrer la faiblesse de la charge, le roi répond :
« Je ne me rappelle pas ce qui s'est passé. »
Ce qui ne l'empêche pas d'ajouter :
« Tout est antérieur à l'acceptation que j'ai faite de la Constitution... »
Décidément, c'est la méthode. Il n'en démord pas. Son acceptation en 1791 d'un texte détesté doit comporter la rémission d'éventuels péchés commis sous l'Ancien Régime, assortie d'une indulgence plénière. Le roi reste le roi, certes. Mais il s'imagine qu'il lui suffit de se présenter en honnête boutiquier, jouissant d'une bonne réputation dans sa paroisse, pour amadouer les grands fauves de la Révolution. Comprend-il vraiment le sens et la portée de certaines questions ? Le président, par exemple, lui reproche d'avoir répandu des millions pour acheter des consciences :
« Vous avez voulu faire de la popularité même un moyen d'asservir le peuple. Ces faits résultent d'un mémoire que vous avez apostillé de votre main, et d'une lettre que Laporte vous écrivait le 19 avril, dans laquelle, vous rapportant une

conversation qu'il avait eue avec Rivarol, il vous disait que les millions que l'on vous avait engagé à répandre n'avaient rien produit. Qu'avez-vous à répondre ? »

Le roi feint de ne pas comprendre. Cette question est pourtant claire : oui ou non, achetait-il des consciences à coups de millions ?

« Je n'avais pas de plus grand plaisir que de donner à ceux qui en avaient besoin. Cela ne tient à aucun projet. »

En somme, il avait « ses pauvres ». Comment peut-il encore croire que l'image d'Épinal de « notre bon roi Louis » est crédible devant la Convention ?

On lui dit qu'il préméditait son départ depuis longtemps : « Il vous fut remis, le 23 février, un mémoire qui vous en indiquait les moyens. Le 28, une multitude de nobles et de militaires se répandirent dans vos appartements, au château des Tuileries, pour favoriser cette fuite. Vous voulûtes, le 18 avril, quitter Paris pour vous rendre à Saint-Cloud. Qu'avez-vous à répondre ? »

Louis estime que ces allégations manquent de sérieux. Il hausse les épaules :

« Cette accusation est absurde. »

Alors le piège se referme. Les incriminations tombent. Le roi se voit reprocher son double jeu. Il fait écrire aux ambassadeurs accrédités auprès des cours européennes qu'il accepte librement la Constitution, et le 21 juin il prend la fuite avec un faux passeport. Varennes ! Pas un détail ne manque...

« Ces faits sont prouvés par le mémoire du 23 février, apostillé de votre main; par votre déclaration du 20 juin, tout entière de votre écriture; par une lettre du 4 septembre à Bouillé et par une lettre de celui-ci, dans laquelle il vous rend compte de l'emploi des 993 000 livres données par vous et consacrées en partie à la corruption des troupes qui devaient vous escorter. Qu'avez-vous à répondre ? »

[Le marquis de Bouillé, rappelons-le, avait été chargé d'assurer la fuite de la famille royale, le 20 juin 1791. Il s'en était d'ailleurs déclaré responsable, dans les jours qui suivirent.]

QU'AVEZ-VOUS À RÉPONDRE ?

Louis XVI conteste :
« Je n'ai aucune connaissance du mémoire du 23 février. Quant à ce qui est relatif à mon voyage à Varennes [1], je m'en réfère à ce que j'ai dit aux commissaires de l'Assemblée constituante dans ce temps-là... »
Voyage... le terme passe mal.
L'accusé – privé du moindre conseil – se met à nier maintenant des évidences. Ce fameux mémoire du 23 février et la déclaration du 20 juin ne peuvent être mis en doute. La lettre à Bouillé et la réponse du marquis n'ont rien d'imaginaire ! Le dernier des accusés comprendrait d'instinct qu'une mauvaise foi aussi évidente ne peut que lui porter préjudice. Mais le roi, justement, n'est pas un accusé ordinaire.
Sa défense défie le bon sens : « Je ne sais pas. » « Ce n'est pas moi. » « Je ne vois pas ce que vous voulez dire. » « Cela ne me convenait pas. » « J'ai signé cela ? Aucun souvenir. »
Le président : « Après votre arrestation à Varennes, vous conspirâtes encore. Le 17 juillet, le sang des citoyens fut versé au Champ-de-Mars. Une lettre de votre main, écrite en 1790 à La Fayette, prouve qu'il existait une coalition criminelle entre vous et La Fayette, à laquelle Mirabeau avait accédé. Tous les genres de corruption furent employés. Vous avez payé des libelles, des pamphlets, des journaux destinés à pervertir l'opinion publique, à discréditer les assignats et à soutenir la cause des émigrés. Qu'avez-vous à répondre ? »
Louis XVI ne discute même pas. Il n'a rien su :
« Ce qui s'est passé le 17 juillet ne peut aucunement me regarder. Pour le reste, je n'en ai aucune connaissance... »
Évoque-t-on la convention de Pillnitz entre l'empereur d'Autriche et Frédéric-Guillaume de Prusse, visant à rétablir en France la monarchie absolue, convention soigneusement occultée par le roi jusqu'à ce que l'Europe entière la connaisse ? Il n'en avait pas entendu parler. Dès qu'il a eu vent de ces projets, il a aussitôt exprimé son sentiment :
« Au reste, tout ce qui a trait à cet objet, par la Constitution, regarde le ministre. »

La révolte d'Arles et l'appui accordé aux contre-révolutionnaires par les trois commissaires civils dépêchés sur place ?

« Les instructions reçues par ces commissaires doivent prouver ce dont ils étaient chargés. Je n'en connaissais aucun quand les ministres me les ont proposés. »

Sur la guerre civile en Avignon et dans le comtat Venaissin réunis à la France ?

Barère : « Vous n'avez fait exécuter le décret qu'après un mois et pendant ce temps les commissaires que vous y avez successivement envoyés ont achevé de les dévaster. Qu'avez-vous à répondre ?

– Je ne me souviens pas quel délai a été mis dans l'exécution. Au reste, ce fait ne peut me regarder personnellement. Ce sont ceux qui ont été envoyés, et ceux qui les ont envoyés, que cela regarde.

– Nîmes, Montauban, Mende, Alès avaient éprouvé de grandes agitations dès les premiers jours de la liberté. Vous n'avez rien fait pour étouffer ce germe de contre-révolution. Qu'avez-vous à répondre ?

– J'ai donné pour cela tous les ordres que les ministres m'ont proposés.

– Vous avez envoyé vingt-deux bataillons contre les Marseillais qui marchaient pour réduire les contre-révolutionnaires arlésiens. Qu'avez-vous à répondre ?

– Il faudrait que j'eusse les pièces pour répondre juste à cela. »

Il est alors question d'une lettre que le commandant des troupes du Midi adressa au roi le 21 avril 1792, après l'échec du soulèvement monarchiste.

Louis : « Cette lettre est postérieure à son rappel et il n'a pas été employé depuis. La lettre elle-même, je ne m'en souviens pas.

– Vous avez payé vos ci-devant gardes du corps à Coblence. Les registres en font foi, et plusieurs ordres signés de vous constatent que vous avez fait remettre des sommes considérables à Bouillé, Rochefort, La Vauguyon, Choiseul-Beaupré, Hamilton et la femme Polignac. Qu'avez-vous à répondre ? »

Le roi réprime un haut-le-corps. « La femme Polignac » passe difficilement. Il s'agit de Yolande-Gabrielle de Polastron, duchesse de Polignac, gouvernante des Enfants de France, longtemps favorite de la reine. Grand écuyer et directeur des haras, le duc avait la réputation d'être « l'homme le mieux pensionné du royaume » immédiatement après le comte d'Artois, frère cadet de Louis XVI. La grossièreté volontaire de l'expression crée un mouvement confus de satisfaction dans les tribunes.

Fidèle à lui-même, l'accusé ne se souvient d'aucun de ces ordres qu'il a pourtant signés.

Naturellement, on en vient aux actions du comte de Provence et du comte d'Artois qui, tous deux, ont rallié l'émigration :

« Ils ont levé des régiments, fait des emprunts et contracté des alliances en votre nom. Vous ne les avez désavoués qu'au moment où vous avez été bien certain que vous ne pouviez plus nuire à leurs projets. Votre intelligence avec eux est prouvée par un billet écrit de la main de Louis-Stanislas-Xavier, souscrit par vos deux frères... »

Louis-Stanislas-Xavier, c'est « Monsieur », c'est le comte de Provence, considéré jusqu'à la naissance du Dauphin comme l'héritier présomptif de la couronne. Barère lit la lettre et reprend au refrain : « Qu'avez-vous à répondre ? »

Le roi a-t-il remarqué que le billet de ses frères, billet qui se veut encourageant et plein d'espoir, se termine par « adieu », formule plutôt définitive ? Il se contente d'une vague protestation :

« J'ai désavoué toutes les démarches de mes frères suivant que la Constitution me le prescrivait, aussitôt que j'en ai eu connaissance. Je n'ai aucune connaissance de ce billet... »

Le président aborde alors le thème commode, qu'utilisent, de siècle en siècle, les régimes en quête de bouc émissaire : l'impréparation militaire et la trahison organisée.

Louis se voit reprocher sa négligence : l'armée qui aurait dû être sur le pied de guerre ne comptait que 100 000 hommes. On a arrêté le recrutement, en assurant que tout était prêt. Pourquoi avoir refusé l'installation d'un camp de 20 000 soldats auprès de Paris, comme l'avait décrété l'Assemblée législative ? Pourquoi avoir freiné l'élan patriotique des citoyens, alors que la nation manquait de soldats, etc. ?

« Dumouriez avait déclaré que nous n'avions ni armes, ni munitions, ni subsistances et que les places étaient hors de défense : vous avez attendu d'être pressé par une réquisition pour proposer la levée de quarante-deux bataillons. Vous avez donné mission aux commandants de troupes de désorganiser l'armée, de pousser des régiments entiers à la désertion, et de leur faire passer le Rhin pour les mettre à la disposition de vos frères et de Léopold d'Autriche. Le fait est prouvé par la lettre du commandement dans la Franche-Comté. Qu'avez-vous à répondre ? »

Pour la première fois peut-être depuis le début de l'interrogatoire, Louis XVI se rebiffe avec une violence sèche. Traître à la France, non !

« Il n'y a pas un mot de vrai dans cette accusation. »

Le dialogue se tend. Louis a enfin compris qu'il n'était pas traduit devant une quelconque juridiction plus ou moins malintentionnée, mais devant un tribunal d'exception visant d'abord à le déshonorer. Il voit trop tard qu'il aurait dû refuser de répondre, refuser d'entrer dans le jeu de ses pires ennemis. Ligoté par ce qu'il pensait faire prendre à ses juges pour une relative bonne foi, il s'est lui-même enferré et perdu.

Barère s'acharne à prouver l'ampleur du complot contre-révolutionnaire. Après la désorganisation – selon lui délibérée – de l'armée, il met en cause (comme l'a souhaité ce matin Rewbell) la politique extérieure, les appels du roi à l'étranger.

« Sur votre ordre, vos diplomates ont favorisé la coalition des puissances étrangères et de vos frères contre la France. Particulièrement, en cimentant la paix entre la Turquie et l'Autriche pour dispenser celle-ci de garnir ses frontières du côté turc, lui procurant par là un plus grand nombre de troupes contre la France. Une lettre de Choiseul-Gouffier, ambassadeur à Constantinople, établit le fait. Qu'avez-vous à répondre ?

QU'AVEZ-VOUS À RÉPONDRE ?

– M. Choiseul n'a pas dit la vérité : cela n'a jamais existé.
– Les Prussiens s'avançaient vers nos frontières. On interpella le 8 juillet votre ministre sur l'état de nos relations politiques avec la Prusse. Vous répondîtes le 10 que 50 000 Prussiens marchaient contre nous...
– Je n'en ai eu connaissance qu'à cette époque-là : toute la correspondance passait par les ministres. »

Finalement, peut-être Louis ne se défend-il pas si mal, à présent. Il se pose en responsable du pouvoir. La Convention n'articule rien de franchement positif contre la personne même de l'ancien souverain. Toutes ces accusations témoignent d'un patriotisme évident, mais où sont les preuves, les preuves qui prouvent ? Peut-on s'appuyer sur les rumeurs, les suppositions, les racontars et les on-dit pour accabler celui qu'on prétend juger ?

« Vous avez confié le département de la guerre à Dabancourt, neveu de Calonne, et tel a été le succès de votre conspiration que les places de Longwy et de Verdun ont été livrées aussitôt que les ennemis ont paru... »

Le roi prétend avoir ignoré que M. Dabancourt fût neveu de Calonne, son ancien (et désastreux) ministre des Finances.

« Ce n'est pas moi qui ai dégarni les places. Je ne me serais pas permis une telle chose. Si elles l'ont été, je n'en avais aucune connaissance. »

On passe à la marine, cette marine qui fit la gloire de Louis à l'époque où les bâtiments de la Royale s'imposaient sur toutes les mers.

Barère : « Vous aviez détruit notre marine. Une foule d'officiers de ce corps étaient émigrés. À peine en restait-il pour assurer le service des ports. Cependant, Bertrand de Molleville accordait tous les jours des passeports, et lorsque le corps législatif vous exposa le 8 mars sa conduite coupable, vous répondîtes que vous étiez satisfait de ses services. »

La réponse du roi traduit un certain embarras :

« J'ai fait ce que j'ai pu pour retenir les officiers. Quant à M. Bertrand, comme l'Assemblée nationale ne portait contre lui aucun grief qui pût le faire mettre en état d'accusation, je n'ai pas cru devoir le changer... »

Rappelons que Bertrand de Molleville avait été nommé en 1791 ministre de la Marine, fonction dont il avait dû démissionner quelques mois plus tard. Le roi l'avait pris près de lui comme conseiller secret.

L'accusation veut absolument qu'on touche du doigt les ramifications de la conjuration royaliste :

« Vous avez favorisé dans les colonies le maintien du gouvernement absolu. Vos agents y ont partout fomenté le trouble et la contre-révolution, qui s'y est opérée à la même époque où elle devait s'effectuer en France. Ce qui indique assez que votre main conduisait cette trame... »

Le tir est un peu court. Louis marque le point.

« S'il y a de mes agents dans les colonies, ils n'ont pas dit vrai. Je n'ai eu aucun rapport à ce que vous venez de me dire. »

Autre coup en apparence imprécis. En apparence, seulement.

« L'intérieur de l'État était agité par les fanatiques. Vous vous en êtes déclaré le protecteur, en manifestant l'intention évidente de recouvrer par eux votre ancienne puissance. Qu'avez-vous à répondre ? »

Ces agitateurs « fanatiques » ne peuvent être que les membres du clergé non assermentés bien sûr. Le roi affecte l'ignorance. Peut-être attend-il que ses adversaires poussent à fond leur démonstration.

« Je ne peux pas répondre à cela. Je n'ai aucune connaissance de ce projet.

– Le corps législatif avait rendu le 29 janvier un décret contre les prêtres factieux. Vous en avez suspendu l'exécution. »

Alors le roi :

« La Constitution me laissait la sanction libre des décrets... »

C'est-à-dire le « droit de veto ». Le roi n'est donc pas sorti de la loi. Alors Barère augmente la pression :

« Les troubles s'étaient accrus. Le ministre déclara qu'il

ne connaissait dans les lois existantes aucun moyen d'atteindre les coupables. Le corps législatif rendit un nouveau décret. Vous en suspendîtes encore l'exécution. »

Même réponse. Le roi se couvre de la Constitution comme d'un bouclier. Lui reproche-t-on d'avoir continué à payer la solde de sa garde licenciée pour son « incivisme » ? Ou d'avoir retenu à son service les Suisses, en dépit des ordres de l'Assemblée législative ? Il soutient qu'il a scrupuleusement respecté les décrets.

Le ton monte. Le président revient sur les projets de contre-révolution. L'ancien souverain absolu est-il las de l'interrogatoire qui tourne en rond ? Le fait est qu'il reprend ses chicanes et ses mensonges puérils. Visiblement, il en a assez de se justifier devant l'usurpation.

Barère : « Vous avez eu dans Paris des compagnies particulières chargées d'y opérer des mouvements utiles à vos intentions contre-révolutionnaires. Deux de vos agents étaient salariés par la liste civile. Les quittances d'un de ces hommes chargés de l'organisation d'une compagnie vous seront présentées. Qu'avez-vous à répondre ?

– Je n'ai aucune connaissance des projets qu'on leur prête. Jamais idée de contre-révolution n'est entrée dans ma tête.

– Vous avez voulu suborner plusieurs membres des Assemblées constituante et législative, par des sommes considérables. Des lettres attestent la réalité de ces faits. »

Le roi tente de biaiser :

« Il y a plusieurs personnes qui se sont présentées avec des projets pareils, mais je les ai éloignées. »

Bien entendu, Barère réclame des noms. Placé en porte à faux, Louis XVI esquive avec difficulté. Les projets étaient si vagues qu'il a oublié le nom de ses interlocuteurs. Barère insiste :

« Quels sont ceux à qui vous avez promis ou donné de l'argent ?

– Aucun... »

La lecture des chefs d'accusation dure depuis des heures. Il y a longtemps que la nuit est tombée. Et maintenant Louis

s'enfonce avec cet entêtement des êtres doux. On en arrive à la tragédie du 10 août, il y a tout juste quatre mois. Barère demande au roi les raisons pour lesquelles il a passé en revue, au petit jour, ses Suisses « qui ont tiré les premiers sur les citoyens » lors de l'attaque des Tuileries par le peuple ?
« Je suis allé voir toutes les troupes qui étaient rassemblées chez moi ce jour-là. Les autorités constituées étaient chez moi, le maire et la municipalité. J'avais fait prier même une députation de l'Assemblée nationale, et je me suis ensuite rendu dans son sein avec ma famille. »
Humilié, seul, tragique dans son dépouillement, le roi soutient qu'au 10 août la légalité était de son côté. Et sans vraiment oser le dire, qu'elle y est toujours en cette journée du 11 décembre où ses accusateurs-juges appartenaient hier à l'émeute ou en étaient les complices.
« Mais pourquoi aviez-vous rassemblé des troupes dans le château ?
– Toutes les autorités constituées l'ont vu : le château était menacé. Et comme j'étais une autorité constituée, je devais me défendre. »
Louis XVI semble tout près d'abandonner la sérénité qu'il affecte depuis sa comparution. Barère le presse :
« Pourquoi avoir mandé le maire de Paris au château, dans la nuit du 9 au 10 août ?
– Sur les bruits qui se répandaient. »
Le président : « Vous avez fait couler le sang des Français. Qu'avez-vous à répondre ?
– Non, monsieur, ce n'est pas moi. »
Il faut entendre le ton sur lequel cette phrase est prononcée. Plus que de la colère rentrée, un incommensurable mépris ! Louis n'envoie pas dire qu'il ne suffit pas de se constituer en tribunal pour faire croire à l'Europe qu'on rend la justice. « Non, monsieur, ce n'est pas moi. » Le souffle coupé, Barère en oublie de poser la question qui brûle toutes les lèvres : « Qui, alors ? »
Peut-être se sent-il en terrain miné. Que s'est-il vraiment passé ce 10 août, qui vit la chute du pouvoir royal ou de ce qui en restait ?

L'interrogatoire n'ira guère plus loin. Deux questions anodines à propos d'un commerce de sucre et de grains à Hambourg, puis les raisons pour lesquelles le roi opposa son veto à la formation d'un camp de 20 000 hommes près de Paris. C'est fini.

« Louis, avez-vous quelque chose à ajouter ? »

Le roi : « Je demande communication des accusations que je viens d'entendre et des pièces qui y sont jointes, ainsi que la faculté de choisir un conseil pour me défendre. »

Se déroule alors la scène la plus pénible de l'audience. Assis sur un tabouret auprès de la barre, Charles Valazé énonce et présente au roi les pièces et les documents du procès. Louis XVI ne reconnaît rien, ergote, refuse l'évidence. Comme s'il venait de décider une fois pour toutes de ne plus céder, de ne rien expliquer, d'en finir. Sa conscience se tait. On lit dans son regard : « Quoi que vous fassiez, quoi que vous pensiez : je reste votre roi. Terminons là. » Entre la revendication et la dérobade son choix est fait.

Valazé tend un texte par-dessus son épaule :

« Mémoire qui établit entre Louis Capet, Mirabeau et quelques autres, des projets contre-révolutionnaires. »

Louis (voix cassante et lointaine) : « Je ne le reconnais pas. »

Valazé (même geste) : « Lettre de Louis Capet, datée du 29 juin 1790, établissant ses rapports avec Mirabeau et La Fayette, pour opérer une révolution dans la Constitution... »

Louis : « Je me réserve d'expliquer ce qui est contenu. »

Impitoyable, Valazé lit la lettre.

Louis : « Ce n'est qu'un projet. Il n'y est aucunement question de contre-révolution. La lettre n'a pas dû être envoyée... »

Valazé (toujours par-dessus l'épaule) : « Lettre de Laporte à Louis Capet, du 22 avril, relative à des entretiens au sujet des Jacobins. Elle est datée de la main de Louis Capet.

– Je ne la connais pas plus que les autres.

– Projet de Constitution ou de révision de la Constitution signé La Fayette, adressé à Louis Capet, apostillé d'une ligne de sa main.

— Ces choses-là ont été effacées par la Constitution. »
Valazé expérimente une autre tactique :
« Connaissez-vous cette écriture ?
— Non.
— Votre apostille ?
— Non. »
Valazé comprend qu'il se heurte à un mur et reprend sa litanie sans grande conviction.
Barère lève la main. Il demande à poser une question avant que ne se poursuive l'interrogatoire :
« Avez-vous fait construire une armoire avec une porte de fer au château des Tuileries et y avez-vous fait enfermer des papiers ? »
Louis : « Je n'en ai aucune connaissance... »
Valazé présente alors au roi un journal écrit de sa main et mentionnant les pensions qu'il versait sur sa propre cassette.
« Louis, où aviez-vous déposé ces pièces ?
— Chez mon trésorier.
— Reconnaissez-vous cet état des pensions accordées aux gardes du corps, Cent-Suisses et gardes du roi pour 1792 ?
— Je ne le reconnais pas. »
Il n'identifie ni une lettre, ni un ordre de paiement portant sa signature, ni une pièce relative à un don, ni le billet de ses frères. Rien.
Jambes croisées, Barère se demande manifestement sur l'estrade où l'accusé veut en venir. Un début de confusion secoue l'Assemblée. Les uns se penchent au-dessus des travées pour ne rien perdre de la scène. D'autres n'en croient pas leurs oreilles. Si Marat reste impavide, Robespierre foudroie du regard l'ancien souverain. Au premier rang sur sa chaise roulante, Couthon semble au bord du coup de sang. Placé à deux pas de la barre, Saint-Just, sidéré, réprime mal un mouvement de répulsion.
Barère : « Vous ne reconnaissez pas votre écriture et votre signature ? »
Louis XVI : « Non. »
Barère : « Le cachet est aux armes de France. »
Louis : « Beaucoup de monde l'avait. »

QU'AVEZ-VOUS À RÉPONDRE ?

Découragé, Valazé tend machinalement au roi debout derrière son dos deux autres documents, d'ailleurs sans le moindre intérêt.

« Je ne connais aucune de ces pièces ! » poursuit le souverain, sans marquer le moindre trouble.

On ne va pas plus loin. Le président de l'Assemblée invite l'accusé à se retirer dans la salle des conférences. Le roi demande à nouveau qu'on lui accorde un conseil. C'est fini. On ne le reverra plus ce soir. Une voiture le ramène au Temple sous la garde du procureur Chaumette (dit Anaxagoras).

Huit heures sonnent au clocher des Feuillants. Il continue de pleuvoir. Aujourd'hui, la Convention aura siégé douze heures.

Chapitre X

LA RÉVOLUTION DONNE LA PAROLE À LA DÉFENSE

Le procès de Louis XVI reste marqué par la justice de l'Ancien Régime. Ses arcanes cruels, pleins de déraison et de fureur, trahissent une barbarie tout droit venue du Moyen Âge, au cœur du siècle des Lumières.
Au moment où un roi va comparaître devant la Convention, songeons à toutes les victimes qui l'ont précédé. Le plus souvent de pauvres hères, accompagnés parfois dans la géhenne par quelques grands seigneurs égarés. Les uns et les autres tombèrent sous les coups du bourreau après avoir enduré les tortures et les humiliations d'une procédure dégradante pour l'humanité et déshonorante pour ceux qui l'appliquèrent sans faiblir.
Le cérémonial des procès de la France monarchique doit tout à l'ordonnance criminelle de 1670. Ce texte d'effroi est l'aboutissement d'un processus qui s'étend sur des siècles. Il laisse l'accusé réduit à ses seules forces, sans le concours d'un avocat. Pourtant le barreau existe au XVIIIe siècle, héritier d'une tradition remontant à l'Antiquité. Ses membres exercent leur profession de façon libérale, sans se soucier des plaisanteries faciles et des quolibets. Au civil comme au pénal, ils sont devenus ces auxiliaires de justice, réputés menteurs, hâbleurs, prolixes, que la littérature a souvent moqués. La légende forgée sous Charlemagne les voue à la damnation éternelle à moins que leur saint patron et ancien confrère saint Yves de Kermartin ne parvienne à convaincre saint Pierre de les laisser entrer au paradis. Tâche difficile.

Dans l'Ancien Régime, le rôle de l'avocat est plus important au civil qu'au pénal. Au civil, la plaidoirie est orale et libre et les défenseurs s'expriment parfois des heures durant, enjolivant leurs propos de citations grecques et latines dont Racine a laissé le souvenir amusé. Les affaires pénales relèvent, elles, de l'ordonnance de 1670, qui domine encore toute l'histoire de la délinquance et de la criminalité au XVIIIe siècle, fixe et limite l'ouvrage des plaideurs. Elle fait partie de la codification accomplie pendant le règne de Louis XIV sous l'égide de Colbert. Elle se caractérise par une politique de répression de tout ce qui contrarie l'ordre monarchique et une reprise en main des hommes de justice. Ce texte divise le procès pénal en cinq étapes : la mise en mouvement de l'action publique; l'instruction préparatoire; l'instruction définitive; les jugements; les voies de recours. Nous les parcourrons lors du procès de Louis XVI.

*

L'instruction préparatoire comporte elle-même plusieurs périodes : la collecte des différents procès-verbaux (ceux de la maréchaussée, des médecins, etc.) et l'audition des témoins à charge et à décharge. Ils déposent sous serment, secrètement et séparément, et les autres parties au procès ne sont pas tenues au courant de leurs révélations. Tout est soigneusement cloisonné, dans ce processus, véritable partie de colin-maillard judiciaire. À ce moment de la procédure, il est interdit au greffier de communiquer les dépositions et les pièces à l'accusé qui, jusqu'alors, n'a pas eu droit à un avocat. Nous sommes au cœur des errements qui seront reprochés à la Convention lors du procès du roi.

L'information achevée, l'accusé est interrogé par le juge, moment essentiel en un temps où l'aveu tient une place considérable. L'interrogatoire répond à un formalisme précis et applique des règles strictes. L'accusé doit prêter serment de dire la vérité sous peine de devenir parjure. Mentir pour préserver ses intérêts ou sa vie offense Dieu. Ce serment qui choque nos consciences contemporaines avait suscité une polémique entre Pussort[1], son instigateur, et Lamoignon, hostile « à cette nécessité inhumaine », mais la volonté politique fut la plus forte et le serment triompha. Si l'accusé refuse de le prêter, on fait son procès « comme à un muet volontaire ». Louis XVI sera traité de façon presque identique.

Quant à la défense, l'ordonnance ne lui fait pas la part belle[2]. « Les accusés, de quelque qualité qu'ils soient, seront tenus de répondre par leur bouche, sans le ministère de conseil, qui ne pourra leur être donné, même après la confrontation, nonobstant tout usage contraire que nous abrogeons... » Les avocats deviennent les interdits de séjour de la procédure pénale[3]. À vrai dire, ils l'étaient depuis 1498 où l'instruction devient secrète et l'isolement de l'accusé total. Il doit chercher son salut dans ses propres forces et ses facultés de résistance. L'interrogatoire terminé, le magistrat a le choix entre deux voies : « à l'ordinaire » ou « à l'extraordinaire ». La première, réservée aux délits mineurs, ne pouvait entraîner des peines afflictives ou infamantes. Dans le « petit criminel » – selon l'expression de l'époque –, la cause est défendue oralement ou par mémoire, un peu comme au civil. Mais dans l'optique du procès sujet de cet ouvrage, c'est surtout sur la procédure « à l'extraordinaire », « le grand criminel », qu'il convient de nous attarder.

Cette procédure, qui concerne les infractions les plus graves, commence par l'instruction définitive. Elle débute par le « récolement des témoins », en d'autres termes, leur seconde audition par le juge. Il leur est fait lecture de leurs premières dépositions qu'ils peuvent rectifier ou compléter. À cet instant, l'accusé n'a toujours pas été mis en présence de ses accusateurs, il ignore le contenu des charges pesant sur sa personne. Seules les confrontations permettront de connaître enfin les reproches formulés contre lui.

Le récolement et les confrontations tiennent lieu de débat contradictoire, évitent les plaidoiries, constituent l'alibi de ceux qui écartent l'avocat du procès pénal dont il devient l'Arlésienne. Quand le procureur du roi et la partie civile déposent leurs conclusions, le juge instructeur transmet la procédure au juge rapporteur. L'ensemble des pièces forme « ces sacs » gonflés comme des outres que les magistrats doivent charrier. Rabelais voyait dans ces transports un exercice salutaire aux hommes de justice. Certains s'en dispensaient et la pratique révèle que souvent l'instructeur et le rapporteur étaient une seule et même personne. Devant la Convention, Mailhe, Valazé et Lindet rapporteront après avoir instruit...

Devant le tribunal, l'accusé subit son dernier interrogatoire sur la « sellette » – petit tabouret de bois, placé en contrebas du prétoire, qui marque sa position humiliante. Le roi, mieux traité, bénéficiera d'un fauteuil. Plus heureux encore, il aura droit au concours de trois conseils et pas n'importe lesquels. D'avocat, l'ordonnance n'en veut pas. Bouté hors de l'instruction, sa présence est prohibée à l'audience. Un texte du 13 avril 1703 croit bon de préciser : « L'esprit de l'ordonnance de 1670 n'a jamais été de priver les accusés, dans aucun cas, du droit naturel qu'ils ont de se défendre *par leur bouche.* » De défenseur, il n'en est pas question.

Pour justifier cette exclusion, ses partisans invoquaient leur souci de maintenir l'égalité entre les accusés. S'il en avait été autrement, affirmaient-ils, bons apôtres, seuls les plus fortunés pourraient s'offrir les services de conseils en renom au détriment des plus démunis. De surcroît, ils considéraient, bel optimisme, que « la prudence naturelle des juges » et leur sens inné du juste rendaient superflue la présence de ces professionnels, bons à travestir les faits et à égarer les magistrats. Cependant, il est loisible aux proches de l'accusé de contacter un ou plusieurs avocats pour leur confier une défense écrite sous la forme de mémoires, seul moyen utilisé au XVIIIe siècle au « grand criminel ». Ces documents constituent de vrais tableaux de société et de fidèles miroirs des mentalités du temps.

Exclu du prétoire, écarté du dossier, l'avocat est contraint d'user de subtils stratagèmes pour obtenir quelques informations sur la cause dont il est chargé. Il devient le passager clandestin des sacs de procédure, encouragé par les philosophes qui le considèrent comme leur allié naturel dans leur combat contre l'intolérance. Voltaire donne l'exemple. Durant l'été 1762, il intéresse à l'affaire Calas le jeune Élie de Beaumont, défenseur sans célébrité, non sans ambition.

On ne peut comprendre le procès de Louis XVI si l'on ignore les dispositions pénales de l'Ancien Régime et les règles nouvelles imposées par la Constituante et la Législative. Il doit davantage à l'ancien droit qu'au nouveau. C'est l'ordonnance de 1670, plus que les textes de 1790 et de 1791, qui scelle le destin d'un souverain réformateur, défendu par des avocats à qui la Révolution a enfin rendu la parole.

*

Le roi, réformateur ? Le terme peut paraître osé tant la légende personnelle et publique du nouveau Louis le Débonnaire confiné dans la serrurerie, l'impuissance et la chasse demeure vivace. Cette image à peine modifiée par deux siècles de commentaires reste une caricature. La réalité est différente. La première rencontre de Louis XVI avec la justice entraîne son premier geste symbolique. À peine monté sur le trône, il a tout juste vingt ans, il disgracie le dernier chancelier de France, René de Maupeou, qui avait rêvé de moderniser la vieille institution. Cette bévue ne doit pas dissimuler sa volonté d'humaniser une procédure pénale dont il réprouve la rudesse.

En décembre 1775 – l'année qui suit celle de son avènement – le roi abolit la peine de mort en cas de désertion [4] et plus tard supprime la question préparatoire destinée à obtenir l'aveu des prévenus, cet aveu, reine des preuves, déifié par les légistes de l'ancienne France. Le 30 août 1780, il amorce une vaste réforme des prisons, rappelle le principe fondamental de la présomption d'innocence, confirme la règle selon laquelle la détention préventive n'est pas une peine : « Il ne faut pas risquer que des hommes accusés ou soupçonnés injustement [...] aient essuyé d'avance une punition rigoureuse par une détention dans des lieux ténébreux et malsains... » Il n'y a pas une ligne à changer à ce texte en

1993, où plus de la moitié des pensionnaires de nos maisons d'arrêt attendent leur jugement.

En 1788, douze petits mois avant que ne défile pour la dernière fois et en ses ordres consacrés la vieille France monarchique, une déclaration royale en date du 1er mai, et lue par le garde des Sceaux Lamoignon au lit de justice du 8 mai, s'attaque « à plusieurs abus auxquels il avait paru urgent de remédier ». Cette fois, c'est une révision générale de l'ordonnance criminelle de 1670 et une refonte de tout l'ancien système répressif qui s'annoncent. Pour les réaliser, le roi engage auprès de ses sujets une vaste consultation et leur demande d'adresser au garde des Sceaux « les observations et mémoires qu'ils jugeront propres à nous éclairer ». Cette concertation utile à la recherche d'une justice plus juste, la Ve République devrait s'en inspirer.

Plusieurs dispositions « révolutionnaires » marquent le projet : un plus large accès à la grâce du roi par l'octroi d'un délai d'un mois entre la condamnation et l'exécution [5]; l'obligation faite aux tribunaux de motiver leurs décisions autrement que par des formules passe-partout; la réaffirmation de l'abolition de la question préparatoire « qui ne conduit jamais sûrement à la connaissance de la vérité et [...] peut plus souvent égarer nos juges que les éclairer »; la prohibition des traitements humiliants pour la personne humaine; la suppression de l'interrogatoire sur la sellette – « Les prévenus ou accusés pourront choisir de demeurer debout ou assis, ce dont les présidents de nos cours et les juges qui présideront au jugement dans les juridictions seront tenus de les avertir afin qu'ils puissent garder les marques de leur dignité » –; le remplacement de la question préalable – celle à laquelle il était procédé avant l'exécution – « par un interrogatoire suprême », sans contrainte physique; l'exigence, pour la condamnation à mort, d'une majorité supérieure à la majorité simple.

Face à cette générosité réformatrice, se renoue la même formidable coalition d'intérêts qui depuis un demi-siècle paralyse le royaume sur la voie des réformes. La défense des situations acquises se maquille en résistance généreuse contre le despotisme ministériel. Le peuple s'y laisse prendre. La noblesse ne songeant qu'à ses privilèges tempête, aussitôt imitée par le haut clergé qui réclame, « parce que c'est l'ordre », la restitution aux Parlements de leurs droits traditionnels et refuse pour faire bonne mesure le don gratuit proposé par Brienne, indispensable au rétablissement des finances royales. Avec l'arrivée de Necker, une nouvelle victime est immolée sur l'autel de l'égoïsme de caste, le garde des Sceaux lui-même, Lamoignon, à qui le roi demande sa démission. C'est en accusé, non en réformateur, que Louis XVI retrouvera la justice.

Initiative, lucidité, générosité, modernisme, tout cela est réduit à rien par les retards, les malentendus, l'indécision. Tous ces mots qui sont ici des maux scellent le destin de ce monarque, décidément fort malheureux. Pour l'heure, il se résout, aiguillonné par Necker, à convoquer, par arrêt du Conseil, en date du 5 juillet 1788, les États généraux du royaume. Lamoignon sera bon prophète : « Les Parlements, la noblesse et le clergé ont osé résisté au roi ; avant deux années, il n'y aura plus ni Parlements, ni noblesse, ni clergé. » Il aurait pu ajouter ni roi. Ce roi qui fut, avant Samson, son propre bourreau.

*

Tout va se passer très vite maintenant. Dans le climat d'effervescence qui suit la convocation des États généraux, on se lance, au sein des trois ordres de la future nation, dans la rédaction échevelée de ces fameux cahiers de doléances, testaments authentiques de la vieille France. Ces sondages grandeur nature où le général et le particulier s'imbriquent sont à l'image de la mosaïque des textes et des coutumes qui régissent une société à bout de souffle. La justice naturellement y trouve sa place et les critiques en dénudent les plaies.

Les avocats sont légion dans les rangs du Tiers et tiennent la plume. Les revendications juridiques et judiciaires qu'ils expriment sont partout les mêmes : suppression de la vénalité des offices, élection des juges, remodelage des cartes des juridictions, abrogation des incertitudes et des inégalités de la procédure pénale, fin du secret, restriction du pouvoir des magistrats instructeurs, abolition du serment de l'accusé, institution des jurés et surtout possibilité de se faire assister d'un avocat dans tous les actes de comparution ou de défense.

C'est toute la vieille institution, son appareil, sa procédure, sa sanction, sa cruauté, ses juges, le droit qu'ils appliquent qui sont... sur la sellette dont la disparition est du même coup demandée. Ces réformes dont Louis XVI avait été le promoteur pusillanime, l'Assemblée constituante les accomplit au pas de charge, répondant ainsi « au cri universel du peuple ». 1789 devient « l'année sans pareille » et la justice de l'Ancien Régime en moins de deux mois va tout perdre. Son symbole d'abord, quand la Bastille tombe. Le peuple ne s'en prend pas à une cathédrale, image du fanatisme, ni à un entrepôt à grains, expression de la cherté du pain et de la disette. C'est une prison qu'il démantèle. Elle incarne à ses yeux l'arbitraire royal et les assaillants pensent que dans ses huit tours sont détenus les martyrs de la liberté. Déception. À part quelques pauvres hères, la forteresse n'abritait plus de prisonniers de marque. Le marquis de Sade, génial bedeau du libertinage, avait été transféré à Charenton le 4 juillet!

Après la folle nuit du 4 août, la Déclaration des droits de l'homme. Ce texte justifie et purifie la Révolution : principe de la sûreté personnelle, légalité des incriminations et des peines, suppression de l'arbitraire, présomption d'innocence, égalité devant la loi.

Quand elle a envoyé aux champs les Parlements pour des vacances illimitées, supprimé le Conseil du roi et l'organisation juridictionnelle inférieure, l'Assemblée s'attaque à la réforme de la justice pénale. Dès le 29 septembre 1789, un avocat de Rouen, Thouret – il périra sur l'échafaud avec Malesherbes –, présente un projet « Sur la réformation provisoire de la procédure criminelle ». Qui assure à l'accusé « toute l'étendue de liberté et de sûreté pour sa défense qui peut se concilier avec l'intérêt de la société ». Mais le vrai passage est franchi avec les décrets des 8 octobre et 3 novembre 1789 portant réorganisation provisoire de la procédure criminelle. Ces textes font sortir l'instruction d'une opacité dans laquelle elle est aujourd'hui retombée, placent l'information sous le contrôle des citoyens, « les témoins de la procédure » désignés par la municipalité parmi les gens de bonnes mœurs et de probité reconnue. L'inculpé a désormais le droit de choisir ou d'obtenir d'office un ou plusieurs conseils avec lesquels il aura toute liberté de s'entretenir.

La défense, libre de ses contraintes, devient verbale, et la plaidoirie pénale porteuse d'espoir et de générosité fait son entrée dans le prétoire. Avancée de taille. L'écrit s'efface devant le verbe, la plume cède à la voix. L'accusé peut désormais s'appuyer sur la présence irremplaçable de son défenseur, dernier rempart contre la partialité et le despotisme formel de la loi. Le barreau réhabilité pense connaître des lendemains qui chantent. Il va déchanter. Le décret ne parle pas d'avocat mais de défenseur. Nuance.

Le 3 novembre 1789, l'organisation des municipalités est à l'ordre du jour de l'Assemblée. Soudain, les députés, comme s'ils se souvenaient tout à coup du péril incarné par la vieille magistrature, décrètent : « ... tous les Parlements continueront à rester en vacances et ceux qui seraient rentrés reprendront l'état de vacances... » Moins d'un an plus tard, les 2 et 11 septembre 1790, la Constituante traite de façon presque anecdotique du costume des nouveaux magistrats. Au détour d'un texte apparemment anodin, elle glisse dans sa copie une disposition assassine : « Les hommes de loi ci-devant appelés avocats ne devant... former *ni ordre ni corporation*,... n'auront aucun costume de leur fonction... » L'Ordre disparaît avec la robe.

La Convention ne compte pas moins de deux cent treize avocats. Pourtant, aucune voix ne s'élève pour protester contre ce coup qui porte atteinte à la défense au moment où la Révolution vient de la consacrer. La suppression de l'Ordre affaiblit et appauvrit la profession. Elle met les anciens avocats en concurrence avec les défenseurs officieux dont le recrutement laisse à désirer. L'Ancien Régime avait tranché la langue à la défense, la Révolution lui coupe les vivres.

Pourquoi cette disparition soudaine, ce brusque épilogue devant tant de bavards devenus muets ? Mise à mort ? Suicide ? La mise au rancart de l'Ordre se situe dans le prolongement du 4 août. Elle supprime un privilège contraire à l'esprit du temps, hostile au corporatisme.

Les défenseurs officieux ? Bergasse, avocat pourtant, les porte sur les fonts baptismaux dans son projet de réforme de la justice : « Toute partie, affirmait-il, aura le droit de plaider elle-même sa cause ou de faire appel à toute personne de son choix. » Il ne se rend pas compte qu'il livre la défense à l'amateurisme, l'indélicatesse, l'incompétence, quelquefois l'escroquerie. En province, comme à Paris, les anciens avocats font contre mauvaise fortune bon cœur. En dehors de toute structure, ils s'organisent et les plus jeunes, les plus hardis ne croient pas déchoir en plaidant devant les nouveaux tribunaux. Quand viendra le procès de Louis XVI, les plus célèbres proposeront de le défendre. Devant les hommes de la liberté, ils se battront pour la liberté d'un homme : le roi.

Chapitre XI

UN AVOCAT POUR LOUIS CAPET?

Pendant que l'Assemblée se penche sur son procès et discourt à perte de vue, à perte de voix, une nouvelle discussion s'engage : l'accusé aura-t-il ou non droit à un conseil? Comme à leur habitude, les députés se scindent. Les uns considèrent Capet hors la loi et exigent son exécution sans autre forme de procès. A-t-on songé à donner des avocats aux victimes du 10 août fusillées par les Suisses? Les autres pensent qu'il faut traiter Louis XVI en citoyen ordinaire et lui accorder les garanties de la Constituante et de la Législative. La présence d'un défenseur évite à la justice de se métamorphoser en une forme endimanchée de la vengeance.

L'utilité de cette dispute ne saute pas aux yeux. En effet, le décret proposé par Mailhe et adopté par la Convention le 7 novembre 1792 avait, semble-t-il, trouvé la solution. Son article 5 – on s'en souvient – précisait : « Si [l']acte [énonciatif des délits] est adopté, il sera communiqué à Louis XVI et *à ses défenseurs*, s'il juge à propos d'en choisir. » L'article 12 était plus explicite encore : « Louis XVI, soit par lui, *soit par ses conseils*, présentera sa défense par écrit et signée de sa main. » Enfin l'article 13 rappelait : « Louis XVI et *ses conseils* pourront néanmoins fournir, s'ils le jugent à propos, des défenses verbales qui seront recueillies par les secrétaires de l'Assemblée et ensuite présentées à la signature de Louis XVI. »

Avec ce texte, qui évoquait à trois reprises la défense, le débat n'était-il pas devenu sans objet ?

Le décret Mailhe doit tout à l'Ancien Régime. Paradoxe, encore et toujours, il n'admet la défense qu'au dernier stade du procès, biffe d'un trait tous les apports du premier temps de la Révolution, tolère du bout des lèvres les conseils, limite la parole au profit de l'écrit. La Convention, semblable aux anciens Parlements, préfère les mémoires aux plaidoyers. Elle traite Louis XVI comme Cinq-Mars, Calas ou le chevalier de La Barre. Comme un muet. Nous sommes plus près de l'ordonnance de 1670 que de la réforme judiciaire de la Constituante.

Jusqu'à ce moment, d'avocat il n'en est jamais question, personne n'a demandé au roi d'en désigner un. À quoi bon du reste, pendant toute l'instruction il n'est jamais interrogé. Il ignore les chefs d'accusation jusqu'à sa première comparution. Depuis quatre mois, claquemuré au Temple, il exécute une garde à vue prolongée et ne sait de son procès que ce que lui en rapporte Cléry, son fidèle valet de chambre.

Au soir du 11 décembre, la dernière question posée par Barère, Louis XVI fait connaître à la Convention son désir d'être défendu. À peine s'est-il retiré que Treilhard, ancien ténor [1] du barreau de Paris, propose un décret : « Louis peut choisir un ou plusieurs conseils. » La Montagne s'y oppose et fait bloc autour de Billaud-Varenne, Tallien, Robespierre Jeune et Marat, qui demandent l'ajournement ou, à défaut, que l'on procède par appel nominal. L'agitation est à son comble quand Garran élève la voix. L'ancien procureur général de la nation près la Haute Cour d'Orléans connaît par expérience les excès de la justice populaire et s'efforce de les canaliser : « La loi sur les jurés porte que l'accusé pourra choisir pour sa défense un ou deux conseils. Je demande que cette loi soit commune à Louis Capet. » Marat, toujours soupçonneux, interrompt : « Il ne s'agit point ici d'un procès ordinaire, il ne nous faut point de chicane de palais. »

Après une intervention de Duhem qui remet sur le tapis l'appel nominal, Pétion demande la parole : « Il est surprenant qu'une question simple excite autant d'aigreur et de division. De quoi s'agit-il ? De donner au roi un conseil. Je dis que personne ne peut le lui refuser, à moins d'attaquer à la fois tous les principes de l'humanité; mais les lois l'autorisent à prendre non pas deux amis, les lois n'en connaissent pas, mais deux défenseurs. Il a demandé un conseil : ce conseil peut, d'après la loi, être composé d'une ou deux personnes, c'est son affaire. Eh bien! que cette question très simple : Louis Capet pourra-t-il prendre un conseil?, soit mise aux voix; je ne vois pas quelles sont les difficultés qu'on pourrait lui opposer. »

Cette dialectique un peu racoleuse est bien dans la manière de l'ancien avocat. Coqueluche des dames, « l'Inflexible », comme on le surnommait, se prenait pour le Cicéron des Temps modernes. Le narcissisme n'a jamais empêché le courage et Pétion n'en manquait pas. Quand le président soumet sa proposition à un vote, elle recueille une large majorité et on décide, une bonne fois pour toutes, que « Louis Capet pourra se choisir un conseil ». Il est 7 heures du soir quand les conventionnels se séparent. Ils viennent de préserver la réputation de la Révolution.

Pendant ce temps, la Commune qui continue à jouer les doublures de l'Assemblée ne reste pas inactive. Le même jour un décret de son conseil général fixe la procédure régissant les rapports entre le roi et ses défenseurs. Pour décourager les éventuels postulants, elle décide : « Les conseils que la Convention pourrait donner à Louis ne communiqueront avec personne autre que lui, et toujours en présence des officiers municipaux, attendu la complicité présumée de toute la famille. En conséquence, au moment où les conseils de Louis Capet seront introduits, le valet de chambre se retirera et les officiers municipaux resteront... » Puis, se rendant compte de ce que cette disposition a d'excessif, le conseil général, patelin, ajoute : « L'Assemblée s'en rapporte à la discrétion des officiers municipaux pour ne pas gêner la confiance du prisonnier pour les confidences qu'il pourrait avoir à faire et à leur prudence pour ne pas compromettre la sûreté du prisonnier [2]. »

En essayant de faire échec à la libre communication de l'avocat et de son client, la Commune fait table rase des acquis de la Constituante. Plaçant les relations de Louis XVI et de ses avocats sous haute surveillance, elle porte atteinte aux prérogatives de la défense et aux droits de l'homme.

*

Le lendemain, mercredi 12 décembre 1792, Thuriot, le futur juge de Cadoudal, que le Chouan par dérision appellera « Tue-roi », demande que l'on juge Louis le vendredi ou au plus tard le samedi. Il parachève le travail de sape de la Commune. Comment, dans un temps aussi court, prendre connaissance d'un dossier pléthorique ? « En lui donnant un conseil, vous n'avez sans doute pas voulu ouvrir une nouvelle chicane et donner à Louis le temps de s'envelopper dans la procédure... » Puis il prend l'Europe à témoin : « Les nations étrangères réclament pour leur propre liberté un grand exemple. Il faut que le tyran porte sa tête sur l'échafaud. » Singulière attitude pour un juge : il donne son verdict avant d'avoir écouté la défense. Des protestations fusent. On lui rappelle son rôle de magistrat. Le président le tance. Penaud, Thuriot recule : « J'ai simplement voulu dire si le roi est coupable, il doit être exécuté [...] Je déclare que tout homme qui s'opposera à ce vœu n'est pas digne de la nation... » La Montagne fait donner la claque. Encouragé, notre homme poursuit : « Trois jours suffisent pour établir une culpabilité ou une innocence. Il n'y a qu'à envoyer des commissaires au Temple pour demander à l'accusé le nom de ses conseils. »

Treilhard appuie cette proposition et souhaite que la mission de ces émissaires soit élargie à la communication du dossier. Un député, dont le nom ne nous est pas parvenu, proteste : « Comment voulez-vous que le conseil puisse prendre connaissance des pièces qui lui seront remises, si vous ne lui accordez que jusqu'à samedi ? Le délai ne peut-être fixé qu'après communication des pièces au conseil... c'est lui seul qui pourra préciser le temps qui lui sera nécessaire pour en prendre connaissance et pour préparer la défense de l'accusé. Je m'exprime au nom de l'humanité et au nom de la justice... » Puis il ajoute une phrase essentielle : « Ce n'est qu'après une défense qu'une condamnation est juste ; autrement, la peine prononcée est un assassinat. » En dépit du tumulte, il fait front : « Si vous ne voulez pas lui donner un droit illusoire, vous devez lui donner le temps d'examiner les pièces dont nous tirons les indications contre lui. » Duquesnoy, député du Pas-de-Calais, ancien dragon, qui boit comme un Polonais, pousse les vociférations dont il est coutumier. Le président le rappelle à l'ordre. Sans se laisser démonter, l'orateur anonyme continue : « Communiquons les originaux à Louis Capet en présence des commissaires que la Convention chargera de cette mission et délivrons-lui ensuite copie de toutes les pièces... » Malgré les anathèmes, il persiste : « Nous ne craignons pas la haine des rois mais l'exécration des nations ; nous ne devons pas nous exposer comme le tribunal d'Angleterre à la condamnation de la postérité et nous couvrir d'opprobre par un jugement passionné et atroce... » Il fallait du courage pour braver ainsi la salle.

Cette fois c'en est trop et les tribunes explosent. Legendre choisit ce moment pour dérouler un torse de lutteur et fait retentir sa voix de stentor : « Il importe de donner à Louis Capet, pour l'honneur même de la Convention, tous les moyens de se défendre [...] Ce n'est qu'après qu'il aura épuisé toutes les ressources de sa défense que notre détermination paraîtra *juridique* [*sic*] et qu'il tombera avec justice [*re-sic*] sous le glaive de la loi. » Ne jamais se départir des formes et rester dans la légalité : obsession d'une grande partie de l'Assemblée. Duquesnoy, chez qui la persévérance triomphe sans mal du sens de la nuance, ne l'entend pas de cette oreille : « Je demande, dit-il, que toutes les fois qu'il serait question de Louis, on aille aux voix par appel nominal... afin qu'on reconnaisse ceux qui défendent le peuple et ceux qui veulent défendre le ci-devant roi. » Il mobilise la peur contre le droit, espérant que les tièdes, les mous, les indécis n'oseront pas, en public, rallier le camp de l'indulgence.

Il faut en finir. Legendre propose : « Que deux huissiers de l'Assemblée aillent dire à Louis Capet : nous venons de la part de la Convention nationale vous demander le nom du conseil que vous avez choisi. » Cambacérès intervient à son tour et fait adopter ces dispositions : « La Convention décrète que quatre de ses membres se transporteront à l'instant au Temple, donneront connaissance à Louis Capet du décret du jour d'hier qui lui accorde la faculté de prendre un conseil, l'interpellant de déclarer sur l'heure quel est le citoyen auquel il donne sa confiance. »

Cambacérès, Thuriot, Dubois-Crancé et Dupont de Bigorre sont désignés. Cette délégation a plus d'allure que les deux scribouillards souhaités par Legendre. Quand viendra le scrutin sur la peine, les commissaires se diviseront en nombre égal. Deux choisiront la mort [3], deux l'indulgence [4]. Pour l'instant, ils quittent l'Assemblée et se dirigent vers le Temple. La séance continue. Et la Commune prend à nouveau des mesures iniques. Elle arrête : « Le conseil accordé à Louis Capet par la Convention nationale sera scrupuleusement examiné, fouillé *jusqu'aux endroits les plus secrets* et, après s'être déshabillé, il se revêtira de nouveaux habits sous la surveillance des commissaires et, dans ses opérations avec Louis, il ne pourra communiquer qu'en présence des commissaires ; le conseil ne pourra sortir de la tour qu'après le jugement du ci-devant roi. Le conseil prêtera serment ainsi que les commissaires de ne rien dire de ce qu'ils auront entendu. Les citoyens Arbeltier, Cheneaux et Defavanne sont priés de porter ce décret à la Convention et de l'inviter au nom de la tranquillité publique à approuver les mesures prises, relativement aux circonstances importantes où se trouve la République. » La faction parisienne ne recule devant rien !

Arrivés au Temple, les commissaires de la Convention demandent aux officiers municipaux de les introduire auprès du roi. Celui-ci prend connaissance du décret les désignant et de celui l'autorisant à se faire assister d'un défenseur à sa convenance. À Cambacérès qui l'interpelle, Louis XVI répond : « Je désigne Target et à défaut Tronchet; tous les deux si la Convention nationale y consent. Je pense que la loi me donne le droit d'en demander deux. » Il indique l'adresse de Tronchet mais déclare ignorer celle de Target, puis signe le procès-verbal. Son choix se porte sur deux des meilleurs avocats de l'époque. Même si elle n'est pas complètement justifiée, Target et Tronchet jouissent d'une réputation enviable. Leur désignation n'est pas innocente. Elle démontre le terrain choisi par l'accusé pour conduire sa défense. Les deux hommes ne sont pas des pénalistes mais des spécialistes du droit public. Les accents ravageurs, les effets de manche leur sont étrangers. Ce sont des juristes, pas des rhéteurs. Target est l'un des pères de la Constitution. Membre du comité de rédaction, il l'a portée sur les fonts baptismaux. La presse royaliste, pour se moquer, appelait son œuvre « la petite Targette ». Dans l'esprit du roi, un tel expert démontrerait aisément qu'il a respecté le texte essentiel. Tronchet, sans une contribution aussi émérite, a également apporté son tribut décisif. Son autorité est indiscutable. Qui mieux que lui pourra soutenir la thèse de l'inviolabilité de la personne du roi ?

À son retour, la délégation avise la Convention des vœux de l'accusé. Cambacérès demande qu'on laisse les conseils s'entretenir sans contrainte avec leur client. La majorité acquiesce et charge le ministre de la Justice d'avertir Target et Tronchet. Elle décide : « Ses défenseurs pourront communiquer librement avec le roi à qui il sera fourni des plumes, de l'encre, du papier. » Ces dispositions, dont on chercherait en vain l'équivalent dans la répression politique de l'Ancien Régime, seront impuissantes à sauver Louis XVI, mais suffisantes pour aider Me Target à perdre son honneur.

Chapitre XII

L'HONNEUR PERDU DE MAÎTRE TARGET

Le 12 décembre 1792 au soir, trois lettres parviennent à l'Assemblée. L'une de Lamoignon-Malesherbes, l'autre de Sourdat et la réponse de Target. Les deux premiers se portent volontaires pour défendre le roi. Le dernier se porte pâle.
Le jeudi 13 décembre 1792, en début de séance, le président donne lecture de la correspondance de Target. Elle est ainsi conçue :

> *12 décembre l'an premier de la République*
> *Depuis le décret de ce matin, il devient embarrassant pour moi d'avoir un avis sur les faits imputés à Louis XVI; je dois au moins m'abstenir de le prononcer : je satisfais à ce devoir. Mais, âgé de près de soixante ans, fatigué de maux de nerfs, de douleurs de tête et d'étouffements qui durent depuis quinze ans, qui m'ont fait quitter la plaidoirie en 1785, et que quatre années de travaux excessifs ont aigris à un point inconcevable, je conserve à peine les forces suffisantes pour remplir pendant six heures, dans chaque journée, les fonctions paisibles de juge et j'attends avec quelque impatience le moment d'en être déchargé par de nouvelles élections. C'est dire assez qu'il ne m'est pas possible de me charger de la défense de Louis XVI. Je n'ai absolument rien de ce qu'il faut pour un tel ministère, et par mon impuissance je trahirais à la fois et la confiance du client accusé et l'attente publique. C'est à l'instant même que, pour la première fois, j'apprends cette nomination qu'il m'était impossible de prévoir. Je refuse donc cette mission par conscience : un homme libre et républi-*

cain ne peut pas consentir à accepter des fonctions dont il se sent entièrement incapable.

Je prie la Convention nationale de vouloir bien faire parvenir à Louis XVI la lettre que j'écris en ce moment, afin qu'il puisse faire un autre choix.

Signé : *Le républicain Target*

Le « républicain »! Il y a des formules qui ne s'inventent pas.

L'homme s'était forgé, lors de l'affaire du renvoi du Parlement, une renommée flatteuse. Sa lettre est un monument de la honte. Rien n'y manque : le bénéfice de l'âge, une santé chancelante, des forces déclinantes, un caractère aigri... tout est bon pour décliner l'offre du roi. La crainte qui fit vaciller les apôtres, les avocats la connaissent parfois quand le monstre de l'année, cet accusé indéfendable qui fait frissonner l'opinion publique, les désigne. Les courageux méritent l'estime, les autres le mépris. Plus un homme est coupable, plus il faut le défendre; plus il est solitaire, plus il mérite d'être assisté. En dehors de ces vérités, l'avocat devient l'alibi de l'accusation. Target est un déserteur de la barre.

Son refus a été sévèrement jugé. À juste titre. Mais ce fuyard a droit à la justice et il faut verser à son dossier ces lignes rédemptrices qu'il publia avant la plaidoirie de Desèze sous le titre « Observations sur le procès de Louis XVI ». Ce document, imprimé aux frais de son auteur et distribué à tous les membres de l'Assemblée, résume les arguments qui s'opposent à la condamnation du roi. Défense sans risque, qui ne rachète pas sa pitoyable dérobade et ne fait que souligner sa petitesse. D'abord, le plaidoyer pro domo :

« Je n'ai pas pu me charger de la défense de Louis XVI et plaider pour lui à la Convention nationale; plus l'affaire est grande, solennelle, imposante, plus il m'était impossible d'y répondre par mes efforts et plus j'aurais eu tort de m'y engager. Ceux qui me connaissent savent que je n'ai jamais menti. Ceux qui sont liés particulièrement avec moi sont instruits de l'époque et des progrès de cet état de souffrance habituel produit par quarante ans de travaux et qui à présent me rend incapable de tout effort soutenu. Ils savent aussi que la puissance et la force n'ont jamais arrêté mon zèle tant que j'ai pu disposer de toutes mes facultés. Mais je puis faire *paisiblement chez moi* quelques réflexions sur le procès dont la confiance de Louis XVI me proposait la défense et tout ce que je peux, je le dois... »

Ce « paisiblement chez moi » est un aveu. Il plaide dans son bureau : c'est moins dangereux que devant la Convention. Pris au piège, le malheureux patauge : « On s'étonne qu'ayant fait la Constitution, je sois républicain ; je n'ai pas fait la Constitution quoi qu'on en ait dit dans un pamphlet assez gai où l'on ne se piquait pas beaucoup de vérité [...] J'ai travaillé à la Constitution avec des collègues qui valaient mieux que moi... » Cette allusion, à un pareil moment, à une facétie intitulée *Les Couches de Target* dont il était le héros ridicule et qui le chagrinait démontre la minceur du personnage ; mais il ne s'arrête pas là : « Je suis républicain, enchaîne-t-il, parce que telle est la volonté générale, parce que la Convention nationale l'a décrété, parce que je l'ai juré, et, certes, tous les défenseurs de Louis XVI sont des républicains et je n'en doute pas... » Après avoir aussi, par bonté d'âme, concédé cette vertu à ses confrères, il transforme Capet en une sorte de repoussoir destiné à éloigner les prétendants éventuels :

« Il n'y aura plus de roi en France, cela me paraît démontré ; mais si par impossible cette idée pouvait renaître un jour, il serait important que Louis fût là et que par son existence il épouvantât les ambitieux de sa race et tous les autres... » En d'autres termes, garder le roi vivant, c'est prendre une assurance sur la vie au bénéfice de la République...

Target invoque ensuite l'inviolabilité constitutionnelle au bénéfice du roi et l'amnistie à celui du citoyen. Mieux que Desèze – c'est un mérite qu'il faut lui reconnaître –, il plaide la personnalité, la solitude institutionnelle du souverain et le rôle néfaste de la Cour. Puis il s'en prend à la vengeance : « Je ne connais pas la justice qui venge, mais bien la justice qui prévient les crimes. La vengeance n'est rien qu'un jour d'agitation sans effet; le châtiment qui prévient les crimes est au contraire le salut de la chose publique. » Ce faible, non sans courage, critique le manque d'impartialité de la Convention et soulève, le premier, la suspicion légitime : « Si la Convention n'est pas juge, elle ne peut pas juger; si elle l'est, il y a une règle non pas seulement positive mais arbitraire, mais éternelle, qui défend au juge de se prononcer sur une affaire dans laquelle avant le jugement il a déclaré son avis. Je prie la Convention nationale d'examiner dans une profonde impartialité s'il n'y a pas quelques-uns de ses membres qui se trouvent dans ce cas-là... »

Il applique à Louis XVI une formule fameuse en d'autres temps : Le roi est responsable mais il n'est pas coupable... « C'est à nos yeux une erreur des peuples de vouloir un roi, mais je ne concevrai jamais qu'on ait le droit de punir le roi des erreurs du peuple. » Il devient pathétique quand il essaie de justifier sa dérobade : « Tel est, indépendamment de la discussion des faits, le plan qui me paraît le plus convenable... Ce fut un devoir à moi de le déclarer et de m'abstenir. » Puis ce post-scriptum paniqué : « J'entends dire qu'il y a dans ma lettre du 12 des expressions outrageantes dans le malheur, cela serait infâme, mais cela est faux... »

Ce pensum est signé : « Target ». De républicain, il n'en est plus question.

Après le procès, il deviendra secrétaire du comité révolutionnaire de sa section. Bonaparte, bon prince, le nommera à la Cour de cassation, mais, pour l'instant, son refus plonge l'Assemblée dans l'embarras. Faute de défenseur, pourra-t-on juger le roi le lendemain ou le surlendemain ? La discussion reprend de plus belle. Thuriot fait remarquer, non sans raison, que Tronchet reste dans la course. Un seul avocat suffit. Cambacérès se montre plus pessimiste. Il craint la contagion et les désistements en cascade : « Il faut que les citoyens français sachent qu'il n'est pas de fonctions auxquelles ils puissent se refuser... » Puis il suggère la désignation d'office de ceux qui se sont portés volontaires et demande la lecture publique des sollicitations de

Malesherbes et de Sourdat qui, l'un et l'autre, avaient écrit à la Convention pour demander à défendre le roi.

L'ancien président de la Cour des aides, à qui la liberté devait tant, trouve les accents de la grandeur :

> *Paris 11 décembre 1792*
> *Citoyen Président, j'ignore si la Convention donnera à Louis XVI un conseil pour le défendre et si elle lui en laissera le choix. Dans ce cas-là, je désire que Louis XVI sache que, s'il me choisit pour cette fonction, je suis prêt à lui dévouer. Je ne vous demande pas de faire part à la Convention de mon offre, car je suis bien éloigné de me croire un personnage assez important pour qu'elle s'occupe de moi. Mais j'ai été appelé deux fois au Conseil de celui qui fut mon maître, dans le temps que cette fonction était ambitionnée de tout le monde. Je lui dois le même service lorsque c'est une fonction que bien des gens trouvent dangereuse. Si je connaissais un moyen possible pour lui faire connaître les décisions, je ne prendrais pas la peine de m'adresser à vous. J'ai pensé que, dans la place que vous occupez, vous avez plus de moyens que personne pour lui faire passer cet avis.*

Cette petite phrase d'un grand homme dut écorcher le cœur de Target. Marat lui-même fut touché : « Malesherbes, écrira-t-il, a montré du caractère en s'offrant pour défendre le despote détrôné et il est moins méprisable à mes yeux que le pusillanime Target qui a l'audace de s'appeler républicain et qui abandonne lâchement son maître après avoir si longtemps rampé à ses pieds et s'être enrichi de ses profusions. J'aime le courage même chez un malfaiteur... » Malesherbes malfaiteur ! Il fallait l'aplomb de l' « Ami du peuple » pour oser. Après la lettre de Malesherbes, le président donne connaissance à la Convention de l'offre de Sourdat parvenue pourtant la première :

> *Paris 12 décembre 1792*
> *Citoyen Président, la renommée publie que la Convention nationale a consenti à donner à Louis XVI un défenseur ou conseil. Avant d'offrir mes services pour cette mission que le sentiment d'innocence de Louis XVI et de la justice de la Convention nationale m'inspire le désir d'aborder avec le*

> zèle nécessaire pour la remplir, je désirerais savoir de vous-même ce qu'il en est, en même temps que vous auriez la bonté de m'en apprendre les circonstances. Je pourrai vous donner les notions qu'une telle offre de ma part peut et doit vous rendre nécessaires. Je me rendrai sur-le-champ à la conférence qu'il vous plaira m'accorder et que l'importance de l'objet me donne la confiance de vous demander. La simplicité de ma démarche m'assure, j'ose espérer, la loyauté de celle que je dois attendre de vous.
>
> Sourdat, citoyen de Troyes.

Cet homme, successivement avocat au barreau de Troyes puis lieutenant de police, affirme d'emblée l'innocence du roi. Le refus poli de Louis XVI ne l'empêchera pas de collaborer à sa défense et de rédiger, à la demande de Malesherbes, deux mémoires. Le premier, intitulé : « Vue générale sur le procès de Louis XVI », sera adressé le 24 décembre 1792 à la Convention ; le second, déposé sur son bureau le 12 janvier 1793. Travaux juridiques de bonne facture, bien charpentés, au style un peu ampoulé, qui inspireront les trois défenseurs. « Sourdat citoyen de Troyes » est d'une autre stature que le « républicain Target ».

*

La Convention qui a trouvé son procès est à court de défenseur désigné. Le premier s'est esbigné pendant que le second reste introuvable. Personne n'a de nouvelles de Tronchet. Le ridicule menace et Bourdon veut en finir. Il faut, affirme-t-il, que les commissaires se rendent à nouveau au Temple informer Louis d'un refus, d'un silence et des propositions reçues. Manuel, plus pragmatique, propose qu'on commence par relancer Tronchet pendant que Tallien soupire : « C'est à Louis Capet de s'arranger pour trouver des conseils qui acceptent... » La motion de Bourdon est adoptée et on y ajoute un avenant aux termes duquel un double du dossier sera communiqué au roi dans les vingt-quatre heures. Facile à dire : mais comment, dans ce temps aussi rabougri, accomplir une telle tâche ? remarque justement Fermont. À la Convention, rien d'impossible : elle enjoint à la commission des Vingt et Un d'effectuer des copies de toutes les pièces en utilisant, affirme *Le Moniteur* du 15 décembre 1792, tous les commis nécessaires.

Les formes... toujours les formes. L'Assemblée entend les respecter même quand elle fait preuve d'un regrettable esprit de l'escalier. Dans l'histoire de la répression politique en France, ce procès est l'un des rares où le formalisme prenne le pas sur l'arbitraire.

La Convention fixe au 26 décembre 1792 l'audience de plaidoirie et laisse à ses commissaires le soin d'informer le roi du désistement de Target, du mutisme de Tronchet, des offres de Malesherbes et de Sourdat, des sollicitations de Hué et de Guillaume qui, à leur tour, lui proposent leurs services. Le roi, avec sa courtoisie naturelle, précise sa position : « Je suis sensible aux offres que font les personnes qui demandent à me servir de conseils et je vous prie de leur en témoigner ma reconnaissance. J'accepte M. de Malesherbes pour mon conseil ; si M. Tronchet ne peut me prêter ses services, je me concerterai avec M. de Malesherbes pour en choisir un autre. »

Il faut donc mettre au courant Malesherbes, toutes affaires cessantes, de l'accord de son client et partir à la recherche d'un Tronchet étrangement silencieux. Les commissaires se rendent d'abord rue des Martyrs (singulière prémonition), derrière la barrière de Montmartre, où habitait le vieux parlementaire qui, depuis quelques semaines, avait regagné la capitale : « La Révolution m'a rappelé à la ville, confiera-t-il à Hue. Tant que j'ai pu, je me suis tenu à la portée du roi et quand la Convention l'a mis en jugement, j'ai sollicité et obtenu l'honneur de le défendre [1]. »

Les envoyés de la Convention lui donnent connaissance du procès-verbal du Temple. Après l'avoir parcouru, il dit d'une voix ferme : « Conformément aux offres que j'ai faites, je réponds au choix du roi. » On lui tend une plume, il signe. Louis XVI possède son premier défenseur.

Cette partie de sa mission accomplie, la commission retourne à l'Assemblée. Elle y parvient au moment de l'élection du président. Le scrutin est proclamé à 19 heures : Fermont est élu par 258 suffrages sur 374. Marat fait un score : 1 voix se porte sur son nom... À 19 h 45, le ministre de la Justice monte à la tribune : une lettre de Tronchet vient de lui parvenir.

> *Paris, ce jeudi 13, 7 h 15 du soir*
> *Citoyen ministre, entièrement étranger à la Cour avec laquelle je n'ai jamais eu aucune relation directe ou indirecte, je ne m'attendais pas à me voir arracher du fond de ma campagne à la retraite absolue à laquelle je m'étais voué pour venir concourir à la défense de Louis Capet. Si je ne consultais que mon goût personnel et mon caractère, je n'hésiterais pas à refuser une mission dont je connais toute la délicatesse et peut-être le péril; je crois cependant le public trop juste pour ne pas reconnaître qu'une pareille mission se réduit à être l'organe passif de l'accusé et qu'elle devient forcée dans la circonstance où celui qui se trouve appelé d'une manière si publique ne pouvait refuser son ministère sans prendre sur lui-même de prononcer le premier jugement qui serait téméraire avant tout examen des pièces et des moyens de défense, et barbares après cet examen. Quoi qu'il en soit je me dévoue au devoir que m'impose l'humanité; comme homme je ne puis refuser mon secours à un autre homme sur la tête duquel le glaive de la justice est suspendu. Je n'ai pas pu vous accuser plus tôt réception de votre paquet qui ne m'est parvenu qu'à quatre heures du soir à ma campagne d'où je suis parti aussitôt pour me rendre à Paris. Au surplus, je vous prie de recevoir le serment que je fais entre vos mains et que je désirerais voir rendre public que, quel que soit l'événement, je n'accepterai aucun témoignage de reconnaissance de qui que ce soit sur terre* [2].

Son silence s'explique; dans la retraite où il se trouve, la désignation du roi ne lui est parvenue que dans l'après-midi. Sa réponse est un oui, un oui mais... Tronchet accepte contraint et forcé une mission qui le transforme « en organe passif de l'accusé ». On est plus près de Target que de Malesherbes. L'homme visiblement regimbe, mais sa fonction lui dicte sa conduite. Dans le combat quotidien qu'imposent les grandes causes, que celui qui n'a jamais hésité lui jette la première pierre. Tronchet a beau prendre toutes les précautions du monde, il ne se contentera pas d'être un porte-parole, il trouvera la force de défendre. L'Assemblée respire. Une nouvelle dérobade l'aurait placée dans une situation délicate. Dans un enthousiasme excessif elle demande l'impression de la lettre de Tronchet, mais fort heureusement le président passe outre. Le roi compte un deuxième défenseur.

Le matin même, un étrange courrier de la Commune était parvenu à la Convention :

> *Paris 13 décembre*
> *Monsieur le Président, une députation de la Commune de Paris demande à être introduite à la barre de la Convention pour lui communiquer un arrêté pris dans la séance d'hier soir par le conseil général provisoire relativement à des mesures de précaution qu'il a semblé nécessaire de prendre envers les conseils que Louis Capet a la faculté de prendre. Si les travaux de l'Assemblée ne permettaient pas notre introduction, nous vous ferons passer l'édition de l'arrêté pour le communiquer à la Convention afin qu'elle connaisse que toutes ses mesures sont dictées par le patriotisme le plus pur et toujours soumises à sa décision ultérieure. Les citoyens députés : Cheneaux, membre du conseil général provisoire, Defavanne, officier municipal.*

Le bureau n'y avait pas donné suite au grand dam des envoyeurs. À peine achevée la lecture de la lettre de Tronchet, une délégation communale se présente à la porte de l'Assemblée. Elle vient demander à la souveraineté populaire d'approuver les termes odieux de l'arrêté ordonnant que les défenseurs de Louis XVI soient placés en garde à vue au Temple jusqu'au procès et fouillés dans les endroits les plus intimes. La Convention refuse d'avaliser ces bassesses inspirées par la haine mais aussi par l'obsession d'une nouvelle fuite du roi. Bazire apostrophe les émissaires : « On ne s'y prendrait pas autrement si l'on voulait apitoyer le peuple sur le sort du roi ! » Seul Robespierre défend l'indéfendable : « C'est le sentiment d'un patriotisme très louable qui a dicté cet arrêté... » Des huées couvrent sa voix et l'Incorruptible perd son sang-froid : « On viole en moi [sic] la liberté des opinions. Je sais qu'il y a un parti qui veut sauver le roi et je m'étonne toujours que ceux qui se montrent si tendres pour un oppresseur accusé ne témoignent pas autant de sensibilité pour le peuple qu'on opprime... » Un député lui fait front et, se tournant crânement vers les tribunes vitupérantes, lance : « Que cessent ces vociférations de cannibales... » Les esprits sont un peu calmés quand Valazé intervient : « Que pensera la postérité lorsqu'elle saura que cet étrange arrêté, pris pour ainsi dire sous nos yeux, a été fallacieusement présenté sans doute afin de vous y faire participer ? Est-ce pour que Louis XVI ne trouve pas de conseils, est-ce afin que l'homme courageux qui se présente se retire, est-ce afin qu'il soit jugé sans avoir été défendu, qu'on veut soumettre quiconque entreprend de plaider sa cause aux conditions les plus dures à la fois et les plus ignominieuses ?... C'est pour l'honneur de l'humanité, pour le maintien de la justice, en vertu du droit naturel que tout accusé a d'être défendu et pour la dignité des représentants du peuple qui ne peuvent être respectés qu'autant qu'ils sont justes, que je demande que l'on casse cet arrêté... »

L'Assemblée applaudit et fait un sort à Chales quand il essaie de soutenir la municipalité : « Responsable du prisonnier du Temple, elle a le droit de prendre toutes les mesures qu'elle juge utiles... »

Cambacérès a le dernier mot et obtient que le décret autorisant les conseils à communiquer librement avec le roi soit maintenu. Mais le vainqueur de la journée c'est Valazé. Quand l'humanité est mise en cause, il se desse. Cette fois il a d'autant plus de mérite à le faire qu'il croit le roi coupable, mais il ne veut pas que l'accusé sans défenseur se transforme en martyr. Le jour où la mort viendra, Valazé connaîtra le sens plein de ce mot...

★

Quand un avocat est désigné par un inculpé, son premier soin est de lui rendre visite. Cette rencontre entre l'inquiétude et la panique débouche sur l'angoisse, mais aussi sur l'espoir. Prisonnier, Louis XVI est toujours le roi de France pour Tronchet qui fut son sujet puis son opposant. Le voilà maintenant son conseil. Son cœur bat la chamade quand le vendredi 14 décembre à 8 heures du matin, il frappe à la porte du Temple. Elle se referme et dans les couloirs de l'enfermement résonnent lugubrement ses pas. Le doute l'envahit : et s'il avait eu tort d'accepter cette tâche trop lourde ? et s'il n'était pas à la hauteur de ce procès immense ? Malgré la considération qu'il porte à Malesherbes, il sent qu'il ne doit pas trop – la suite lui donnera raison – compter sur le vieillard. Il n'est même pas un défenseur de métier et le courage ne remplace jamais à lui seul l'expérience et le talent.

La solitude, notre vieille ennemie, pèse sur ses épaules quand les municipaux font mine de le fouiller [3]. Tronchet vide ses poches, puis, après une demi-heure d'attente, il est introduit dans la chambre du roi, dont la porte, sur ordre, demeure ouverte. Cette incongruité n'empêche pas les protestations d'un gardien qui, depuis son arrivée, tend l'oreille : « Notre responsabilité ne s'arrête pas pendant cette communication, parce qu'on peut apporter des poisons entre les deux semelles des souliers, dans la doublure de son habit, dans la coiffe de son chapeau et alors, le conseil serait compromis... »

L'avocat, étonné par cette sollicitude suspecte, se retire et laisse la place à Malesherbes. Hue rapporte : « Le roi courut au-devant de ce respectable vieillard qu'il serra tendrement dans ses bras et cet ancien ministre fondit en larmes à la vue de son maître, soit qu'il se rappelât les premières années de son règne, soit plutôt qu'il n'envisageât dans ce moment que l'homme vertueux aux prises avec le malheur. » L'époque a besoin du manichéisme pour exprimer sa sensibilité ! Les jeunes gens sont obligatoirement beaux, les vieillards forcément nobles, les larmes par définition abondantes. Cet entretien d'un quart d'heure marque la réconciliation tragique et tardive de la monarchie et des Parlements. Un incident oppose Malesherbes à un gardien qui prétend assister à sa conversation avec le roi dans la tourelle qui lui sert de cabinet [4]. Ulcéré par cette violation des droits de la défense, le défenseur proteste. Il usera ses dernières forces dans ces visites de charité qui font partie de la vie quotidienne du barreau. Seule une réglementation inflexible l'empêchera d'assister le roi dans ses derniers moments.

*

Le temps des conseils est mesuré. Quatre jours avant l'audience, le dossier n'est toujours pas parvenu au Temple et il faut à tout prix obtenir cette communication sans laquelle il n'y a pas de plaidoirie possible.

Mise au courant des vexations et de la mauvaise volonté des municipaux, l'Assemblée fait pression sur la Commune pour qu'elle modifie son arrêté scélérat. Ulcérée, celle-ci laisse entendre que la Convention veut sauver les apparences. Les apparences seulement : « Nous avons préjugé que l'intention de la représentation nationale était que nous tenions secrètes les mesures que nous a dictées notre responsabilité malgré l'observation d'un membre qui l'a traitée d'impudique [5]... »

On ne saurait être davantage cynique et plus faussement naïf, mais les représentants ne s'en laissent pas conter et obtiennent de la Commune l'abolition de ces mesures [6]. Le nouveau texte se réduit à ces mots : « Le conseil sera scrupuleusement examiné et fouillé. » Quant à l'article ordonnant jusqu'au jugement l'incarcération des défenseurs, il est purement et simplement supprimé.

En revanche, sont maintenues les dispositions qui, sous prétexte de respecter la discrétion, en réalité la violent : « Le conseil, dans ses opérations, ne pourra communiquer avec Louis qu'en présence des commissaires; le conseil prêtera serment, ainsi que les commissaires, pour ne rien dire de ce qu'ils auront entendu [7]. » Un secret partagé est un secret propagé : la Commune feint d'oublier cette vérité première et porte ainsi un coup terrible à la défense. Les échanges entre l'avocat et son client appartiennent à elle seule, personne n'a le droit de les troubler.

*

Ce samedi 15 décembre 1792, Tronchet, effrayé par l'immensité de la tâche, comprend qu'il ne pourra la mener à bien. La communication des pièces exige un travail de dépouillement considérable et l'avocat ne se fait pas d'illusion sur l'efficacité de la collaboration avec Malesherbes. L'ancien président de la Cour des aides de Paris est plus une caution qu'un partenaire. Comment, presque seul, venir à bout d'un océan de papiers, de documents, de lettres souvent illisibles ? À l'époque il n'existe ni dactylographie ni photocopie et les défenseurs s'usent les yeux à décoder l'indéchiffrable. Tronchet se rend compte que la présence d'un confrère plus jeune, plus expérimenté, plus éloquent est indispensable. Il confie son scrupule au roi et suggère le nom de Desèze avec qui il a souvent collaboré. Il apprécie son dynamisme, son aplomb, sa façon de frapper le tribunal au cœur, et parfois même plus bas. Desèze, au sommet de sa gloire, n'est pas un inconnu pour Louis XVI. Il connaît son plaidoyer pour Besenval, se souvient qu'il a été le conseil de Provence et de la reine. Elle lui avait, malgré une brouille passagère, vanté ses mérites. Il le préfère à Bellard, une autre gloire parisienne à qui Tronchet avait également pensé. Mais le plus dur reste à faire : persuader l'avocat.

Il est 10 heures quand Tronchet prend congé de Louis XVI et quitte sa prison pour se rendre chez Malesherbes. Il ne veut pas transformer leur couple en trio sans son assentiment. Le vieil homme acquiesce. Il sait que la faiblesse de son état, les atteintes de l'âge l'empêchent de se consacrer tout entier à l'œuvre entreprise. La défense est un don de soi, elle est de tous les instants. Malesherbes, lucide, mesure ses limites. Son dévouement et son courage tranquille ne suffiront pas. Comme Tronchet, il estime nécessaire de confier la barre à un homme de métier.

Fatigués, les deux hommes chargent leurs collaborateurs, qui connaissent bien le grand pénaliste, de prendre, sans tarder, contact avec lui. M. Colin, ancien avocat à Paris, et

M. Merville, futur conseiller à la Cour de cassation, se rendent chez Desèze. Va-t-il accepter cette dangereuse mission ?

La petite histoire s'en donne à cœur joie quand elle rend compte de cette entrevue. Le comte de Marcellus[8] tombe dans le mélo : « Le messager frappe à la nuit à la porte de Desèze. Dans ce temps de crimes et d'horreurs les alarmes d'effroi obsédaient le sommeil même. Mme Desèze ne veut pas que son époux ouvre la porte ; elle y consent néanmoins quand elle entend prononcer le nom du roi ; mais craignant quelque piège, elle s'élance de son lit, le suis [sic] et reste derrière la porte pendant que Desèze s'entretient avec le messager : " Quatre personnes ont refusé [il exagère] vous êtes nommé par M. de Malesherbes [il oublie Tronchet] pour plaider avec lui devant la Convention la cause du roi. – La cause du roi ? Mais savez-vous bien ce qu'il s'est passé à la Commune ? – Eh ! quoi ? – On y a déclaré que quiconque entrerait au Temple pour défendre le roi n'en sortirait plus. Comprenez-vous ce que cela veut dire ? – Oui, qu'une mort certaine est le prix d'une telle mission. – Sans doute ; et l'on ajoute que les femmes, les enfants, la famille entière des défenseurs du roi seront enfermés comme otages. Le savez-vous ? – Non ; je conçois votre sacrifice personnel, mais un père, un époux... – Vous vous trompez : c'est pour cela que j'accepte. " C'est alors que des coulisses sort son épouse. " Et c'est pour cela que je vous ai épousé ", s'écrie-t-elle, en se jetant au cou de son mari qu'elle enlace... »

Vigneaux préfère la fausse simplicité conjugale : « Mme Desèze avait été réveillée, elle aussi, par le bruit de cette visite tardive et si étrange, qui n'allait pas sans l'intriguer et l'inquiéter. Quand son mari fit irruption dans la chambre, elle le regarda sans doute d'un long regard inquisiteur pincé d'anxiété ; en deux mots il la mit au courant. " Tu as accepté, je suppose ! – Pas encore. – On va croire que tu hésites. – Ma résolution était prise mais je voulais que tu fusses de moitié dans cette décision... "[9] »

Chateaubriand, grand reporter, en rajoute et place l'arrivée des défenseurs à l'heure du crime : « Il est plus de minuit lorsqu'on se présenta chez Desèze »; puis, tout en se donnant un rôle, il enjolive l'histoire. La réalité fut sans doute plus simple, mais cette scène fait partie de la légende du barreau français. Desèze a d'autant plus de mérite à accepter la proposition de ses confrères que le roi n'a pas spontanément pensé à lui. Sa vanité a dû en souffrir. Les grands avocats, exhibitionnistes et masochistes à la fois, appellent et craignent une désignation dangereuse. Mais leur dérèglement ne s'arrête pas là, ils sont également mus par une passion : la fureur de défendre. Desèze, quand il accepte, fait son devoir, mais il se fait aussi de la publicité. Le choix du roi le range, il le sait, parmi les premiers avocats de son époque. « La gloire du défenseur est éphémère. Semblable à celle des athlètes et des acteurs, le temps l'efface et il n'en reste rien. »

Quand Malesherbes et Tronchet apprennent la décision de Desèze, ils écrivent au président de la Convention :

> *Citoyen président,*
> *Nous avons appris avec douleur que la Convention nationale a fixé un terme très prochain pour le jour auquel Louis Capet [ils auraient pu l'appeler autrement] doit être entendu dans sa défense. Permettez-nous de vous représenter qu'il est physiquement impossible à deux hommes, l'un plus que sexagénaire et l'autre plus que septuagénaire, de préparer dans un si court délai une défense contre une accusation divisée en plus de quarante chefs, au soutien de laquelle on préserve 158 cotes de pièces dont la plupart ne sont pas classées et sur quelques-unes desquelles rien n'indique l'induction qu'on veut tirer...*

Ces précisions sont intéressantes sur la façon dont les pièces ont été communiquées et sur le désordre qui présida à cette formalité essentielle. Puis, ils enchaînent :

> *Nous avons le plus grand besoin d'être secourus pour ce travail d'un troisième conseil et celui que nous avons à défendre a choisi le citoyen Desèze, homme de loi, de l'acceptation duquel nous nous sommes assurés. Nous supplions la Convention nationale de nous accorder ce secours qui nous est absolument nécessaire pour répondre à ses intentions, en accé-*

LE PROCÈS DU ROI

lérant notre travail autant qu'il sera possible. Nous sommes avec respect, citoyen président, les conseils de Louis Capet.
Paris 16 décembre 1792 l'an premier de la République française.

La défense du roi est au complet.

Chapitre XIII

OLYMPE ET LES AUTRES

L'Histoire injuste n'a retenu que les noms de Malesherbes, de Tronchet et de Desèze : à tort.

Dès que le procès prend corps, les bonnes volontés se bousculent et proposent leurs services au monarque déchu. Cet amalgame disparate comprend d'anciens parlementaires de la Constituante et de la Législative, des politiques poussés vers la retraite par le vent de l'Histoire, des ci-devant avocats, d'ex-magistrats et l'inévitable troupe des farfelus attirés par cette grande cause.

Les premiers volontaires de la défense du roi sont des vétérans de la monarchie constitutionnelle, des demi-solde des Parlements, des ministres dépouillés de leur portefeuille par la tourmente. Ils ont, pour la plupart, préféré s'éloigner du bras révolutionnaire. Qui les en blâmerait ? Les plus nombreux se sont réfugiés outre-Manche et, de la patrie de Charles Ier, ils se proposent pour défendre Louis XVI.

Lally-Tollendal donne le signal. Cet authentique marquis, fils d'un condamné à mort, consacre une partie de sa vie à la réhabilitation de son père. Attaché au principe monarchique, il est tiraillé entre la réforme et la Révolution. Arrêté après le 10 août, la chance lui permet d'échapper aux septembriseurs. À la Restauration, Louis XVIII lui donnera un ministère. Le 5 novembre 1792, de Londres où il s'est replié, il écrit à la Convention pour obtenir un sauf-conduit lui permettant de regagner Paris pour se mettre au service du roi. Pas de réponse. Sans se décourager, il récidive le 6 décembre : « Je vous prie de soumettre à la Convention le mémoire que j'ai l'honneur de lui adresser, je la préviens que ce n'est pas de moi que je veux parler [1]. »

Comme l'Assemblée passe à l'ordre du jour, il prend à nouveau sa plume et, le 17 décembre, adresse un rappel à l'ordre à son président : « Depuis le 5 novembre, je me suis porté défenseur pour Louis XVI, j'ai écrit plusieurs lettres [...] Une au moins est parvenue [...] mais elle n'a pas été lue... » Puis, croyant que Tronchet s'est dérobé à son tour : « La Convention qui a rendu hommage au principe de l'éternelle justice en voulant qu'un accusé fût défendu ne voudra pas s'en écarter en précipitant son procès avec une rapidité qui frapperait d'impuissance ses défenseurs. Je demande que mon nom soit présenté à Louis XVI au-dessous de celui de Malesherbes. Mon plaidoyer est prêt. Un quart d'heure après mon arrivée à Paris, je puis me présenter à la barre... » La Convention passe outre et cet homme de courage – il en fallait beaucoup pour quitter la vieille Angleterre dans de pareilles circonstances – sort côté cour. Côté jardin M. Malouet fait son apparition.

Cet ancien député du Tiers État à la sénéchaussée de Riom, également de Londres, fait passer à Lebrun, ministre des Affaires étrangères, ce message : « ... j'apprends par les papiers publics qu'il est question d'instruire le procès de Louis XVI [...] Je me crois obligé de me présenter comme défenseur officieux d'un prince dont j'ai toujours honoré les vertus et dont il m'est permis de déplorer l'infortune. J'ai l'honneur de prier Monsieur le ministre de France de soumettre ma demande au Conseil exécutif à l'effet d'obtenir un passeport... [2] »

Le 20 décembre, il est donné lecture de cette lettre à la Convention. L'Assemblée, présidée par l'abbé Grégoire, ne donne pas suite mais profite de l'occasion pour inscrire son auteur sur la liste des émigrés. Élégance...

Dans le même temps, Mounier, député du Tiers État du Dauphiné aux États généraux, le père d'un serment fameux, intervient à son tour. Le 20 juin 1789, il avait suggéré aux représentants de la nation de se réunir dans la salle du Jeu de paume et de « s'allier au salut public et aux intérêts de la patrie par un serment solennel ». Cette proposition porta un coup décisif à la monarchie et son auteur s'en repent dès 1792 dans un révisé tardif : « Ce fatal serment était un attentat contre l'autorité du monarque. Combien je me reproche aujourd'hui de l'avoir proposé [3]. »

À la fin de la même année, se porte à son tour volontaire Cazalès, dont le talent oratoire rivalisait à la Constituante avec celui de Mirabeau. Il avait réussi, non sans mal, à traverser une Manche décidément très fréquentée. Le 30 novembre 1792, il vole au secours du roi. Sa lettre à la Convention nationale fait litière de toute littérature : « Je ne demande pas que mon nom soit effacé de dessus la liste des émigrés. Je me fais gloire de partager leur opinion politique et les malheurs qu'elle leur a attirés. Je demande seulement que, dans le cas où le roi daignerait m'avouer pour son défenseur, la Convention nationale m'accorde un sauf-conduit pour me rendre à Paris et me dévouer à cette honorable fonction. » Dans le même temps, il s'adresse directement à Louis XVI : « South Wold, 30 novembre 1792 [...] Sire, il est à craindre que la Convention nationale se décide à faire un procès à Votre Majesté. Si Votre Majesté croit que, sans trahir l'indépendance de la couronne qu'elle a reçue de ses ancêtres, il lui est permis d'avouer la juridiction de la Convention nationale en se défendant devant son tribunal, j'ose la supplier de me choisir pour son défenseur [...] La grâce que je demande à Votre Majesté me sera plus précieuse que toutes celles qu'elle a pu m'accorder dans sa toute-puissance [...] Plus j'y pense, moins je ne puis croire que mes efforts et mon zèle soient entièrement inutiles au succès de sa cause... »

Il est regrettable que le roi n'ait pas retenu cette proposition. L'homme était de taille à faire basculer le destin [4]. Il aurait pu être le Clemenceau du procès Louis XVI *.

Certains auteurs prétendent que Nicolas Bergasse sollicita

---

* On sait que Clemenceau défendra *L'Aurore* de Zola devant la cour d'assises de la Seine à l'occasion de l'affaire Dreyfus.

également de prendre en main les intérêts du souverain déchu. L'hypothèse paraît peu vraisemblable. Le député de Lyon n'a pas émigré, mais, compromis par les documents retrouvés dans l'armoire de fer, il est mal placé pour proposer ses services.

Jérôme Delfau, député de la Dordogne à la Législative, vieil adversaire des Jacobins et de la Commune, qui le 20 juin avait défendu le roi et ciselé cette redondante formule : « Ne vaut-il pas mieux mourir honoré que de vivre en lâche et sans honneur ? » devant la dérobade de Target et le refus prêté à Tronchet, s'adresse à la Convention, dans le style qu'il affectionne : « Je crois ne devoir plus écouter que mon dévouement ! » Ce brave homme qui traduira plus tard *La Jérusalem délivrée* veut pour l'instant délivrer Capet [5]. La Convention passe outre.

*

D'autres hommes politiques offrent leurs témoignages. Le premier d'entre eux, le comte Louis de Narbonne [6], décrété d'accusation par l'Assemblée législative après le 10 août, a, lui aussi, trouvé un home en Angleterre. Contrairement à une opinion répandue, il ne demande pas à plaider pour Louis, mais à être entendu à la barre de la Convention en qualité de témoin. On l'accuse d'être à l'origine du massacre des Tuileries et il veut, tout en se disculpant, mettre le roi hors de cause. Pas de sauf-conduit pour ce téméraire.

Son exemple est suivi par un homme dont on ne parle presque jamais mais qui mérite le détour : d'Aubier de Lamontille. Celui qui fut gentilhomme ordinaire de la chambre du roi a, en effet, des révélations à apporter sur l'ordre donné par Pétion à la garde du château de « repousser la force par la force ». Si pareille instruction est établie, comment le souverain, réfugié à l'Assemblée, pourrait-il être tenu pour responsable du sang versé ? La persévérance du personnage contraste avec le dilettantisme de certains solliciteurs du bout des lèvres qui se retirent dès leur demande repoussée et leur geste connu. Proscrit, il quitte sa retraite de Düsseldorf pour obtenir dans les lignes françaises une rencontre avec Dumouriez qui se défile. Au lieu de se décourager, il propose de se constituer prisonnier et d'être traduit « à la barre de la Convention » pour y faire une déclaration importante. Peu soucieux de se compromettre, le militaire le renvoie à la diplomatie. D'Aubier de Lamontille s'adresse alors au chargé d'affaires français à La Haye qui transmet sa requête au ministère des Affaires étrangères. Pas de réponse. Pour faire bonne mesure, il écrit à Malesherbes pour lui demander d'être confronté avec les accusateurs de Louis XVI : « S'ils me font massacrer ensuite, la justification du fait que j'affirme [l'ordre donné par Pétion] n'en sera que plus convaincante pour le public. On ne croira jamais qu'un homme sortant d'un asile sûr vienne jouer sa vie pour soutenir un mensonge. » Le roi, mis au courant de cette crânerie, donne à Malesherbes instruction de la décliner. Le 12 janvier 1793 il écrit : « ... Le roi a exigé de moi de vous mander qu'il vous conjure de ne pas vous compromettre. On rejetterait votre témoignage comme celui d'un homme à qui son attachement ne permet pas d'être impartial. Je m'acquitte de la commission sans vous donner aucun conseil; cela n'est pas permis avec la fonction dont je suis chargé. » J'imagine les tiraillements du vieux défenseur, ses scrupules : fallait-il, pour des raisons humanitaires, se priver d'un atout important ou risquer la vie d'un témoin dont on ne tiendra sans doute aucun compte ? Averti à temps, il est probable que d'Aubier de Lamontille aurait passé outre et regagné Paris. Malheureusement cette lettre, il ne la recevra qu'avec le courrier lui apprenant l'exécution du condamné. Il demeura inconsolable de n'avoir pas risqué sa vie pour le sauver [7].

*

D'autres, sans proposer leur concours ou leurs témoignages, ne restent pas inactifs. Ils composent des mémoires, des adresses, des lettres ouvertes, des plaidoyers en faveur de l'illustre accusé.

Necker donne l'exemple. Dès le 30 octobre 1792, l'ancien

ministre rédige un long écrit intitulé : « Réflexions présentées à la nation française sur le procès intenté à Louis XVI ».

Ce texte n'entraîne pas la conviction mais il tisse la trame des interventions futures et souligne le caractère ambigu – je serais tenté d'écrire intenable – de la position du roi sous la Législative : « Que penser de cette Constitution où un monarque n'était rien qu'en apparence, où la royauté même se trouvait hors de place, où le chef du pouvoir exécutif ne pouvait discerner ni ce qu'il était, ni ce qu'il devait être, où il était trompé jusque par les mots et par les divers sens qu'on pouvait leur donner, où il était roi sans aucun ascendant, où il occupait le trône sans jouir d'aucun respect, où il semblait en possession du droit de commander sans avoir le moyen de se faire obéir, où il était, successivement, et selon le libre arbitre d'une seule Assemblée délibérante, tantôt un simple fonctionnaire public, et tantôt le représentant héréditaire de la nation ? »

Après lui le chevalier de Graves, ministre éphémère de la Guerre [8], s'efforce sans grand talent dans son « Adresse aux citoyens » de réfuter quelques-unes des accusations portées contre Louis XVI.

Il est bientôt imité par Septeuil, son ancien conseiller financier, qui s'inscrit en faux contre les assertions faisant du roi un corrupteur, un agioteur, un spéculateur sur les denrées de première nécessité. Le titre de son ouvrage le résume : *Déclaration adressée à la Convention nationale de France par le ci-devant trésorier général de la liste civile, le 9 novembre 1792, et réponse à différents faits énoncés dans le rapport du conseiller Valazé au nom de la commission extraordinaire des Vingt-Quatre.*

Cette réfutation, un peu courte, est complétée le 16 novembre 1792 par Bertrand de Molleville, ci-devant ministre de la Marine [9], qui adresse à l'Assemblée un mémorandum. Il y joint un certain nombre de pièces relatives au voyage de Varennes, à l'attitude de Bouillé et à l'utilisation des fonds confiés par le roi. Selon l'ancienne mode, il en fait un premier sac qu'il adresse à Garat, ministre de la Justice, sous la dénomination : « Pièces pour la défense de

Louis XVI », puis un second à l'intention de Malesherbes étiqueté : « Pièces pour la justification de Louis XVI ». La défense du roi protestera contre l'occultation de ces documents.

Informé de cette carence, Bertrand de Molleville fera distribuer à partir du 8 juin 1793 en plusieurs milliers d'exemplaires un libelle : *Dénonciation des prévarications commises dans le procès de Louis XVI*. « Ah s'il pouvait jamais exister un département d'assassinat quasi judiciaire, quelle autre conduite pourrait donc paraître plus digne du ministre de ce département et que pourrait-il faire de plus fort que de priver un accusé des pièces nécessaires à sa défense et de les mettre aux mains de ses accusateurs ! » Ce département, hélas, n'a jamais fermé ses portes...

Dès le 2 janvier 1793, notre homme, que les scrupules n'embarrassent pas, avait adressé à Danton, peu fait pour lui donner des leçons de morale, une lettre peu ragoûtante : « [...] Je ne crois pas devoir vous laisser ignorer plus longtemps [...] que feu M. de Montmorin m'avait remis en garde vers la fin de juin dernier une liasse de papiers et que j'ai emportés avec moi. J'ai trouvé une note indicative, date par date, des différentes sommes que vous avez touchées sur le fonds des dépenses secrètes des affaires étrangères [...] Je n'ai jamais fait jusqu'à présent aucun usage de ces pièces; mais je vous préviens qu'elles sont jointes à une lettre que j'écris au président de la Convention nationale et que j'adresse par ce même courrier à une personne de confiance avec ordre de la remettre et de la faire imprimer et placarder au coin de toutes les rues si vous ne vous conduisez pas dans l'affaire du roi comme doit le faire un homme qui a été aussi bien payé [...] Au reste je n'ai mis personne dans la confidence de la lettre que je vous écris, aussi n'ayez aucune inquiétude à cet égard [...] [10]. »

Plus tard, le maître chanteur passera aux aveux : « La vérité est que Montmorin m'avait réellement communiqué ces pièces un an auparavant mais qu'il ne me les avait jamais confiées et qu'elles n'étaient nullement en mon pouvoir, quoique j'assurasse le contraire à Danton [...] »

Nul ne sait l'effet que cette littérature produisit dans l'esprit de son destinataire. Un fait est sûr : Danton en mission en Belgique s'y attarde et ne revient que le 15 janvier 1793. Pendant ce temps, il ne se mêle ni de près ni de loin au procès du roi, dont il votera cependant la mort. Le chantage ne paie jamais complètement, dira Edgar Faure.

*

Les politiciens partis ou sur le retour ne sont pas les seuls à se manifester. Les avocats ne restent pas silencieux. Tradition. Chaque fois qu'un pareil procès se profile, les trompettes de la renommée résonnent aux oreilles des grands et des autres. Les premiers y voient l'occasion de parfaire une réputation, les seconds d'en acquérir une.

Quelques jours après Lally-Tollendal, Huet de Guerville, inscrit au ci-devant barreau, propose le 13 novembre 1792 au président de la Convention de devenir le défenseur officieux du roi. Gensonné, l'un des chefs historiques de la Gironde, s'emberlificote dans des craintes chimériques et demande l'envoi de la lettre au comité de sûreté générale : « Elle est terminée par une demande, sans motifs, d'un délai d'un mois. Il est possible que ce ne soit qu'une étourderie, mais il se peut aussi que ce soit un piège. » Barère veut la tête du roi, mais dans les règles et il rappelle Gensonné à la décence : « Qu'y a-t-il de commun entre les opérations du comité de sûreté générale et la défense d'un accusé ? Nous devons donner à la défense du ci-devant roi toute la latitude que le droit naturel établit. Nous devons encourager tous ceux qui voudront exercer le plus intéressant ministère. Ce n'est pas avec des soupçons et des renvois au comité de sûreté générale que la Convention nationale peut accueillir les défenseurs officieux d'un accusé [11]. » L'Assemblée déclinera l'offre de Huet, estimant à juste titre que seul l'intéressé a le droit de choisir son défenseur et que nul n'a la possibilité de se substituer à lui.

Et les missives continuent à affluer sur le bureau de la Convention. L'une d'elles est signée Guillaume, ancien avocat aux Conseils. Le bonhomme n'en est pas à son coup d'essai : à l'Assemblée constituante où il siégeait comme député du Tiers État de Paris, il avait multiplié les initiatives en faveur du souverain. Après le 20 juin 1792, il publia dans le *Journal de Paris* une protestation loyaliste connue sous le nom de « Pétition des vingt mille [12] », la fit déposer chez quatre-vingt-dix-neuf notaires « afin qu'elle soit signée par ceux qui tiennent à affirmer leur solidarité au roi ». Le martyrologe du notariat n'est pas tellement fourni pour taire ces minutes qui conduiront sous la Terreur sept tabellions à leurs derniers moments. Dans sa lettre, Guillaume demandait également que l'arrêt soit prononcé à bulletin secret. Cette précaution aurait, sans doute, sauvé le roi.

Une autre lettre, du 13 décembre, émane de l'adjudant général Menildurand qui se propose à son tour. Ce brave, dont les mérites sont mal connus, propose son office dans des termes peu gratifiants pour le barreau : « [...] La Convention n'aura rien à craindre des longueurs et des chicanes d'un avocat, je ne l'ai jamais été [13] [...] »

Le choix du roi sera connu dans la soirée du 14 décembre mais le public restera, jusqu'au lendemain, dans l'ignorance. Pendant ce temps, la rumeur continue à enfler : ce n'est pas seulement Target qui se défile, mais également Tronchet.

Devant ces désertions réelles ou supposées, l'ancien barreau s'émeut. Le 13 décembre, ce ne sont plus des individualités qui se mettent en avant, mais la quasi-totalité des avocats parisiens. Berryer, dans ses souvenirs, raconte que ce soir-là une réunion se tient chez Tronson du Coudray, un des meilleurs pénalistes de l'époque qui, avec Chauveau-Lagarde, défendra dans d'épouvantables conditions Marie-Antoinette. À ce mini-conseil d'un Ordre défunt assistent des célébrités de la barre : Bellard, Bonet, Chauveau-Lagarde, Gicquel, Bureau du Colombier, Berryer, Bitouzet des Linières, Delacroix-Frainville. À l'unanimité, ils décident de constituer ce que l'on appelle aujourd'hui un collectif de défense et en fixent les règles. Si l'un d'entre eux est pressenti par le roi, il s'engage à accepter et les autres à l'assister. Puis, ils esquissent la trame d'une plaidoirie, qui ne diffère guère de celle de Desèze : « J'apporte à la Convention la vérité et ma tête, elle pourra disposer de ma vie quand elle aura entendu mes paroles. »

Je les imagine surexcités par cette cause, souhaitant à la fois être désignés et craignant de l'être, désirant par-dessus tout que ce ne soit pas l'autre, feignant de se dévouer pour la collectivité, désirant tous – et seul si possible – défendre le roi... Les avocats sont ainsi faits...

*

Le lendemain, Tronson du Coudray, qui jouait les chefs d'orchestre, se retrouve ce qu'il a toujours été : un soliste. Sans davantage se soucier de ses confrères, il y va, lui aussi, de sa lettre au président de la Convention. Pas de réponse. Le 16 décembre, seconde lettre, ouverte cette fois : « Je crois devoir rendre publique l'offre que je faisais le 14 de ce mois, à la Convention nationale, de défendre Louis, offre que probablement on n'a pas jugé à propos de lui communiquer parce qu'elle devenait inutile dans les circonstances. J'aurais regardé comme inconvenant et indiscret de prévenir le choix de Louis [...] » Le bon apôtre n'a pas froid aux yeux. Il poursuit : « Mais les feuilles du soir ayant annoncé que le citoyen Target lui refusait ses conseils et supposé que le citoyen Tronchet n'avait pas accepté [...] » Quand la vérité lui parviendra, sa déception sera grande. « [...] il m'apparut affreux que l'accusé du Temple fût délaissé par les hommes qui se consacrent par état à la défense des malheureux. Je sentais vivement qu'une cause de ce genre demandait de tout autre talent que les discussions juridiques. » Il a totalement raison sur ce point mais cela ne l'empêche pas d'assaisonner ses pairs : « J'ai cru qu'étant un des anciens du barreau actuel, c'était un devoir pour moi d'aller au-devant des périls que d'autres ont redoutés. J'ai donc écrit sur-le-champ au président de la Convention pour l'avertir que j'offrais à Louis de le défendre à la barre. » Enfin, il exorcise le démon de la publicité : « On ne me ferait probablement pas l'injure de supposer qu'une fausse gloire m'ait déterminé. J'étais au contraire à peu près prêt, vu la brièveté du temps, de compromettre les intérêts de mon amour-propre. » Même s'il ne pense qu'à eux, c'est courageux. Enfin il termine : « C'est donc tout simplement un devoir que je croyais pouvoir remplir et je veux que tous les citoyens en soient instruits [14]. » Tronson du Coudray donnera sa mesure avec Marie-Antoinette. Je n'ai trouvé nulle part son appréciation sur la plaidoirie de Desèze, mais tout laisse supposer qu'il aurait abrégé les discussions juridiques et parlé à la Convention un langage mieux adapté.

La fureur de défendre le roi et de donner une leçon de courage à Target se répand comme une épidémie. À côté des grands, les ignorés, les médiocres, les laissés-pour-compte sortent de leur anonymat.

La proposition du premier de ces obscurs est signée Hulin d'Avignon [15]. Sa gloire restera confinée au comtat Venaissin. Avec Lavaux, les officiers ministériels s'en mêlent. L'homme était en 1792 avoué près le tribunal de cassation. Cette fonction paisible ne l'empêche nullement d'affirmer : « Quelques succès obtenus en défendant les infortunés m'encouragent bien plus que le sentiment de mes forces à me présenter pour remplir cette honorable et triste tâche à la barre de la Convention [16]. » Son confrère Troussel, le 14 décembre, avec une connaissance incertaine de l'anatomie, postule : « Dans le cas où l'âge et les moyens physiques de M. de Malesherbes ne lui permettraient pas de se faire entendre dans une assemblée aussi nombreuse que la Convention et où les Thouret, les de Bonnières, les Bellart et autres gens de grand talent ne pourraient pas concourir à sa défense, j'offre mes poumons [sic] pour répéter devant l'assemblée ce que le Nestor de la France aura jugé nécessaire. » Cet avoué au grand coffre mais aux petits moyens acceptait de devenir la voix du vieux maître pour sauver le descendant de Saint Louis.

Avec un registre différent, Piet-Tardiveau, juriste lui aussi, écrit de Nantes pour prendre place au banc de la défense. Quand cet extravagant plaidait devant la Haute Cour d'Orléans, il ne négligeait rien, affirme la chronique,

« pour procurer à ses clients des moyens d'évasion [17] ». À la Restauration, élu député, il se forgera une réputation en conviant ses collègues à de plantureux déjeuners. Sa magnificence lui vaudra le sobriquet de « traiteur du Sénat ». Au dessert, il tire à boulets rouges sur la Charte constitutionnelle, sa bête noire. Les pamphlétaires l'accablent de leurs sarcasmes :

> *Muni de ses besicles,*
> *Piet de l'auguste cible*
> *emporte deux articles...*

Prudent, Louis XVI décline sa proposition. Connaîtra-t-il celle que s'attribue Ducantel, avocat discret, auteur dramatique méconnu, historien oublié ? En 1821, on lit dans l'avertissement placé en tête de l'un de ses ouvrages [18] : « Quelques jours avant la mise en jugement de Louis XVI, sans envisager la grandeur de la tâche que j'ambitionnais, j'écrivis à la Convention nationale pour être admis comme l'un des défenseurs du roi. J'avais la simplicité de croire qu'il y avait pour lui quelques chances de salut [...] »

Tous ces gens, pour la plupart, appartenaient à la basoche de Paris mais la province ne reste pas inerte... Bouvier, avocat au Parlement de Bourgogne, ancien otage de Louis XVI, dès qu'il a connaissance de sa mise en jugement, exige que « l'offre de [ses] services fût mise sous les yeux du roi ». Ils demeurent fermés. Ceux de Louis XVIII s'ouvriront et Bouvier finira en 1820 président honoraire de la cour royale de Besançon.

Louvel de Valroger, défenseur normand, propose sa collaboration à l'ancien premier président de la Cour des aides. En vain. À la Restauration, après l'assassinat du duc de Berry par Louvel, notre homme sera autorisé, par une ordonnance du 28 juillet 1820, à porter le nom de Valroger tout court. Comment exposer un défenseur *in partibus* d'un roi au risque d'être confondu avec un régicide ?

Des magistrats furent peu ou prou atteints du syndrome de Malesherbes. Parmi eux, Aymard Charles François de Nicolaï, premier président du Grand Conseil, et Aymard Charles Marie de Nicolaï, premier président de la Cour des comptes [19], proposent leurs dévouements au roi. Il refuse. Récidiviste au grand cœur, le premier écrira à Marie-Antoinette : « Madame, j'ambitionnais toujours d'occuper une place dans votre maison; l'espoir de remplacer M. feu de Paulmy [20] avait fait mon bonheur [...] Votre position me prescrit le devoir sacré de vous témoigner mon respect publiquement en osant vous offrir mes services [...] Je connais la faiblesse de mes talents mais je me sens un courage inébranlable, une âme pure, un cœur droit. N'est-ce pas suffisant pour devenir le défenseur de la veuve de Louis XVI ? Je m'adresse au président de la Convention nationale pour vous faire parvenir l'expression de mon zèle et de mon dévouement; puissent l'un et l'autre, si vous daignez les accepter, vous obtenir la justice qui vous est due [21]. »

De son côté, M. de Pastoret, d'un grade inférieur, puisque simple conseiller à la Cour des aides, se manifeste, toujours par l'intermédiaire de la Convention. Un député, qui lui voulait du bien, laisse sa lettre poche restante pour éviter à ce postulant estimable des risques inutiles [22].

★

Après tous ces hommes qui, à des degrés divers, méritent le respect, les farfelus. Tous les accusés notoires sont submergés par les propositions de gens les plus inattendus : racoleurs professionnels, paranoïaques, schizophrènes, affabulateurs, mythomanes, sans oublier les escrocs, les imposteurs, les hableurs et les charlatans. Cette règle vaut pour l'affaire de l'année, comment n'aurait-elle pas joué pour la cause du siècle, où un tribunal insolite juge un accusé hors du commun ?

Brun de Condamine, ancien prisonnier de la Bastille, un usager de la répression politique, fait acte de candidature : « Paris le 14 décembre 1792 [...] Monsieur le Président, [...] Un citoyen qui n'a reçu d'autre grâce de Louis XVI qu'une détention à la Bastille pendant quatre ans et trois mois se présente pour entreprendre la défense de sa cause [...] La Commune de Paris a pris un arrêté par lequel elle déclare que les conseillers de Louis XVI resteront enfermés au Temple jusqu'au jugement de ce roi malheureux. Je doute qu'un arrêté de la Commune de Paris puisse également faire remettre en prison des conseillers autorisés à l'être par un décret de la Convention nationale [...] » Pas mal raisonné pour un ancien détenu qui avait eu le temps, pendant sa longue détention, de méditer sur les incertitudes du droit : « Des gens malintentionnés se répandent dans les lieux publics pour annoncer que les conseillers de Louis XVI doivent s'attendre à périr par le fer et par le poison. Je me mets en garde contre les méchants mais leurs menaces ne m'intimideront pas. La défense de Louis est trop glorieuse pour moi pour que le danger de ma vie ne soit pas au-dessus de cette gloire [...] » Et de conclure : « Si le roi refuse, je ferai imprimer les raisons qui militent en faveur de cet accusé [23]. »

Après cet ancien pensionnaire, un « vainqueur de la Bastille » — c'est ainsi que signera sa lettre le ci-devant J.B. Poupart-Beaubourg au président de la Convention — se présente. Il ne sera pas plus agréé que le précédent [24]. Connaîtront un sort identique les citoyens Bonvallet-Desbrosses [25] ; Rivière fils Jeune, citoyen d'Agen [26] et Miromesnil de Montalet [27].

Une soutane cherche à se faufiler parmi les robes. L'abbé Pierre de Rumenghen de Bruges écrit à l'Assemblée : « Je réclame un sauf-conduit [...] je proteste que je souscris en punition de ma témérité, sinon à l'arrêt de ma mort, n'étant point propriétaire de ma vie, du moins à ma captivité perpétuelle si je ne satisfais point aux sublimes engagements que je souscris en ce moment à la face du ciel et de la terre [28]. »

Un homme plus bizarre encore prend place parmi les sollicitants : l'écrivain lyonnais Jean-Marie Chassaignon, érudit, misanthrope, teigneux, auteur des *Nudités ou les crimes du peuple.* Cet ouvrage, inspiré, affirme-t-il, de *La Satire Ménippée,* fouette au sang les révolutionnaires de la capitale rhodanienne. Son historiographe, l'abbé Guillon, dans ses *Mémoires,* écrit : « Le vertueux et mélancolique Chassaignon que j'ai visité souvent dans son cabinet d'étude travaillait sur une table de bois commun où se trouvaient à côté de son écritoire une tête de mort desséchée et devant lui un crucifix. » Cet hurluberlu fait davantage penser à Ferdinand Lop qu'à Malesherbes.

*

À côté des nostalgiques de la barre, figurent d'autres fantaisistes comme le citoyen Budan qui propose de renoncer à sa créance sur l'État contre la liberté du roi : « Chartres, 9 décembre 1792, Citoyens représentants [...] faites arriver en sûreté la famille royale sur une terre étrangère [...] un tel bienfait ne restera pas sans récompense. La nation me doit vingt milles livres ; cent mille individus sont dans le même cas, nous apporterons tous notre quittance sur le bureau de la Convention et nous nous estimerons encore heureux de payer cette rançon [29] [...] » Au prix où s'échange l'assignat, ce mécène ne risque pas grand-chose. Pour faire bonne mesure, il fait imprimer en plusieurs exemplaires sa lettre que publiera *La Feuille du matin* [30].

D'autres, plus sérieux, offrent leur vie en échange de celle du prisonnier. Un militaire en retraite écrit de Béziers : « Monsieur le président, [...] Je dois présumer que les jours de Louis XVI sont en danger. Puisque tout sang aujourd'hui est également bon, j'offre avec joie ma vie pour sauver celle de Louis XVI. Veuillez la faire agréer. Cette démarche de ma part est autant dictée par ma tendre et respectueuse affection pour le sang d'Henry que par les serments que j'ai faits au roi en 87 lorsqu'il m'a admis dans son ordre du Saint-Esprit [...] Je suis, Monsieur le président, avec tous les sentiments que je vous dois, Cartouchères, ci-devant capitaine du régiment Royal Dragon avec brevet de lieutenant colonel [31]. » Ce soldat au nom prédestiné fut imité par un négociant de Troyes, Pierre Prosper Guélon-Marc : « Citoyen Président, [...]. Acceptez une victime fière de se dévouer, que le sang d'un fidèle sujet soit seul versé, j'offre ma tête pour le meilleur des rois ; que le bon époux [...] le bon père soit libre [...] que 25 millions d'hommes dont il fit le bonheur ne soient pas orphelins. Mes derniers vœux seront : gloire à Dieu, fidélité au roi, prospérité à la France [32]. »

Ouvrant son courrier, quelques jours plus tard, le président de la Convention découvre une missive signée « Julie » touchante dans sa simplicité naïve : « Je ne suis point aristocrate, mais je suis jeune et sensible et les malheurs de Louis XVI déchirent mon cœur. S'il est condamné, s'il doit périr, je m'offre pour victime à sa place, sauvez-lui la vie et laissez-moi monter à l'échafaud. En vain, direz-vous que le sang d'une femme ne fait pas celui d'un roi. Nous sommes tous égaux et mon âme est aussi pure que la sienne. Décrétez ma demande, je vous en supplie et vous me connaîtrez bientôt [33]. »

Cette Julie n'a pas forcé les portes de l'Histoire comme Charlotte Corday. Elle mérite un regard tendre...

*

Ce n'était pas la première fois que des hommes et des femmes se proposaient comme otages. En 1791 déjà, certains en avaient pris l'initiative. Ils ne voulaient pas faciliter le départ du monarque, mais s'assurer qu'il ne renouvellerait pas l'erreur de Varennes. Pour cela, ils acceptaient de garantir sur leur tête sa présence sur le territoire national. Ces militants d'une monarchie constitutionnelle piégeaient Louis XVI, sans le vouloir, en le forçant à demeurer en France. « Protégez-moi de mes amis. » L'axiome était déjà vrai à l'époque.

Dès le 14 juillet 1791, la première liste de ces otages paraît dans *La Gazette de Paris*. Le 25 août, jour de la fête de Louis, le même journal publie le nom des dames qui demandent à devenir les otages de la reine. Les uns et les autres proposent d'être détenus à l'École militaire tant que le souverain n'aura pas, en toute liberté, ratifié la Constitution. Sacrifice inutile : le 13 septembre le garde des Sceaux porte à la connaissance de l'Assemblée cette prose royale : « J'ai examiné attentivement l'acte constitutionnel présenté à mon acceptation, je l'accepte et le ferai exécuter. » Les otages ne quittent pas leur foyer.

*

Pour en terminer avec les volontaires du roi, une incasable : Marie Olympe de Gouges. Née en 1755, elle passe pour la fille naturelle du marquis Lefranc de Pompignan, comme Malesherbes président de la Cour des aides, qui pratiqua avec sa mère un parrainage rapproché. Elle commence sa carrière dans le demi-monde, la poursuit dans la littérature, dans le théâtre puis dans la politique où elle devient une militante convaincue des idées nouvelles. Cette fille de la main gauche d'un talon rouge professe des idées qui ne le sont pas moins. Attirée par les marginaux, elle voue un culte à Orléans et à Mirabeau et prône, dans une révolution misogyne, l'égalité des sexes : « Nous avons bien le droit de monter à la tribune puisque nous avons celui de monter à l'échafaud. » Bien malgré elle, elle en usera le 4 novembre 1793.

Après le massacre du Champ-de-Mars, elle écrit à Louis XVI ces lignes prophétiques : « Si vos sujets sont égorgés par vos propres sujets que ferez-vous, que deviendrez-vous ? [...] Sire, vous n'avez pas un moment à perdre [...] Déclarez solennellement que vous embrassez la cause de la patrie, et que vous ordonnez comme roi des Français à vos frères et à tous vos parents de rentrer dans le sein de leur famille [...]. » Il était encore temps. Pourquoi, majesté êtes-vous demeuré sourd aux accents de cette dérangeante ? Elle l'est aussi pour Marat qu'elle exècre et que Danton appelle le « royou » de la République. Au moment où on parle de le décréter d'accusation, elle fait distribuer dans Paris une brochure aux orties : « Il est question de faire le procès de Louis XVI qui périra peut-être sur l'échafaud pour avoir trahi la nation. Et Marat ? Marat ! Fameux agitateur, destructeur des lois, ennemi mortel de l'ordre, de l'humanité, de la patrie, il est temps de vomir cet avorton de l'humanité. »

Quand le procès du roi s'ouvre, le sang mêlé d'Olympe ne fait qu'un tour. Elle adresse à la Convention cet ahurissant poulet :

> *Citoyen président, je m'offre, après le vertueux Malesherbes, pour être le défenseur de Louis* [...] *Je suis franche et loyale républicaine, sans tache et sans reproche; personne n'en doute, pas même ceux qui feignent de méconnaître mes vertus civiques; je puis donc me charger de cette cause* [...] *Je crois Louis fautif comme roi; mais dépouillé de ce titre proscrit, il cesse d'être coupable aux yeux de la République* [...] *Je désire être admise par la Convention nationale à seconder un vieillard, de près de quatre-vingts années, dans une fonction pénible, qui me paraît digne de toute la force et de tout le courage d'un âge vert* [...] *Je puis mourir actuellement; une de mes pièces républicaines est au moment de sa représentation. Si je suis privée du jour à cette époque, peut-être glorieuse pour moi, et qu'après ma mort il règne encore des lois, on bénira ma mémoire, et mes assassins détrompés répandront quelques larmes sur ma tombe* [34]!

Tout y est : le vertueux Malesherbes, accablé par les ans et bien incapable – ce n'est pas faux – de se débrouiller tout seul. Il lui faut en renfort les forces de l'âge vert : les siennes. Elle ne doute de rien, Olympe. L'allusion à sa pièce républicaine enfin jouée n'est pas fortuite. Sa demande n'a aucune chance d'être acceptée par Louis XVI, elle le sait, mais quel lancement pour son œuvre! Pour que nul n'ignore sa démarche, elle fait dans Paris afficher sa lettre avec pour signature : « Olympe de Gouges, défenseur de Louis XVI ». Il décline son offre et personne ne connaîtra les qualités d'avocat de la suffragette, mais quel entregent! La Convention donnera à son initiative un écho supplémentaire en publiant son envoi. Ce faisant, elle espère nuire à la cause du roi, la réputation d'Olympe ne pouvant que la desservir.

Quand viendra son tour, privée de son défenseur qui, au dernier moment l'abandonne, elle sera condamnée à mort; pour se sauver elle invoquera une grossesse contractée à la sauvette en détention. Cette demande sera repoussée en ces termes : « L'affaire est trop récente, nous ne pouvons porter un jugement positif. » Elle fait ses adieux à son fils : « Je meurs innocente [35]. »

Un mois après son exécution, le garnement signe une profession civique dans laquelle il renie sa mère. Son souvenir demeure. Malgré l'interdit du costume d'audience, grâce à Olympe la défense de Louis XVI ne fut pas complètement privée de robe...

Chapitre XIV

MALESHERBES, TRONCHET ET DESÈZE

Tronchet est âgé de soixante-sept ans au moment où il reçoit la désignation du roi. Sa lettre à la Convention révèle son manque d'enthousiasme et une quiétude dérangée par cette promotion inattendue. Rien ne destine cet homme estimable au rôle historique qu'il va être dans l'obligation de remplir. Il n'est pas un foudre de barre, ses plaidoiries sont plates et seule leur rareté en fait apprécier la valeur. Il donne sa véritable mesure dans les mémoires et les consultations. Les mystères de l'action paulienne, les arcanes des hoiries n'ont aucun secret pour lui. Dans ses veines coule le sang paisible de nos anciens avoués.

Ancien membre du barreau de Bordeaux, il émigre vers la capitale – où les avocats de province font parfois de belles carrières. La sienne, exemplaire, fut couronnée par le bâtonnat. Ce poste n'est pas à la portée du premier venu car le barreau de Paris compte au XVIIIe siècle plus de six cents membres. Tronchet ajoute une corde à son arc : le droit public et plus particulièrement le droit constitutionnel. Cette discipline lui permet d'égaler ses grands confrères autrement éloquents mais moins bons juristes comme Lambon, Élie de Beaumont, Target et quelques autres. Tous plaident, selon le mot de Desèze, « devant des magistrats parisiens qui n'ont pas plus de majesté et n'apportent pas plus d'attention ou ne dorment pas moins que les nôtres[1] ».

Quand arrivent les nuages et la convocation des États

généraux par son futur client, Tronchet est élu député du Tiers en 1789. Il devient membre du comité de recherche de la Commune dont le triste rôle est « de recevoir les dépositions et les dénonciations sur les trames, complots et conspirations ». Ces commissaires disposent de redoutables pouvoirs. Jusqu'au 1er octobre 1791, date de leur disparition, ils peuvent interpeller et en cas de besoin incarcérer. Drôle de place et singulière mission pour un défenseur. Au retour de Varennes, Tronchet est chargé de se rendre aux Tuileries et d'interroger le fuyard. Il s'acquitte de cette mission avec un tact dont le roi se souviendra. Révolutionnaire modéré plus pressé de terminer la Révolution que de la recommencer, il est partisan de l'impossible cohabitation entre la souveraineté du peuple et celle du roi. Pionnier de la grande réforme judiciaire de la Constituante, membre du comité de justice criminelle, il appartient à cette race redoutable des théoriciens qui font le droit pénal et ne le pratiquent jamais.

En le désignant, Louis XVI indique clairement sur quel terrain il entend placer sa défense : celui de l'inviolabilité de sa personne et de l'incompétence de la Convention. Il se trompe et d'époque et de combat. Les défenseurs au complet, Malesherbes distribue les rôles. Il rassemblera avec Tronchet et leurs collaborateurs la documentation, l'argumentation juridique que Desèze développera à la barre. Incapable de séduire comme Desèze, d'émouvoir comme Malesherbes, Tronchet ne fait pourtant pas de la figuration : il met sa culture – elle est vaste – au service de son client et nourrit la plaidoirie de son confrère. Napoléon le jugera : « Il a des lumières et une tête saine pour son âge... » Pour son âge, il ne se contente pas de battre la mesure, mais intervient dans la partition. Le mérite de Tronchet fut d'être là. Un autre aurait-il mieux fait à sa place ? Qui pourrait l'affirmer ? Il fallait du courage pour vaincre sa crainte. Tronchet n'en manqua pas.

Après le procès, il n'émigre pas. Il se cache. « Qu'avez-vous fait, demandera-t-on à Sieyès, pendant la Terreur ? – J'ai vécu », répondra-t-il. Tronchet vivote. En 1795, il réapparaît sur le devant de la scène et ouvre à nouveau, le danger passé, son cabinet. Les clients affluent. Ce n'est pas tous les jours que l'on peut avoir recours aux mêmes services que le défunt roi. Quand trépasse la Convention, le bâtonnier est envoyé par le département de la Seine-et-Oise siéger au Conseil des Anciens. Cette paisible assemblée est à sa mesure, il y défend le système de l'élection des juges prévu par la nouvelle Constitution. Comme il doit lui sembler rassurant cet hémicycle comparé à la fournaise de la Convention.

Cet oublié de la Terreur, ce survivant du procès Capet obtiendra les honneurs du Premier consul qui le nomme membre, puis président du tribunal de cassation. Il a bien du mérite de récompenser ainsi un parlementaire qui s'est prononcé contre le Consulat à vie en 1801, mais son choix s'explique : il apprécie en connaisseur l'indépendance dans l'interdépendance... Après le 18 Brumaire, Tronchet est désigné à côté de Portalis, de Bigot de Préameneu et de Malleville, membres de la commission chargée de la préparation du Code civil. L'Empereur dira qu'il fut l'âme de cet organisme. Une âme rendue un peu vacillante par les ans. Avec Portalis, il devient le père d'un ouvrage qui va défier les siècles. Les successions, la puissance maritale, les filiations, les conventions matrimoniales lui doivent beaucoup. Il expulse de leur réglementation les vestiges du droit romain affectionnés par ses collègues. Le côté moderne du Code civil, c'est Tronchet ; sa tendance sexiste, c'est lui encore...

En 1806, le vieil homme s'éteint couvert d'honneurs. Il n'a pas connu la prison comme Desèze, ni le bourreau comme Malesherbes. Il quitte la haute chicane de sa belle mort après une carrière que plus d'un lui envie. La défense de Louis XVI fut un accident dans la vie de ce paisible juriste. Il se garda bien de se porter volontaire au procès de la reine et le Tribunal révolutionnaire ne perçut jamais le filet de sa voix. Il doit sa gloire à la dérobade de Target et à son courage discret qui fit reculer le démon du déguerpissement.

Je préfère cette façon timorée de faire son devoir que les accents ravageurs des gloires usurpées. Tronchet fait partie de ces orgueilleux timides qui résistent mal aux honneurs mais savent se montrer supérieurs à leur destin ordinaire. Un héros en manches de lustrine? Sans doute, mais ne lui marchandons pas notre déférence. En 1805, Desèze, au retour d'un voyage en Allemagne, passe par Soissons et note, avec humour : « Nous avons quitté cette ville sans y avoir mangé des haricots et sans y avoir vu la Sénatorerie de mon camarade Tronchet. » Il se moquait de son confrère comblé par l'Empire. Il aurait mieux fait de s'abstenir. Des honneurs, il en recevra bien davantage à la Restauration.

*

Malesherbes est le seul des défenseurs du roi à s'attirer l'admiration aigre de Marat et l'antipathie tenace de Robespierre. Plus crédible que cette savante ganache de Tronchet, moins suspect que Desèze le jongleur professionnel de mots, Malesherbes gêne. Dès le départ, l'Incorruptible lui voue une haine qui colle à la peau. L'ancien parlementaire ne s'y trompe pas. Quand le député d'Arras, dans sa réplique à la plaidoirie, dira, condescendant : « Je pardonne aux défenseurs du roi », cette absolution ne le leurre pas : « Le regard de Robespierre me suit partout. J'entends encore le ton dont il a dit qu'il voulait bien me pardonner mes larmes. Cet homme doit me haïr car il voudrait passer pour vertueux et assurément nous ne le sommes pas de la même manière. On me fatigue beaucoup en me parlant de mon beau dévouement. Je n'en vois point le mérite mais il en acquerra un peu si la mort en est le témoignage [2]. » Pas de la même manière, sans doute, mais peut-être de la même matière : celle des hommes de la liberté. On peut – c'est mon cas – détester Robespierre et aimer Malesherbes, mais aussi reconnaître que le second a tracé le sillon du premier. Sans la générosité de la philosophie et l'orgueil des Parlements, la Révolution aurait, des années encore, fait du surplace et les droits de l'homme auraient attendu.

Maupeou, Malesherbes, Mirabeau : les trois M... comme rendez-vous manqué. Ces hommes auraient pu sauver le régime et éviter au sang de couler – ce sang dont le rouge déséquilibre les trois couleurs. Malheureusement, par trois fois Louis XVI manqua son rendez-vous avec l'Histoire.

Pourquoi inclure Maupeou, ce partisan d'un absolutisme évolué à la prussienne, dans cette trilogie, dont les autres membres sont des tenants d'une démocratie parlementaire à l'anglaise ? Leurs démarches convergent, tous trois sont conscients que l'autocratie molle est à bout de souffle et qu'il faut changer le régime. Seules leurs solutions divergent. Malesherbes veut accentuer les droits des Parlements, Maupeou en desserrer le frein. Son édit du 23 mars 1771 constitue une étape décisive pour la justice et la politique de la France : abolition de la vénalité des offices, gratuité de la procédure ; simplification de ses règles ; modification de la carte judiciaire ; esquisse d'une véritable séparation des pouvoirs. Ce despotisme éclairé et centralisateur n'est pas du goût des privilégiés. Dès le 24 février 1771, la Cour des aides que Malesherbes (précisément) préside[3] fait de sévères remontrances contre cette réforme susceptible de tamiser, selon elle, les lumières. Un réformateur cherchant à annihiler les efforts d'un homme de progrès illustre le désordre du pays à la veille d'une révolution rendue inévitable, notamment par cette empoignade.

La dépouille pestilentielle du Bien-Aimé en terre, le jeune Louis XVI capitule. Il consacre la défaite de Maupeou et le retour du Parlement. Initiative désastreuse dont Malesherbes vainqueur du chancelier comprendra trop tard la pernicieuse portée. Weber, frère de lait de Marie-Antoinette, est plus clairvoyant : « Dans l'ordre des faits qui ont amené le bouleversement de la France, c'est le premier anneau de la chaîne. » Quant à Maupeou, désabusé, il commente : « J'avais fait gagner au roi un procès qui durait depuis trois siècles. » S'il veut le perdre encore, il en est bien le maître. Puis, mezza voce : « Le roi est foutu... »

Conseiller au Parlement, puis, nous venons de le voir, premier président de la Cour des aides, Chrétien Guillaume de Lamoignon de Malesherbes est nommé en 1750 directeur de la Librairie, en d'autres termes responsable de la censure.

Il a la haute main sur la littérature et la philosophie. Tâche ingrate au siècle de Voltaire, de Beaumarchais et de Laclos. À ce poste rébarbatif, il fait preuve de libéralisme. La fille de Diderot, Mme de Vandeul, raconte : « L'*Encyclopédie* ayant été arrêtée, M. de Malesherbes prévint mon père qu'il donnerait le lendemain ordre d'enlever ces papiers. – Mais, s'écria Diderot, je n'aurai pas le temps de déménager tous mes manuscrits. – Portez-les chez moi, répondit M. de Malesherbes, on ne viendra pas les chercher. » Et Diderot envoya la moitié de son cabinet chez celui qui en ordonnait la visite. Cette forfaiture culturelle sauva un des ouvrages les plus importants de l'histoire de l'intelligence et le censeur censura la censure.

Curieux homme, que ce fils d'un chancelier de France, ancien élève des jésuites où il recevra des leçons d'un ecclésiastique porteur d'un nom qui aurait ravi Offenbach, l'abbé Pucelle, réputé pour son attachement aux idées nouvelles. La légende du procès du roi représente Malesherbes sous les traits majestueux d'un vieillard à la larme facile et à la canonique bravoure. La vérité est plus complexe. L'homme n'en impose ni par son allure, ni par son port. Il ressemble, avec sa petite bedaine, sa démarche gauche, ses vêtements fripés, à un notaire de province. Peu doué pour l'art oratoire, c'est cependant un conteur-né, un prosateur de qualité qui ne se départit jamais d'une certaine ironie. Au pied de l'échafaud, il butte sur une pierre et murmure : « Mauvais présage, un Romain à ma place eût rebroussé chemin... » Ce défenseur des libertés passe pour un simple aux yeux de Rousseau [4] et un ingénu à ceux de Soulavie [5] : « La naïveté était l'ornement principal de son esprit ; on voyait sa pensée et ses sentiments se développer sans étude, sans préméditation et sans effort. » Il ne dédaigne pas la popularité et avoue sans honte qu'il jouit avec plaisir de l'enthousiasme du public. Ce mélange de persiflage, de détachement, de candeur, de rouerie, de désintéressement et d'ambition nous éloigne de ce saint laïc, suppliant le roi de porter sa croix. En 1775, après des hésitations plus ou moins feintes et des scrupules plus ou moins vrais, il accepte le ministère de la Maison du roi dans le cabinet Turgot. Ce portefeuille, un peu analogue à celui du ministère de l'Intérieur aujourd'hui, fait d'un haut magistrat le premier argousin du royaume. Un an plus tard, il donne sa démission. Jovial, le roi l'accepte. « Vous êtes plus heureux que moi puisque vous pouvez abdiquer. » Patience. Avant son départ, il s'est attaqué aux lettres de cachet à propos desquelles il prophétise : « Aveugle et malheureuse nation, toujours prête à demander de nouveaux fers dans le temps même où elle se plaint avec tant d'amertume de ceux sous lesquels elle gémit. »

Il faudra attendre 1785, à la veille de la grande secousse, pour voir Malesherbes revenir aux affaires. Ministre sans portefeuille, il siège aux côtés de son cousin Lamoignon, garde des Sceaux. En 1788, prétextant ses soixante-sept ans, il se démet à nouveau et se consacre à la rédaction d'un ouvrage sur la liberté de la presse et à la préparation de son grand mémoire sur les juifs. La légende toujours vigilante prétend que Louis XVI lui aurait dit : « Monsieur de Malesherbes, vous vous êtes fait protestant, moi, maintenant, je vous fais juif [6]. »

Mais c'est surtout la lecture des grandes remontrances de la Cour des aides [7] qui nous permet de mieux comprendre la stratégie et la manière de Malesherbes quand il s'alignera aux côtés de Tronchet et de Desèze. Leur caractère prémonitoire frappe. Les remontrances de 1771 dénoncent en leur début « *la terreur* – le mot est lâché – qu'on veut inspirer à tous les ordres de l'État ». Celles de 1775 sont plus révélatrices encore : « C'est la cause du peuple que nous devons à présent plaider au tribunal de votre majesté. » En 1792, l'inversion s'imposera. Et le reste à l'avenant. Ces deux textes fourmillent de formules que l'on pourrait réactualiser lors du procès du roi : « Il faut même que cette douleur du peuple soit bien vive ; il faut que les droits de la nation soient bien violemment attaqués ; il faut aussi que les sentiments de l'honneur et de la vertu soient bien puissants sur les magistrats pour qu'ils s'exposent à la perte même de leur vie. » – « Il existe en France quelques droits inviolables qui appartiennent à la Nation. » – « Vous êtes redevable de votre pouvoir à la soumission volontaire de vos sujets. » – « Il ne suffit pas de prétendre à l'accusé que les faits allégués contre lui sont dénués de preuve, il faut qu'il prouve directement le contraire. » Et cette formule qui résume tout l'argumentaire de l'appel au peuple, repoussé par la Convention : « Interrogez donc, Sire, la nation, elle pense qu'il n'y a plus qu'elle qui puisse être écoutée de Votre Majesté. » La défense de Louis XVI sera une défense d'Ancien Régime. On retrouvera dans la bouche de Desèze presque intactes les formules de Malesherbes, adaptées aux circonstances. Malheureusement, elles ont vingt ans d'âge. Le vocabulaire se démode et les juges de la Révolution n'apprécieront guère ce langage de haut magistrat.

Mais ces analogies ne constituent pas le seul apport de Malesherbes. Dans la plaidoirie, on retrouve sa marque quand Desèze invoque les droits du peuple, ceux de la nation, la limitation de la souveraineté royale, l'inviolabilité qui en est le corollaire. Dans les remontrances de 1771 se profile déjà la Constitution, contrat entre le peuple et le roi. Élisabeth Badinter souligne avec raison : « En usant d'un vocabulaire nouveau, Malesherbes substituait une logique à une autre et l'on assistait à un véritable dialogue de sourds entre le pouvoir royal et sa magistrature lorsque les deux parties affirmaient combattre pour la même cause : le bonheur du peuple [8]. »

Cette confrontation de deux logiques atteindra son paroxysme devant la Convention. Malesherbes le comprendra trop tard et le roi gravira les marches de l'échafaud, victime aussi du manque de réflexes de son vieux défenseur. Sur son conseil et sur celui de Tronchet, Desèze s'égarera dans une argumentation passéiste qui n'aura aucune chance d'être entendue. Mais le principal responsable de sa défaite, c'est le roi lui-même. Quand il désigne Target et Tronchet, ce n'est pas par hasard, mais à la suite d'une décision mûrement réfléchie. Louis XVI se sait coupable à l'aune de ses juges et compte sur son inviolabilité constitutionnelle pour gagner. Il n'a pas besoin de grands avocats mais de grands principes. Devant des législateurs-juges, c'est le culte janséniste de la loi qu'il fait célébrer. Il biffe d'un trait les émotions de Desèze, son lyrisme ; il veut entraîner la Révolution sur son propre terrain, celui de la Constitution qui fait de lui un intouchable. Malheureusement, la problématique de la Convention n'est plus celle de la Législative, encore moins celle des Parlements. Ce n'est plus à Maupeou, à Barnave qu'il a affaire, mais à Robespierre, à Saint-Just et à Barère. Quand Malesherbes et Tronchet comprennent l'erreur de leur client et appellent Desèze, il est déjà trop tard. Le grand pénaliste devient l'otage d'une défense obsolète. Il n'aura ni le temps, ni l'audace de s'en dégager. L'ennemi, c'est le client. Les avocats du roi de France en feront la cruelle expérience.

*

Le surlendemain de la fatale journée du 21 janvier 1793, Malesherbes est déchiré par sa défaite. La mort d'un homme, défendu de tout son cœur, laisse l'âme bleue et le ventre tordu par le tourment de ne pas en avoir fait davantage, surtout si l'on a tout fait. Il décide de se retirer dans son château, comptant sur les longues promenades solitaires pour retrouver le calme et le repos. Ce botaniste espère dans les fleurs, les feuilles et les branches pour combattre sa nostalgie. Elles lui rappellent la mort qu'il n'a pu éviter. Quand Monsieur, frère du roi, et futur Louis XVIII, lui fait parvenir le 6 mars 1793 la proposition d'émigrer, il refuse. Il ne veut pas emporter sa patrie à la semelle de ses souliers, ni son herbier en Allemagne. Il répond au podagre : « Je ne regarde pas ma mission comme finie tant que la reine et Madame Élisabeth seront dans les fers. On parle parfois de mettre en justice ses deux augustes princesses ; si on portait à ce nouveau crime, il leur faudrait un conseil et il n'est pas impossible qu'elles choisissent ceux qui ont rempli le même devoir auprès du roi [9]. »

Il accepte de devenir le fournisseur habituel d'un Samson nullement menacé par le chômage. Au mois de septembre 1793, la reine est citée devant Fouquier-Tinville. Malesherbes, fidèle à son engagement, sollicite l'autorisation de la défendre. Héroïsme. Retourner devant une juridiction d'exception, encore aspergé du sang qu'une autre a fait couler, révèle une force de caractère inouï. On lui refuse cette faveur et Tronson du Coudray et Chauveau-Lagarde durent en vingt-quatre heures improviser la défense de la reine de France. Le 16 octobre 1793, sa jolie tête tombait.

Dans les premiers jours de décembre, quatre membres du Comité révolutionnaire appréhendent Malesherbes et sa famille. Le vieillard les reçoit serein, presque enjoué. Une drôle de flamme scintille dans son regard désabusé. Les siens sont conduits dans une prison, lui dans une autre, puis on les réunit à l'hospice de la Maternité, rue de la Bourse. Les prisonniers lui font une haie d'honneur. À ceux qui pleurent, il répond : « Ne me plaignez pas, j'ai été disgracié pour avoir voulu devancer la Révolution par des réformes populaires. Je vais mourir pour être fidèle à l'amitié... » Puis il a cette phrase qui le résume tout entier : « Je meurs en paix, avec le passé et avec l'avenir. » Le 20 avril 1794, cet homme de bien et ceux qu'il chérit sont conduits à la Conciergerie, antichambre de l'au-delà. L'acte d'accusation lui reproche d'avoir été le défenseur officieux du roi (on ne peut être plus stupide que ce Fouquier-Tinville qui, pour obtenir une tête, met bas le masque) et d'avoir conspiré avec les siens contre l'unité de la République. À sa lecture, Malesherbes hausse les épaules : « On aurait pu le faire moins absurde. » À l'audience où il comparaît avec ses enfants, Dumas, l'ignoble Dumas, qui conduit les débats, lui demande – un comble : « Avez-vous un défenseur ?

– Non, je n'en ai point.

– En conséquence, je vous nomme d'office le citoyen Duchâteau... » Il y a des noms prédestinés.

Quand le président lui reproche une lettre où se trouvaient ces mots : « Je me glorifie d'avoir sacrifié mon existence à Louis XVI et loin de me repentir de ce que j'ai fait, je recommencerais encore si je me trouvais dans le même cas », il hausse les épaules. Après une parodie de justice, n'ayant rien à voir avec le procès du roi, il est condamné à mort. Le lendemain, 22 avril 1794, il voit supplicier sa petite-fille, son petit-gendre, sa fille puis il part sans un mot. Sa seule récompense fut cette lettre [10] :

> *Je n'ai pas de termes, mon cher Malesherbes, pour vous exprimer ma sensibilité pour votre sublime dévouement. Vous avez été au-devant de mes vœux. Votre main octogénaire s'est étendue vers moi pour me sauver de l'échafaud, et, si j'avais encore mon trône, je devrais le partager avec vous pour me rendre digne de la moitié qui me resterait : mais je n'ai que des chaînes que vous me rendez plus légères en les soulevant.*
> *Je ne me fais pas d'illusions sur mon sort; les ingrats qui m'ont détrôné ne s'arrêteront pas au milieu de leur carrière : ils auraient trop à rougir de voir sans cesse sous leurs yeux leur victime. Je subirai le sort de Charles Premier et mon sang coulera pour me punir de n'en avoir jamais versé.*
> *Mais ne serait-il pas possible d'ennoblir mes derniers moments ? L'Assemblée nationale renferme dans son sein les dévastateurs de ma monarchie, mes dénonciateurs, mes juges et probablement mes bourreaux. On n'éclaire pas de pareils hommes, on ne les rend pas justes. On peut encore moins les attendrir. Ne vaudrait-il pas mieux mettre quelque nerf dans ma défense, dont la faiblesse même ne me sauverait pas ? J'imagine qu'il faudrait l'adresser, non à la Convention, mais à la France entière, qui jugerait mes juges et me rendrait dans le cœur de mon peuple une place que je n'ai jamais mérité de perdre. Alors mon rôle se bornerait à ne point reconnaître la compétence du tribunal où la force me ferait comparaître. Je garderai un silence plein de dignité et, en me condamnant, les hommes qui se disent mes juges ne seraient plus que mes assassins.*
> *Au reste, vous êtes, mon cher Malesherbes, ainsi que Tronchet qui partage votre dévouement, plus éclairé que moi. Pesez dans votre sagesse mes raisons et les vôtres. Je souscris aveuglément à tout ce que vous ferez. Si vous assurez cette vie, je la conserverai pour vous faire ressouvenir de votre bienfait. Si on nous la ravit, nous vous retrouverons avec plus de charme encore au séjour de l'immortalité.*

Elle était signée Louis et datée du Temple, le 17 décembre 1792.

★

Raymond Desèze, né le 26 septembre 1748, de Me Jean Desèze, avocat à la cour, et de Marthe Duberguer, commence sa vie comme un personnage de Mauriac, la poursuit comme Rastignac, devient le héros d'un drame cornélien, voyage comme M. Perrichon, se gonfle d'importance comme M. Jourdain, polie sous les décorations comme un dirigeant soviétique, termine comme un pair de France, ternit sa mémoire en obtenant la condamnation à mort du maréchal Ney. Les hommes ne sont jamais simples. Les avocats moins que les autres. Comme tous les grands du barreau, l'homme est contesté et les jugements diffèrent. Le *Dictionnaire de l'Histoire de France*[11] tombe dans l'hyperbole. Il évoque « ses remarquables plaidoiries », « leurs perfections », traite leur auteur d'« habile et brillant juriste ». Le *Dictionnaire de la Révolution française*[12] fait entendre un autre son : « Orateur au talent médiocre, il devait, après un fulgurant départ dans la carrière, fléchir sous le poids d'une réputation prématurée. » On peut juger un militaire par sa stratégie, un prêtre par la sainteté de sa vie, un médecin quand il terrasse la douleur ou fait reculer la mort, l'avocat ne bénéficie pas de ces facilités. À peine prononcées, ses plaidoiries décèdent. L'écrit en retient l'emphase, pas la chaleur. Quand il gagne, il le doit à la faiblesse ou à la bonté des juges, quand il perd, à son insuffisance. Desèze n'échappe pas à cette malédiction. Son père, entre deux affaires, a le temps de faire treize enfants à une épouse issue, comme lui, de la bonne bourgeoisie bordelaise. La famille, très unie, contemple d'un regard incrédule le vieux monde se lézarder. Que voulez-vous que devienne ce fils d'avocat sinon avocat lui-même ? Où voulez-vous voir visser la plaque de ce Bordelais si ce n'est à Bordeaux ? Il aurait pu comme tant d'autres se contenter des charmes discrets d'un barreau de province et des honneurs désuets d'une future préfecture. Le destin en décide autrement. Il prend d'abord le visage de Vergennes, le tout-puissant ministre des Affaires étrangères qui devient le protecteur du jeune avocat, puis celui de Target, l'étoile filante du barreau parisien. Ces deux hommes vont avoir une influence décisive sur la vie de Raymond Desèze, après un procès retentissant qui fit frémir les foules girondines : l'affaire Danglure, dont je ne peux m'empêcher de reprendre la péroraison : « Mme Danglure vous demande de juger que son père n'a pas souillé sa vie par la débauche ; qu'il n'a pas profané le mariage par une imitation criminelle de ses formes ; qu'il n'a pas mis sous ses pieds les lois de l'honneur ; qu'il n'a pas sacrifié sa conscience. » Cette éloquence ronflante, bien dans le goût de l'époque, n'empêche pas la plaideuse de perdre son procès mais elle vaut à Desèze l'estime de son aîné et du ministre. Ils l'invitent à « monter à Paris ».

En 1784, il prend la route pour la capitale, sans esprit de retour. La lettre de Target qu'il serre sur son cœur le rassure : « La place que je laisserai ne sera pas bien grande – il ne croyait pas si bien dire – si néanmoins, quand je ne plaiderai plus, je pouvais croire qu'il y eût encore des causes à ma disposition, vous ne devez pas douter de l'usage que je ferai pour vous d'une partie de mon pouvoir... » Être le successeur de cet homme en vue : un rêve qu'il ose à peine caresser. Desèze ignorait que les grands avocats – ou supposés tels – ne sont pas partageurs de leur vivant ; morts, ils laissent en héritage la fugacité de leurs souvenirs.

À son arrivée dans la capitale, les dossiers sont rares et les clients ne se bousculent pas à la porte de son cabinet. La chance se présente enfin : Mme d'Andlau, fille du célèbre philosophe Helvetius, expédiée vers lui par Target qui n'en voulait pas, vient lui confier ses intérêts. Raymond exulte. Il écrit à son frère aîné, le 25 juin 1784, une lettre frémissante : « Je dois plaider [...] pour la comtesse d'Andelot [...] » Il est tellement excité qu'il écorche son nom. « [...] amie intime de Mme de Polignac et qui est dans la société de la reine. C'est Target qui me donne cette affaire qui est au Châtelet [...] » Ses mouvements de manches pour ce beau linge lui valent un concert d'éloges. Le lieutenant civil parle de son esprit clair et brillant et de la sensibilité de son âme ; un autre affirme « que son accent gascon est devenu une grâce ». L'expérience nous a appris que la tonalité méridionale est souvent un « plus »... Quant à l'abbé Maury, c'est le mélange de pathétique et de sécheresse qui le frappe surtout. Hérault de Séchelles, premier avocat du roi, prend la plume pour le féliciter. Ils se retrouveront dans d'autres circonstances. Target, beau joueur, le congratule pour un de ses mots : « Les arguments de mon adversaire sont la désespérance de la justice. » Puis, condescendant, il ajoute : « Vous avez une manière vaste et forte, vous réussirez. » Target, lui, ne réussira pas à faire oublier sa frousse.

Bientôt, Desèze est en butte à l'hostilité de ses confrères qui se font les griffes sur sa jeune réussite. Il écrit à Paul Romain : « Me voilà lancé dans la carrière. Je trouverai certainement des ennemis déguisés dans mes rivaux, mais la différence qu'il y a dans ce pays-là [Paris] et la province, c'est que, quelques [sic] soient les effets de l'envie, le talent laborieux y perce toujours. » Bien vu, mais un peu optimiste, ce jeune homme! Il ne lui manque qu'une consécration : plaider pour un membre de la famille royale. Le destin le lui accorde. La reine fait appel à ses services. Non à propos de l'affaire du collier comme l'affirment imperturbables certains historiens, mais pour une banale chicane de voisinage relative à son domaine privé. Banal ou pas, le litige sort de l'ordinaire. Il n'y a ni grands avocats, ni grandes causes, mais de grands clients. Et voilà que la reine... Il commet alors une bévue de taille. S'exprimant au nom de son illustre mandante, il complimente le Parlement à peine retourné de son exil de Troyes. Quelle mouche l'a piqué ? L'épouse de Louis XVI, par avocat interposé, congratulant les parlementaires pour leur mini-fronde! Comment rêver d'un défenseur aussi maladroit ? Marie-Antoinette lui fait connaître son mécontentement par la voie de son procureur général. Il prie l'infortuné conseil de lui remettre le royal dossier et le gratifie, en guise d'honoraires, de pourboires serait-on tenté d'écrire, de cinquante louis. Desèze tombe de haut. Il écrit au magistrat pour se justifier : « En félicitant le Parlement sur le retour des bontés du roi, j'ai obéi à l'instinct de mon cœur et à ce mouvement des Français qui aiment à rappeler en hommage à leur roi tout le bien qui se fait dans le royaume. » Ce n'était pas maladroit. Il aurait pu ajouter que l'on flatte toujours les juges devant lesquels on plaide et qu'on attrape mieux les chats fourrés avec du miel qu'avec du vinaigre.

La reine demeure inébranlable. Sa dignité un peu bornée lui interdit de revenir sur une décision. Elle est aussi têtue que le roi est indécis et l'obstination des Habsbourg accentue la versatilité des Bourbons. Pourtant la fierté de la première dame de France va être mise en échec. Apprenant le limogeage de leur confrère, les avocats font bloc. Pour une fois. Ils menacent de la radiation l'audacieux qui accepterait de prendre sa place. Le Parlement de son côté s'agite. Traiter ainsi son laudateur lui fait injure. L'affaire prend une dimension politique. Nous sommes en 1788 et la Couronne n'a pas besoin de cette nouvelle épine. La reine cède et réintègre Desèze dans ses faveurs. Faut-il voir dans la réaction de l'ordre la preuve que la confraternité à cette époque n'était pas ce qu'elle est aujourd'hui : une haine vigilante ? N'allons pas si vite. La situation du barreau est catastrophique, l'exil du Parlement à Troyes prolonge désespérément les vacations : « Cette cessation de justice nous écrase tous », confie un bavard devenu muet. Desèze reçoit de Chaveau-Lagarde une lettre larmoyante : « J'ai vendu ma montre et mes couverts au mont-de-piété et j'ai vendu mes boucles d'argent. » Raymond lui répond : « Je perds tout ce que j'avais. » Dans un pareil environnement, comment tolérer qu'un homme, qui a une belle affaire malgré la crise, la perde au prétexte qu'il caresse ses juges dans le sens du poil ? Corporatiste et alimentaire, le barreau ne lui ménage pas son soutien.

Desèze commente : « On ne peut pas rendre l'affreux spectacle qu'est Paris en ce moment-ci ; plus de fortune publique, plus de fortune particulière, plus de justice, plus de rente, plus de pain. La situation actuelle est effrayante et si elle ne change pas, il y a de quoi trembler pour l'hiver, pour les riches, comme pour les pauvres [...] » Nous sommes le 25 août 1788. Dans onze mois la Bastille tombera. En attendant, la basoche bascule dans la politique. Taine ne sera pas tendre : « Les avocats font rouler les dogmes ronflants du catéchisme révolutionnaire, passant du mur mitoyen à la construction des empires, s'imposent législateurs d'autant plus intouchables et plus applaudis que leur faconde déversée sur les assistants leur prouve qu'ils ont naturellement toutes les capacités et légitimement tous les droits [13]. »

Raymond, lui, ne tombe pas dans le piège. Pas tout à fait. La politique n'est pas son affaire, il l'abandonne à des confrères moins comblés comme Camille Desmoulins dont les dettes sont plus nombreuses que les dossiers, ou à Danton toujours à la recherche d'un louis pour finir le mois. À toutes les époques, les délaissés de la réussite succombent volontiers au charme de la vie publique. Il y a des exceptions. Target en pleine opulence publie coup sur coup *Les États généraux convoqués par Louis XVI* et *La Suite de l'écrit intitulé les États généraux*. Suite et fin, heureusement pour le lecteur. Desèze n'est pas candidat et se contente de la présidence de son district. Là se bornera, en attendant la Restauration, sa promotion en politique. Le soir du 13 juillet 1789, il écrit à son frère aîné : « Le calme règne et l'Assemblée nationale a été tranquille. » Le lendemain, dans son journal, son futur client Louis XVI, avec un flair identique, marquera la journée d'un « rien », définitif. Le 18 juillet, l'avocat change de ton [14], adopte le pluriel et se transforme en héros : « Nous nous attendions tous à périr, surtout ceux qui, comme moi, étaient tout à la fois premier électeur et président de leur district. Nous aurions été les premiers sacrifiés, car si nous n'avions vaincu, nous étions des rebelles. » Comme il y va ! Il n'a pas bougé de son cabinet pendant le siège de la vieille forteresse, et ce résistant de l'après-coup de poursuivre : « Tout est dit. La Révolution est aujourd'hui absolue. Il n'y a plus d'espérance de retour pour l'aristocratie. Le règne de la liberté commence. » Le sien aussi. Il devient le premier pénaliste de Paris quand le baron de Besenval, en bien mauvaise posture, le désigne comme défenseur. Lieutenant général des armées du roi, commandant en chef dans les provinces de l'intérieur, lieutenant colonel des gardes suisses, il ne fait pas l'unanimité. Les assauts amoureux sont ceux où il excelle le plus et il repousse mal les attaques de sa libido. La reine même n'échappe pas à ses grandes manœuvres. Abasourdie, Mme Campan [15] raconte : « Marie-Antoinette s'était trouvée seule avec le baron, il avait commencé par lui dire des choses d'une galanterie qui l'avait jetée dans le plus grand étonnement et il avait porté le délire jusqu'à se précipiter à ses genoux en lui faisant une déclaration en forme... »

Responsable du maintien de l'ordre (un comble pour un pareil lascar) lors des journées de juillet 1789, le comité de recherche l'accuse d'avoir tiré sur le peuple. C'était inexact. Pendant que de Launay perdait la tête, Besenval perdait son sang-froid : « J'étais, écrira-t-il, dans une crise, la plus inquiétante. » Au lieu de donner des ordres, il attend ceux de De Broglie, son supérieur hiérarchique, et laisse ses troupes l'arme à la bretelle pendant le massacre des défenseurs de la Bastille. De Sèvres, où il s'est replié, il tente de gagner la Suisse. Arrêté, il est accusé du crime de lèse-nation. Son procès constitue pour son avocat le brouillon de celui du roi. L'audience commence le 1er mars 1790 au Châtelet. Le public est hostile et les cris de « À la lanterne Besenval » fusent de toutes parts. Imperturbable, Desèze plaide. Souvent, les pusillanimes se métamorphosent à la barre. Avec un courage admirable, il s'en prend au comité de recherche : « Je demande à cette association quel est le titre de son pouvoir. Est-ce l'Assemblée nationale qui l'a instituée ? Non, messieurs ; si c'était l'Assemblée nationale, il faudrait respecter et se soumettre... Est-ce la Commune ? Non, messieurs. Ce sont les représentants provisoires de la Commune [...] ce sont eux qui ont créé parmi eux cette association qui n'est point une assemblée, qui n'est point un corps, qui n'est point un tribunal, qui n'est qu'un comité et qui cependant tous les jours arrête, emprisonne, interroge les citoyens, sans mission, sans pouvoir, sans caractère, sans formalité. Citoyens, vous parlez de l'ancienne police que vous détestez avec tant de raison, que faisait-elle de plus... ? Voilà ce que vous appelez la liberté [...] » Le reste est de la même veine. Il place le tribunal sous la dictature de l'éloquence et entraîne sa conviction. Besenval est acquitté au milieu des tumultes et des vociférations. Le président du Châtelet doit faire donner la troupe. Heureusement qu'elle n'était pas commandée par l'acquitté. Au sommet d'une réputation méritée, Desèze soutient, dans une cause plus paisible – une banale affaire d'héritage –, les intérêts de Monsieur, le futur Louis XVIII, et triomphe. Il est le seul dans l'histoire du barreau à avoir plaidé pour une reine et pour deux rois.

Après le procès du premier, bouleversé, il prend quelques jours de repos chez Malesherbes. Réflexe d'avocat. Nous avons besoin, après avoir défié l'opinion, de nous serrer les coudes, de partager l'illusion d'une sérénité provisoire, de nous sentir moins marginaux. On imagine les propos des deux hommes, leurs regrets de n'avoir pu sauver le représentant de cette monarchie séculaire oint de l'eau de Clovis et du sang de Louis XVI.

*

Après deux semaines de repos « sous les arbres plantés de la main d'un magistrat philosophe » – Chateaubriand ne laisse jamais passer l'occasion de polir sa prose –, il reprend le chemin de son cabinet. Ses consultations terminées, il satisfait à ses devoirs civiques, « malgré la faiblesse de sa santé », revêt l'uniforme et monte la garde à la section de l'Homme armé. Après la loi des suspects – comment l'avocat du roi ne le serait-il pas ? –, il se réfugie à Brévannes dans sa résidence secondaire où Maillard, l'ancien massacreur de Septembre, accompagné de trois gendarmes, le met en état d'arrestation le 28 octobre 1793. C'est à la Force que Desèze est incarcéré, dans une de ces maisons d'arrêt qui n'ont cessé de déshonorer les républiques successives. Au mois de janvier 1794, il réussit, sans doute moyennant finance, à se faire transférer dans un hôpital-prison, rue du Chemin-Vert. Thermidor délivrera un homme à bout de force.

Bonaparte n'apprécie guère les bavards, qu'ils soient de la Convention ou du barreau. Desèze lui rend son antipathie et jamais le courant ne passe entre les deux hommes. Pendant que le premier écrit l'Histoire, le second réfléchit, voyage, compose des vers de mirliton, Mallarmé dirait de circonstance. À ses enfants, il dédie ce quatrain bêta :

> *Adolphe veut flatter mon goût,*
> *Honorine parer ma tête.*
> *Ah! je vois bien qu'un père a tout*
> *quand ses enfants charment sa fête.*

On peut être à la fois père de famille et pair de France. Patience. Après la Restauration, le 21 avril 1814, Monsieur (ce n'est plus son ancien client, mais son frère, son insuffisance le comte d'Artois) est reçu par l'Ordre des avocats. Il reconnaît Desèze : « Voilà le défenseur du roi, ce défenseur à qui tout bon Français doit une reconnaissance éternelle. Vous connaîtrez toute l'étendue de la nôtre... » Le 3 mai, Louis XVIII fait son entrée dans la capitale dans les fourgons de l'étranger. Il fortifie, par une flatterie dont ce faux naïf a le secret, la platitude de son frère. Le 18 février 1815, il nomme Desèze premier président de la Cour de cassation. Les Cent-Jours interrompent cette nouvelle carrière. Réfugié en Angleterre, il apprend la victoire... de Waterloo et regagne Paris où les honneurs vont pleuvoir. Le 17 août 1815, il devient pair de France; le 25 août 1816, l'Académie l'accueille; le 31 août 1817, il reçoit le titre de comte; de son vivant, une rue de Paris porte son nom. Consécration suprême, Chateaubriand se chargera de son éloge funèbre. La perspective de ce verbe superbe a-t-elle précipité son départ pour les cieux ? Possible. Les avocats ne sont jamais insensibles à l'éloquence. En 1868, lors de la rentrée de l'Ordre à la cour impériale de Bordeaux, le premier secrétaire tracera de lui cet hyperbolique portrait : « Jamais la vertu sans ostentation, le courage sans bravade, l'heureux accord du talent et du caractère, n'ont mieux honoré la profession d'avocat [16]. »

Ce n'était pas tout à fait vrai et nous ne pouvons pas totalement admirer cet homme. Son attitude lors du procès du maréchal Ney nous en empêche. Le conseil de guerre s'étant déclaré incompétent pour juger « le brave des braves », le 11 novembre 1815, le duc de Richelieu tient à la tribune de la Chambre des pairs le langage de Robespierre : « Il est inutile, messieurs, de suivre la méthode des magistrats qui accusent en énumérant en détail les charges qui s'élèvent contre l'accusé. Elles jaillissent de la procédure qui sera mise sous vos yeux. » Desèze, secrétaire de la Haute Cour, acquiesce. Ça ne vous rappelle pas, mon cher confrère, un certain Marat qui, lui aussi, ne voulait point des chicanes du palais ? Apparemment non. Au moment où Augereau, qui avait déjà siégé au conseil de guerre, demande à être récusé, Desèze s'y oppose. Les avocats du maréchal présentent-ils leurs arguments, Desèze les combat. Quand ils se plaignent de la méconnaissance du délai de cinq jours, prévu par l'article 295 du Code d'instruction criminelle pour se pourvoir en cassation, Desèze les remet à leur place : « Ce délai n'est prévu que pour les formes ordinaires. On ne voit pas quel genre de nullité l'accusé pourrait ici faire valoir, ni à quel tribunal il pourrait s'adresser. Il n'y a pas de tribunal supérieur à la Chambre des pairs... » Le défenseur de Louis XVI plagie Barère. Au moment de la décision, c'est à Legendre qu'il fait penser : « Est-il coupable ? Quel est celui d'entre vous, messieurs, qui serait assez heureux pour concevoir le plus léger doute ? » D'un mot, il chasse l'indulgence : « Il ne faut s'embarrasser ni de l'époque, ni des circonstances. » Puis, il laisse tomber cette phrase inouïe dans la bouche d'un avocat : « A-t-on besoin même de débat pour s'éclairer sur un crime qui était si notoire et qui avait couvert la France de deuil et de larmes ? Tout se résume à un seul mot : le maréchal Ney avait prêté serment au roi. » Oubliant le temps où il défendait un souverain qui avait fait allégeance à la Constitution, le procureur Desèze – comment l'appeler autrement – conclut : « Il ne reste qu'à appliquer à une trahison aussi lâche, aussi odieuse, aussi fatale, la peine que la loi prononce. » On se croirait revenu au temps de la Convention.

MALESHERBES, TRONCHET ET DESÈZE

Quand un membre du barreau réclame la mort, il renie sa robe et réduit à peu de chose ses mérites passés. Ceux de Desèze furent considérables. Il fait la démonstration qu'au soir de son âge, un avocat peut devenir un salaud. J'en connais qui n'ont pas attendu cette échéance.

Chapitre XV

LES SOINS ET LES PEINES

Le 15 décembre 1792, les conventionnels s'empoignent à nouveau. Dès le début de la discussion, un député anonyme – nous savons seulement de lui qu'il était membre de la commission des Vingt et Un – demande la parole [1] : « Les conseils du roi vous ont manifesté par lettre le désir d'avoir communication des pièces originales pour eux et pour l'accusé, afin que celui-ci pût reconnaître ou nier l'écriture. En conséquence, la commission m'a chargé de demander à la Convention par quelle voie elle communiquera les pièces transcrites ; et si dans le cas où les originaux seraient demandés, ils peuvent être déplacés au lieu où la commission s'assemble. »

Dartygoeyte, député des Landes, un Montagnard des cimes, appuie – avec la Convention, on n'est jamais au bout de ses surprises – cette proposition : « On vous a dit : Louis Capet est notoirement coupable ; il ne faut donc pas de formalités ; et moi je dis : puisque Louis Capet est notoirement coupable, il faut donc, en le condamnant, rendre vraiment imposant, vraiment utile, vraiment auguste cet acte de justice nationale... » Devant les dénégations du roi, Dartygoeyte, qui votera la mort, suivie d'une prompte exécution, ne voit qu'une solution pour écarter le doute : l'expertise graphologique. « Louis dénie son écriture. Or, à défaut d'une loi positive, la raison nous prescrivait de faire vérifier contradictoirement avec lui les pièces non reconnues. Ceux qui aujourd'hui ne veulent pas des formes vous reprocheraient demain votre précipitation. C'est déjà trop, peut-être, que la Convention nationale se soit constituée cour judiciaire, n'ajoutons pas l'inobservation des premières règles de justice [...] Je propose de décréter que la commission des Vingt et Un se transportera dans le jour au Temple pour y communiquer à Louis Capet, en présence de ses conseils, toutes les pièces originales du procès, et l'interpeller, s'il persiste à les dénier; et en cas de déni, la commission procédera à leur vérification par experts, contradictoirement avec Louis Capet et en sa présence, ainsi que des conseils; d'ajourner Louis Capet à samedi prochain, 8 heures du matin, pour entendre sa défense; et prononcer ensuite, sans désemparer, le jugement définitif dans la forme déterminée par les décrets précédents... »

Ces paroles d'un homme de gauche, quand on les rapproche de celles du député inconnu [2], qui lui était de droite, démontrent, au-delà des clivages souvent artificiels, un consensus : le désir de la Convention de faire de l'affaire Capet un véritable procès.

La nécessité d'une expertise est soutenue par Thuriot, lui aussi Montagnard bon teint, dont le verbe est devenu familier à nos lecteurs : « La marche que nous devons suivre actuellement est celle que suivent ordinairement les tribunaux, c'est-à-dire qu'après le déni de l'écriture, nous devons la vérifier. Il faut donc que la vérification se fasse d'après la déclaration faite par Louis à la barre. Il faut que le comité reçoive de la Convention la mission de se transporter au Temple, et présente à Louis les pièces originales qui ne lui ont pas été présentées. Si Louis continue à nier l'écriture, la vérification se fera ensuite, et si, de la vérification, il résulte que les écritures sont de Louis Capet, nous en tirerons contre lui une forte prévention. »

Tel n'est pas l'avis de Chabot. Ce sacripant d'habitude tient ce jour le langage de la sagesse : « Lorsqu'il ne s'agit que de la fortune des individus, la vérification par experts peut servir de preuve mais quand il s'agit de la vie et de l'honneur d'un homme, alors il faut des preuves plus claires que le jour... » L'avenir lui donnera raison et les victimes de la graphologie ne se compteront plus. Camille Desmoulins choisit ce moment pour faire de l'humour à bon marché. Il est incorrigible : « Si l'on adopte la vérification par expert le procès de Louis sera interminable. Tronchet, qui connaît encore mieux que moi les formes judiciaires, vous dira qu'un Sébastien qui était à Venise a si bien imité l'écriture de Sébastien, roi du Portugal, que jamais les banquiers, le sénat, ni aucun expert, ne purent prouver le faux [...] Il vous citera le fameux Priscus, qui contrefit si bien toutes les écritures que Justinien fit rendre une loi portant que la preuve des vérifications par experts ne serait plus admise qu'en matière civile ; et d'ailleurs, toutes les preuves qui déposent contre Louis, ne sont-elles pas dans la journée du 10 août ? » Charlier, un ami de Marat, éructe : « Le sang de nos frères demande vengeance. L'existence même de la Convention est une preuve des crimes de Louis [singulière dialectique qui fait du tribunal une preuve à charge contre l'accusé]. Je m'oppose à ce qu'on allègue toutes autres espèces de preuves et je demande que dès lundi prochain en huit, Louis soit entendu et définitivement jugé. »

Lesage appuie la déposition de Thuriot. Le Peletier la combat. Il s'oppose à l'audition de témoins, particulièrement à celle de Roland sur l'armoire de fer. L'Assemblée tranche. Elle prohibe tout témoignage nouveau ; les pièces non encore présentées à Louis le seront ; les commissaires en dresseront procès-verbal ; la vérification par experts est rejetée.

Ce débat marque un tournant dans l'affaire. La Montagne s'y montre davantage rigoriste que la Gironde. C'est elle qui insiste le plus pour que, devant les dénégations du roi, une expertise soit ordonnée. Elle pense ainsi mieux le confondre.

*

Avant de proclamer la séance close, le président poursuit l'ordre du jour. Quinette, représentant de l'Aisne – il votera la mort avant d'être livré par Dumouriez à l'ennemi [3] –, propose de rogner les droits de la barre et d'imposer des limites à ces sacrés avocats. La défense parlementaire du roi passe une nouvelle fois à l'offensive. Lanjuinais : « La Nation ne doit point imposer des règles qui pourraient nuire à l'accusé qui ne jouit point ici de toute la faveur de la loi puisqu'il n'y aura point de recours en cassation. » Les murmures n'empêchent pas le député anonyme – encore lui – de prendre le relais : « Vous avez décrété que Louis serait jugé, que ses conseils et lui auraient tous les loisirs nécessaires pour vous présenter ses moyens de défense [...] S'il demande des délais ridicules, alors seulement, vous devriez fixer un terme, mais avant ce temps, c'est une injustice, une barbarie, et ce ne serait point alors juger Louis XVI, ce serait ce que je n'ose pas dire... » Puis, avec un culot incroyable : « Les vrais royalistes sont ceux qui veulent faire précipiter le jugement de Louis XVI [*des rires et des murmures s'élèvent dans une extrémité de la salle*], oui, les vrais royalistes sont ceux qui l'humilient et le supplicient d'avance en vertu des arrêtés de la Commune [*même interruption*] [...] les véritables royalistes sont ceux qui font naître la pitié du peuple pour lui parce qu'ils veulent l'assassiner lâchement au lieu de le juger : voilà les vrais royalistes [...] », et, comme les vociférations font place aux murmures, il défie ses interrupteurs : « Je sais bien que ce que je dis là ne plaît pas à certaines gens mais je les brave eux et leurs satellites. » Après de telles paroles, qui osera prétendre que la Convention est paralysée par la crainte ? Elle décide de ne pas limiter la défense qui pourra s'exprimer comme bon lui semble, le temps qu'il lui faut. Les gauchistes passent à l'offensive : puisqu'on ne peut empêcher les avocats de parler, il faut fixer une audience si proche qu'ils n'aient pas le temps de s'organiser. Legendre écarte cette bassesse : « Il n'est jamais entré dans l'intention d'aucun membre de la Convention, en accordant un conseil à Louis Capet, de rendre ce conseil illusoire ; mais je demande que la Convention fixe le jour où il sera définitivement entendu. En conséquence, je propose que ce délai soit marqué au mercredi 26 décembre. »

Robespierre Jeune, qui était mieux que l'ombre de son aîné, proteste et demande que Louis XVI ne voie ni sa femme, ni ses enfants jusqu'à sa comparution. Cette délicatesse fait bondir ce superbe imbécile de Lecointre [4] (si l'on en croit Lebas) : « Il est bien étonnant que Louis Capet soit privé de voir sa femme et ses enfants, pour huit jours qu'il doit attendre son jugement. Je demande qu'il lui soit permis de voir sa famille. » Le président met aux voix cette proposition et l'Assemblée l'adopte. Tallien, pratique, fait remarquer que la Convention peut prendre tous les décrets qu'elle veut, ils resteront lettre morte si la Commune ne donne pas son aval. Que n'a-t-il pas dit là ? Marat au bas de la tribune l'apostrophe en des termes choisis. Les injures pleuvent sur cette vipère. Pétion part à l'assaut : « Tous les jours, il se manifeste ici un système d'avilir la Convention [...] cela n'est que trop vrai [...] et avilir la Convention c'est perdre la chose publique [...] [*Applaudissements.*] J'avais demandé la parole, il y a un instant, pour engager quelques membres à mettre moins d'indécence dans leurs débats. Tout à l'heure, on vient d'insulter la Convention de la manière la plus grave [*et le peuple aussi, s'exclament plusieurs députés*], on vient de dire : inutilement la Convention voudra-t-elle la chose, elle ne sera pas exécutée, si le corps municipal ne le veut pas. Ceux qui parlent ainsi outragent la liberté, violent les lois jusque dans leurs sanctuaires. Ce n'est pas là de la liberté, c'est de la licence. »

Sous cette avalanche, Tallien, plus doué pour l'étreinte que pour les duels, fussent-ils oratoires, se rétracte piteusement : « J'ai demandé la parole pour expliciter ma pensée [...] Je suis un de ceux qu'on peut le moins soupçonner de vouloir avilir la Convention [...] Je voulais faire observer à la Convention que ce n'était pas à elle mais à la municipalité que le dépôt du ci-devant roi et de sa famille a été confié. Il est inconséquent de permettre à Louis Capet de communiquer avec ses complices ; je parle de sa femme et de sa sœur ; car ils concerteraient ensemble et leur projet et leurs réponses. Certes, si le corps municipal croyait que votre décret fût contraire à l'intérêt national, qu'il pût compromettre la tranquillité publique, il ferait bien de refuser [...] » Aujourd'hui, il est encore fréquent de priver un inculpé de visite dans l'intérêt de la « manifestation de la vérité ». Elle a bon dos. Les propos de Tallien suscitent, si l'on en croit *Le Moniteur*, un mouvement d'indignation. Quelques membres hurlent : « À l'Abbaye ! » On insiste pour que la censure soit prononcée contre l'orateur. Elle le sera. Et il ne s'en portera pas plus mal.

Cette séance démontre une nouvelle fois l'antagonisme croissant entre la Commune et une Convention qui prend ombrage de la moindre atteinte à sa souveraineté. Elle illustre aussi la liberté de parole de ceux qui veulent sauver le roi et la défaite de la peur.

*

Le dimanche 16 décembre 1792, vers 16 heures – Cléry dira 4 heures après dîner –, en présence de Tronchet, les quatre conventionnels désignés par l'Assemblée, accompagnés d'un secrétaire, d'un huissier et d'un officier de la garde de l'Assemblée, donnent au roi connaissance de l'acte d'accusation et procèdent à la communication de pièces dont la plupart proviennent de l'armoire de fer. *Le Courrier français* précisera dans son numéro du 18 décembre : « Il reçut les membres de la délégation comme un grand seigneur reçoit les comptes de son intendant. » Pourtant, Louis XVI est davantage l'homme d'un dépit que d'un défi et le journal confond condescendance et détachement.

Interminable et fastidieux, le dépouillement dure plus de cinq heures. Rien n'est plus débilitant et plus indispensable que cet examen minutieux des pièces. L'avocat distrait risque de payer cher son dilettantisme. L'ignorance du dossier est sans remède.

Après trois heures de travail acharné, les commissaires sont épuisés, le défenseur chancelle, l'accusé s'essouffle. Il convie ses futurs juges à partager son repas. La mort passe les plats d'un menu frugal : de la volaille froide et quelques fruits... Les plus amers sont pour demain. Restaurés, les convives reprennent leur besogne. Quand elle se termine, Tronchet regagne son cabinet, les conventionnels l'Assemblée. Tous ploient sous la fatigue. Aucun ne trouvera le sommeil sauf le roi qui, la conscience en paix, s'endort profondément.

Le lundi 17 décembre, à la Convention, le président donne connaissance du procès-verbal de communication de pièces. Il s'agit en fait du deuxième interrogatoire du roi. Passé souvent sous silence, il révèle la cohésion de son système de défense.

Dans ce document capital, on retrouve la même volonté de dénégation systématique rencontrée le 11 décembre. Louis biaise, dénie, affirme tout et son contraire, s'incline seulement devant l'incontestable... et encore pas toujours. Muré dans son innocence, il accumule les maladresses, s'entortille dans ses gaucheries. Ses réponses aux commissaires de la Convention éclairent une attitude, révèlent un caractère, expliquent un échec : « Je n'en ai pas connaissance » est la litanie du roi. « Je ne me le rappelle pas », son leitmotiv.

Tant de maladresse et de mauvaise foi laissent la Convention perplexe. Un silence gêné s'installe.

Sur cent sept pièces présentées, le roi en reconnaît une vingtaine. Comme par hasard, il s'agit de document sans intérêt ou incontestables parce que publics. D'autres sont relatifs à la fuite à Varennes qu'il croit amnistiée. Sur ses relations avec La Fayette, avec Bouillé, avec l'émigration, il se montre moins catégorique et élude. À propos du drame du 10 août, il est plus prudent encore, se refusant de reconnaître quoi que ce soit s'y rapportant. « N'avouez jamais » est sa devise. Il ne récuse pas ses juges. Il les méprise. Dissimuler la vérité à l'Usurpation, ce n'est pas mentir.

*

Le 20 décembre, nouvelle communication de pièces. Elle donne lieu à un incident entre Malesherbes et les geôliers de

la Commune. L'un d'eux interpelle le vieil homme en présence des commissaires de la Convention :
« La facilité que vous avez de communiquer avec Louis les portes fermées rend notre responsabilité illusoire et nous sommes fâchés de voir...
– Je vous entends, répond Malesherbes. Eh ! Fouillez-moi si vous voulez.
– La loi ne nous ordonne point de vous fouiller.
– En ce cas, je vais me fouiller moi-même. »
Il tire de ses poches une ou deux clefs, quelques écus... Puis, montrant les poches de son habit : « J'ai là un grand nombre de papiers que je destine au roi : je lui porte *Le Moniteur* et plusieurs autres journaux.
– Vous êtes l'ami de Louis, dit Dorat-Cubières. Comment pouvez-vous lui faire lire des journaux ou gazettes où chaque jour il doit voir des témoignages non équivoques de la juste indignation du peuple contre lui, où chaque jour on fait contre lui des sorties des plus rigoureuses ?
– Le roi est un homme de grand caractère, il a l'âme forte et courageuse et il se met au-dessus de toutes les atteintes.
– Nous croyons que vous êtes un honnête homme ; mais si vous étiez un traître et si vous portiez à Louis des poisons ou des armes pour se donner la mort ?
– Je ne porte point d'arme comme vous l'avez vu ; et d'ailleurs ne craignez rien sur cet article. Si le roi était un philosophe, s'il était de la religion des anciens Romains, où une sorte d'honneur était attachée au suicide, le roi pourrait se donner la mort ; mais il est de la religion catholique qui défend de se tuer ; mais le roi est pieux et croyant autant que l'on peut l'être, et la crainte de déplaire à Dieu arrêtera toujours son bras [5]. »

Quel avocat n'a pas eu le geste de révolte de Malesherbes devant la suspicion ? Chaque fois que je pénètre à la Santé ou à Fresnes et que le portique grésille, je jette, impuissant, mes clefs ou mon stylo, puis je repasse sous l'instrument devenu silencieux. Je ne pardonne pas à ceux qui ont inventé cette humiliation, à ceux qui la tolèrent.

*

Le 21 au soir, Desèze commence à rédiger sa plaidoirie. La confrontation entre le défenseur et la page blanche relève du pathétique : si les arguments s'enfuyaient... si les idées refusaient de germer... si... et si... Refrain lancinant des nuits sans sommeil, scie des longues veilles.

Morellet, dans ses *Mémoires*, en remet : « L'avocat composa et dicta son plaidoyer en un jour et deux nuits, sans s'asseoir, ni dormir, donnant à copier ce qu'il avait fait de premier jet, forcé à cet excès de travail par l'impatience des bourreaux qui attendaient leur victime... » Denevers, de son côté, dans son ouvrage, fignole un touchant tableau : « Sa femme venait de temps en temps lui mettre sur le front des compresses d'eau et de vinaigre, cependant qu'un secrétaire dans un salon voisin faisait deux copies de ce qui était écrit. » Nous avons tous connu ce travail à la chaîne, ces versions successives, ces dictées en rafale. Ils font partie de notre menu. Desèze sait que chaque heure rétrécit son calendrier malingre, qu'une vie est au bout de sa plume, demain au bout de sa langue. Dans la note qu'il rédige lui-même, en tête de l'édition officielle de sa plaidoirie, il concédera l'avoir écrite en quatre nuits, consacrant ses journées à étudier le dossier avec Malesherbes et Tronchet. Pendant le peu de temps qui lui reste, il reçoit les fâcheux : « Rentré chez lui, Desèze ne pouvait échapper à l'affluence des amis éprouvés, des simples connaissances, même des inconnus chargés de renseignements qui leur semblaient d'une importance capitale et que n'osait repousser le zèle du défenseur », relate un de ses proches.

Quelques jours auparavant, le 17 décembre 1792, en compagnie de ses deux confrères, il s'était présenté au Temple pour la première fois. Il n'y rencontra pas un mythe mais un homme dans le malheur. Moment émouvant pour un avocat. Avec cette simplicité un peu figée qui depuis sa captivité est devenue sa marque, le roi accueillit son nouveau conseil. Selon Hué, il lui dit après l'avoir embrassé :

« Je vous ai choisi parce que votre plaidoyer pour le baron de Besenval m'a prouvé que vous connaissiez bien la Révolution et que vous en étiez l'ennemi. Vous pouvez ainsi me défendre mieux qu'un autre. » Après cette visite, il se met au travail et cosigne avec Tronchet une lettre de protestation :

> *Citoyen Président, Louis Capet, à la clôture du procès-verbal qui a été rédigé au Temple dimanche, a requis qu'il lui en fût délivré une expédition. Cela était le droit et aurait dû être fait quand il ne l'aurait pas demandé. Cependant il s'est déjà écoulé trois jours sans que cette expédition nous soit parvenue. Nous prions l'Assemblée de bien vouloir ordonner à la commission de nous faire préparer* à *l'instant cette expédition. Nous sommes avec respect, Citoyen Président, les citoyens conseils de Louis Capet.*
>
> *Tronchet, Desèze*[6].

« *À l'instant* », ils n'ont pas froid aux yeux pour lancer pareille injonction à la Convention! Puis, le roi et ses conseils dépouillent les liasses, classent les pièces. Denevers précise : « Tantôt Desèze, tantôt Tronchet, tantôt le roi lui-même, écrivaient les sommaires du dossier et les défenseurs étaient frappés de voir ce prince qui passait pour s'intimider dans ses apports publics, imperturbable dans ses souvenirs, ne se faire illusion sur rien, et nuancer ses expressions en homme habitué à traiter les sujets les plus délicats. »

Cette découverte collective d'un dossier dans l'inquiétude et la fébrilité exige la maîtrise de soi. À peine a-t-on parcouru une pièce qu'une autre détruisant l'argument que la première a laissé entrevoir apparaît. Il faut prendre des notes, geler ses idées, préparer ses formules, ciseler ses répliques. Ceux qui s'imaginent que la plaidoirie est le lieu de rencontre entre la facilité et l'improvisation se trompent. Peu imaginent le labeur qu'elle impose, l'effort qu'elle exige. Quelquefois le roi se décourage : « Nous faisons ici, disait-il, l'ouvrage de Pénélope, mes ennemis l'auront bientôt défait[7]. » Mais il se reprend : « Poursuivons néanmoins, quoique je ne doive compte de mes actions qu'à Dieu[8]. » Tout Louis XVI est dans cette maxime un peu dérisoire

quand on comparaît devant le tribunal des hommes. Pendant que Desèze rédige son plaidoyer, Malesherbes, Tronchet et leurs collaborateurs ne restent pas inactifs. La défense de Louis XVI ne fut pas l'ouvrage d'un seul, mais le travail d'une équipe efficace et soudée.
 Le 23 décembre, les trois hommes reprennent l'offensive. Ils demandent au procureur général-syndic de Paris de leur donner connaissance de la correspondance échangée dans la nuit du 9 au 10 août entre les administrateurs du département, le maire et le ministre de l'Intérieur. La Convention décrète que les pièces seront communiquées mais qu'on en donnera au préalable copie à la commission des Vingt et Un. En obtenant ces documents, les défenseurs font un excellent travail, cette journée sanglante étant la base même de l'accusation. Si les forces de l'ordre avaient agi sur ordre des autorités constituées, la responsabilité du roi serait considérablement atténuée. On ne pourrait plus l'accuser d'avoir fait tirer sur le peuple.
 Desèze achève son ouvrage la nuit de Noël. Le 25 décembre au matin, les trois avocats se rendent au Temple vers midi. Ils sont à nouveau en proie aux tracasseries de la Commune. Tatillonne, elle fait noter l'heure de leur entrée et de leur sortie, procédure toujours en vigueur aujourd'hui. Desèze donne lecture de sa plaidoirie. Bouleversé, le roi ordonne à son défenseur : « Retranchez cette péroraison, tout éloquente qu'elle est ; il n'est pas de ma dignité d'apitoyer sur mon sort ; je ne veux d'autre intérêt que celui qui doit naître d'un simple énoncé de mes moyens de défense. Ce que vous retrancherez, mon cher Desèze, me ferait moins de bien qu'il ne me ferait de mal [9]. » L'avocat proteste : cette simple litanie que Louis XVI exige enlèvera à son argumentation toute humanité. Le roi insiste : « Vous voulez donc vous faire massacrer à la barre. Je ne veux pas avoir l'air de chercher à les attendrir. » Et il biffe un certain nombre de passages, dont la péroraison. Malesherbes le confirmera à l'abbé Morellet : « Je n'ai jamais rien entendu de plus pathétique que sa péroraison. Tronchet et moi en fûmes touchés jusqu'aux larmes, le roi la fit supprimer. »

Le vieil homme se trompe. Ce n'est pas la fin qui fut retirée, mais l'exorde. Les trois premières pages du manuscrit primitif, les plus émouvantes, ont disparu. La dernière partie, elle, demeure intacte et Desèze, au lieu de la raturer, en renforce le pathétique. Faiblesse du témoignage humain. Une seule chose est certaine : la volonté du roi de tordre le cou à l'éloquence de Desèze. On ne retrouve pas dans sa plaidoirie les accents de la défense de Besenval. Je crois l'abbé Morellet quand il affirme : « Le roi refusa que l'on essaie d'émouvoir les juges. » Émouvoir les juges, monsieur l'abbé, c'est pourtant notre rôle.

*

Ce n'est plus une question de jours, mais d'heures, de minutes bientôt. Le temps insensible passe et les défenseurs s'affolent. Desèze, comme nous tous, est habité par le doute. Il craint, pour le roi et, l'égoïsme ne perdant jamais ses droits, pour sa réputation. On plaide aussi pour soi-même.

La bassesse a accusé Desèze d'avoir exigé des honoraires de Louis XVI. Ignominie. L'homme tout à sa cause ne pensait pas à l'argent. Les avocats confrontés à la misère, au lieu de tendre la main, la mettent à leur poche. Malesherbes, Tronchet, Desèze sont à cet égard exemplaires. Hue, dans ses *Mémoires*, raconte cette scène dont la niaiserie ne dissimule pas la véracité : « Le roi était si touché du zèle de ses défenseurs que, se trouvant seul avec Malesherbes, quelques jours plus tôt, il lui avait dit : " Vos deux collègues se sont dévoués pour ma défense. Ils me consacrent leur travail ; et dans la position où je suis, je n'ai aucun moyen d'acquitter une dette envers eux. J'ai songé à leur faire un legs, mais le paierait-on ? – Il est payé, Sire, répondit Malesherbes. Le roi, en les choisissant pour ses défenseurs, a immortalisé leur nom. " Cette détresse de son maître avait ému l'ancien ministre et il arriva au Temple, le lendemain matin, avec une bourse remplie d'or. " Sire, lui dit-il, en la lui présentant, permettez qu'une famille riche, en partie de vos bienfaits et de ceux de vos aïeux, dépose cette offrande à vos pieds. " Louis XVI ne voulait pas accepter, mais Malesherbes insista et le roi finit par se rendre à ses instances. » Je connais des défenseurs qui se sont ruinés pour de grandes causes.

Dans son testament, le roi verse à ses avocats leurs plus beaux honoraires : « Je prie Messieurs de Malesherbes, Tronchet et Desèze de recevoir ici l'expression de tous mes remerciements et l'expression de ma sensibilité pour tous les soins et les peines qu'ils se sont donnés pour moi... » Les soins et les peines... Beau titre pour un ouvrage sur la défense.

*

D'autres soucis accablent les trois avocats. Un courageux anonyme vient de les avertir qu'un homme mystérieux, de petite taille, avec des moustaches, se proposait d'assassiner leur client, lors de son transfert du Temple à la Convention le 26 décembre. Que faire ? Prendre l'information à la légère et passer outre ? Avertir la Commune chargée du maintien de l'ordre ? En définitive, ils décident d'alerter le ministre de l'Intérieur. Avec le sens des responsabilités qui le caractérise, Roland se défausse sur Chambon, le maire de Paris. Peu soucieux de voir sa réputation ternie par ce Damiens moustachu, il décide « de faire environner la voiture du roi de 600 citoyens, choisis dans chaque section et ayant en un lieu ostensible la carte de leur section. Ces citoyens escorteront Louis Capet dans sa marche, indépendamment des autres citoyens armés qui défendront les côtés du passage et les extrémités de la rue ». Les assassins en puissance n'ont qu'à bien se tenir.

Le 25 décembre 1792, l'Assemblée siège sous la présidence de Fermont. La veille d'un si grand jour, la séance somnole. Quelques minutes avant qu'elle ne soit levée, Thuriot intervient hors de lui : « On vient de me dire que les défenseurs de Louis sont allés chez Fermont et qu'ils y sont restés trois heures [10]. » Que s'était-il passé ? Le président avait-il manqué à son devoir de réserve ? La défense avait-elle cherché à le circonvenir ? à le discréditer ? La vérité est autre : inquiets pour leur sécurité, Malesherbes, Tronchet et Desèze étaient venus remettre à Fermont une lettre lui demandant la marche à suivre pour parvenir sains et saufs à la Convention. Fallait-il se rendre d'abord au conseil général et de là, sous bonne escorte, au Manège ? Emprunter un itinéraire détourné pour se mettre hors de portée des furieux ? Certains ont méprisé cette démarche. L'héroïsme est une vertu dont le conseil est plus aisé que la pratique et les gens de la Commune firent des gorges chaudes de ces précautions. L'un d'eux affirma : « Les défenseurs peuvent se rendre à la Convention, à pied ou à cheval comme il leur plaira »; un autre : « C'est injurier le peuple que de craindre quelques excès de sa part... » À quelques encablures de Septembre ! Respectueux de leurs droits, le président remet des sauf-conduits, permettant l'accès de l'Assemblée avant l'heure du procès aux trois hommes.

Quand, le 26 décembre 1792, à 9 heures moins le quart, le roi quitte le Temple, il s'enquiert : « A-t-on réglé la manière dont mes défenseurs doivent se rendre à la Convention ? » On lui répond : « Vos conseils feront comme ils le voudront, le Conseil a arrêté qu'il n'y avait pas lieu à délibérer [11]. » La Commune barbote dans l'eau de Ponce Pilate. Arrivés au petit matin au Manège, les avocats prennent la multitude de court. Parqués dans la salle des pétitionnaires, ils attendent le roi. Quand il arrive, Malesherbes se lève, et le salue des titres qui étaient les siens : Sire, Majesté. Treilhard l'apostrophe : « Qui vous rend si hardi de prononcer ces mots que la Convention a proscrits ? – Mépris pour vous, répond l'ancien ministre. Mépris pour la mort. »

Chapitre XVI

DESÈZE PLAIDE

La plaidoirie de Desèze a donné lieu à d'innombrables commentaires. Les avocats sans cause, les gloires fatiguées, tous les Target du monde ont distribué les bons et les mauvais points. Devant leur miroir et leur ego depuis deux cents ans, ils défient la Convention, sauvent une tête. Si Louis XVI leur avait confié son sort, il serait encore sur le trône...
Avocat, je connais trop les pièges, les arêtes du procès, pour devenir le censeur des défenses passées. Desèze, malgré ses faiblesses, ses lacunes, demeure un modèle. Prisonnier vagabond de son texte, s'en est-il évadé ? Qui nous rapportera ses silences, ses nuances, ses outrances ? Qui nous révélera les pensées de Malesherbes et de Tronchet pendant l'intervention de leur confrère ? Plaidoirie de rupture, plaidoirie de connivence : expressions dérisoires. L'avocat n'est ni un philosophe, ni un partisan. Militant de la défense, agitateur d'idées, il se situe hors des clivages traditionnels.
Les critiques dont il est l'objet sont la rançon d'une mission irremplaçable.

À 9 heures du matin, le 26 décembre, le président de séance Fermont prend la parole devant une salle où ne se glisserait pas une souris.
« J'annonce à l'Assemblée que Louis et ses défenseurs

sont prêts à paraître à la barre. J'interdis aux membres et aux spectateurs toute espèce de murmure ou d'approbation... »

L'ancien souverain fait son entrée, flanqué comme la dernière fois du monumental Santerre, commandant général de la garde nationale, suivi de Malesherbes, de Tronchet et de Desèze.

Le président s'adresse au roi :
« Louis, il a été décrété que vous seriez entendu une seconde fois et de façon définitive. »

D'une voix ferme, lente, le roi répond : « Mon conseil va vous lire ma défense. » Desèze marche alors vers la barre. L'homme sent son Ancien Régime. Des lèvres fines, un nez puissant, et, surplombant de lourdes paupières, une double haie de sourcils presque aussi fournis qu'une moustache.

Son exorde donne dans le classique.

Desèze : « Citoyens représentants de la nation, il est donc enfin arrivé ce moment où Louis accusé au nom du peuple français peut se faire entendre au milieu de ce peuple lui-même ! Il est arrivé ce moment où, entouré des conseils que l'humanité et la loi lui ont donnés, il peut présenter à la nation une défense que son cœur avoue, et développer devant elle les intentions qui l'ont toujours animé. Déjà le silence même qui m'environne m'avertit que le jour de la justice a succédé aux jours de colère et de prévention, que cet acte solennel n'est point une vaine forme, que le temple de la liberté est aussi celui de l'impartialité. »

Desèze se couvre du mandat qui lui a été confié par la Convention. Il demande dans la langue de bois fleurie des procédures judiciaires qu'on accorde un strapontin convenable à la nouvelle justice tout en attirant l'attention sur l'exceptionnelle condition d'accusé de son royal client.

Entend-il faire pleurer les conventionnels sur la triste condition des monarques ?

« Louis n'est plus en effet qu'un homme et un homme accusé : c'est donc le moment où vous lui devez le plus de justice, le plus de faveur. Toute la sensibilité que peut faire naître un malheur sans terme, il a le droit de vous l'inspirer ; [...] comme l'a dit un républicain célèbre, les infortunes des rois ont pour ceux qui ont vécu dans les gouvernements monarchiques quelque chose de bien plus attendrissant et de bien plus sacré que les infortunes des autres hommes... »

La défense continue d'agiter sa cape devant le taureau : « Vous l'avez appelé au milieu de vous. Il y est venu avec calme, avec dignité. Il y est venu plein du sentiment de son innocence, fort de ses intentions, dont aucune puissance humaine ne peut lui ravir le consolant témoignage. Appuyé en quelque sorte sur sa vie entière, il vous a manifesté son âme. Il a voulu que vous connussiez – et la nation par vous – tout ce qu'il a fait. Il vous a révélé jusqu'à ses pensées... »

Langage d'un avocat qui sent son dossier léger. Personne ici n'a oublié la comparution désastreuse du roi, il y a quinze jours.

« En discutant sans préparation et sans examen des inculpations qu'il ne prévoyait pas, en improvisant pour ainsi dire une justification qu'il était bien loin même d'imaginer, Louis n'a pu que vous dire son innocence : il n'a pas pu vous la démontrer, il n'a pas pu vous en produire les preuves. Moi, citoyens, je vous les apporte... »

Il est clair que la défense ne tient aucun compte des premières déclarations du roi, de ce que Marat appelle ses « chicaneries ». Elle plaide « non coupable ». Sans nuances. On serait tenté de dire : royalement. Pouvait-elle agir de façon différente ?

Desèze : « Je sais qu'en parlant aux représentants de la nation, je parle à la nation elle-même. Il est permis sans doute à Louis de regretter qu'une multitude immense de citoyens aient reçu l'impression des inculpations dont il est l'objet, et qu'ils ne soient pas aujourd'hui à portée d'apprécier les réponses qui les détruisent. Ce qui lui importe le plus, c'est de prouver qu'il n'est point coupable. C'est là son seul vœu, sa seule pensée... »

Il fallait s'en tenir là. Mais les meilleurs avocats ont souvent près d'eux une vilaine fée qui leur souffle une phrase de trop.

Desèze continue : « Louis sait bien que l'Europe attend avec inquiétude le jugement que vous allez rendre, mais il ne s'occupe que de la France... »

Cette allusion à l'Europe est-elle indispensable ? L'Europe, c'est le nid de vipères de la contre-révolution.

Depuis le début, la défense donne l'impression de jouer gros jeu sans carte maîtresse. C'est ce qui la rend absurde et sublime.

Avant d'attaquer, elle proteste, se plaint – à juste titre – du peu de temps qu'on lui a laissé. Dans une affaire, qui « pour son importance, pour sa solennité, son éclat, son retentissement dans les siècles, aurait mérité plusieurs mois de méditation et d'efforts, je n'ai pas eu seulement huit jours ». L'avocat supplie donc qu'on l'entende avec indulgence : que la cause du roi n'en souffre pas...

Fin des précautions oratoires.

Il est clair, dès lors, que Desèze va se servir de la barre comme d'une tribune.

« Si je n'avais à répondre ici qu'à des juges, je ne leur présenterais que des principes, et je me contenterais de leur dire que depuis que la nation a aboli la royauté, il n'y a plus rien à prononcer sur Louis. Mais je parle aussi au peuple lui-même. Et Louis a trop à cœur de détruire les préventions qu'on lui a inspirées pour ne pas se faire un devoir de discuter tous les faits qu'on lui a imputés. »

La défense se propose donc d'effectuer le tour des accusations : les faits antérieurs à l'acceptation de la Constitution par le roi en septembre 1791, puis ceux qui relèvent de sa responsabilité ou de celle de ses ministres après cette date.

Une démarche commande tout : l'examen du principe de l'inviolabilité. Desèze pose cette règle de base : le roi est un accusé comme un autre. Il a le droit de se défendre par les moyens qui lui semblent les mieux appropriés.

Comme à la parade ! Reste à savoir si le principe de l'inviolabilité demeure légitime et peut encore être invoqué après les événements du 10 août.

Le défenseur montre à la Convention qu'une royauté ne peut exister que si le roi est mis à l'abri de toute accusation et de toute poursuite. Sans trop appuyer, il remet en question la légitimité du procès et s'arc-boute sur la Constitution.

Desèze : « Je passe à l'article 2 et je lis : la personne du roi est inviolable et sacrée. En observant que cette inviolabilité est posée ici d'une manière absolue. Il n'y a aucune exception qui la modifie, aucune nuance qui l'affaiblisse. Elle est en deux mots et elle est sacrée... »

Le roi ne peut donc être personnellement tenu pour responsable. Sauf s'il trahit ou ne tient pas le serment qu'il a prêté à la Constitution. Dans ces cas, il est présumé avoir abandonné la couronne et la nation reprend sa liberté, dans les limites de l'article 6 : « Si le roi se met à la tête d'une armée et en dirige les forces contre la nation, ou s'il ne s'oppose pas par un acte formel à une telle entreprise qui s'exécuterait en son nom, il sera censé avoir abdiqué la royauté. »

Desèze : « Je vous supplie, citoyens, de bien remarquer ici le caractère du délit prévu par la loi. Se mettre à la tête d'une armée et en diriger les forces contre la nation. Certainement il ne peut pas exister de délit plus grave. Celui-là les embrasse tous. Il suppose, dans les combinaisons qui le préparent, toutes les perfidies, toutes les machinations, toutes les trames qu'une telle entreprise exige nécessairement. Il suppose, dans ses effets, toutes les horreurs, tous les fléaux, toutes les calamités qu'une guerre intestine entraîne avec elle. Et cependant, qu'a prononcé la Constitution ? La présomption de l'abdication de la royauté... »

Et de conclure qu'ayant renoncé, le roi ne serait plus qu'un citoyen comme les autres. Il pourrait alors être jugé. Mais pour quels actes ? Pour les actes postérieurs à l'abdication.

Les membres de la Convention ne paraissent guère séduits. Dans un procès normal, l'implacable raisonnement de Desèze aurait peut-être une chance d'être entendu. Mais suffit-il aujourd'hui au roi détrôné d'avoir juridiquement raison quand il a politiquement tort ?

Le ton monte.

Desèze : « Vous avez aboli la royauté, je ne vous conteste pas votre droit. Mais si vous aviez suspendu cette déclaration de la volonté nationale, et que vous eussiez commencé par m'accuser et par me juger, vous ne pouviez pas m'appliquer d'autre peine que l'abdication de la royauté. Pourquoi donc n'avez-vous pas commencé par là ?... »

La démonstration est-elle heureuse ? À trop insister sur l'illégalité juridique du procès, Desèze donne l'impression de se répéter. Certes, il n'appuie jamais. Et pour mieux enfoncer le clou, de temps à autre un violent coup de maillet :

« Il n'y a pas aujourd'hui de puissance égale à la vôtre. Mais il y en a une que vous n'avez pas : celle de n'être pas justes... »

Ou encore :

« Je n'examine point les caractères qui peuvent distinguer les insurrections légitimes ou celles qui ne le sont pas, les insurrections nationales ou les insurrections seulement partielles. Mais je dis que par sa nature une insurrection est une résistance subite et violente à l'oppression qu'on croit éprouver, et que par cette raison même elle ne peut pas être un mouvement réfléchi, ni par conséquent un jugement. Je dis que, dans une nation qui a une loi constitutionnelle quelconque, une insurrection ne peut être qu'une réclamation à cette loi [...] Je dis enfin que toute constitution républicaine ou autre qui ne portera pas sur cette base fondamentale, et qui donnera à l'insurrection seule – n'importe sa nature ou son but – tous les caractères qui n'appartiennent qu'à la loi elle-même, ne sera qu'un édifice de sable que le premier vent populaire aura bientôt renversé... »

Vision prophétique, lancée avec une hardiesse d'autant plus admirable qu'elle s'adresse sans périphrase aux membres d'une Assemblée née de l'insurrection du 10 août. Sans compter que Desèze, dans un silence de mort, ajoute en regardant Saint-Just :

« Je ne parle pas non plus de ce qu'on a dit que la royauté était un crime. Le crime ici serait de la part de la nation qui aurait dit : je t'offre la royauté. Et qui se serait dit à elle-même : je te punirai de l'avoir reçue... »

Il y a quelques remous discrets sur les bancs de la Convention. Sans lâcher prise, Desèze appelle en renfort *Le Contrat social*. Jean-Jacques plaide à ses côtés. Et de résumer la pensée de Rousseau : « Là où je ne vois ni la loi qu'il faut suivre, ni le juge qui doit prononcer, je ne peux pas m'en rapporter à la volonté générale : la volonté générale ne peut, comme générale, prononcer ni sur un homme, ni sur un fait. » Puis il rappelle que la règle constitutionnelle sur l'inviolabilité du roi a été adoptée et qu'on ne peut la restreindre, ni la modifier.

Conclusion ?

« La nation peut sans doute déclarer aujourd'hui qu'elle ne veut plus du gouvernement monarchique, puisqu'il est impossible que ce gouvernement puisse subsister sans l'inviolabilité de son chef. Elle peut renoncer à ce gouvernement, à cause de cette inviolabilité même. Mais elle ne peut pas l'effacer pour tout le temps que Louis a occupé le trône constitutionnel. Louis était inviolable tant qu'il était roi. L'abolition de la royauté ne peut rien changer à sa condition. Tout ce qui en résulte, c'est qu'on ne peut plus lui appliquer que la peine de l'abdication présumée de la royauté, mais par cela seul, on ne peut pas lui en appliquer une autre. »

Le raisonnement est apparemment inattaquable. Là où il n'y a pas de loi applicable, il ne peut y avoir ni jugement ni condamnation. Même en admettant que l'Assemblée écarte le principe de l'inviolabilité, elle doit au moins à Louis XVI les droits de n'importe quel Français.

Car, dit Desèze, « vous ne pouvez pas faire qu'il cesse d'être roi quand vous déclarez vouloir le juger, et qu'il le redevienne au moment de ce jugement que vous voulez rendre ». Dès lors, si l'on juge le roi comme un simple citoyen, où sont les formes que tout citoyen est en droit de réclamer, où sont les jurés qu'on peut récuser si c'est nécessaire, où sont les précautions pour que le citoyen, même coupable, ne soit frappé que par la loi et elle seule ?

Bref, en quoi la Convention est-elle compétente pour juger le souverain ? En quoi représente-t-elle le pouvoir judiciaire de la nation ? Jusqu'à présent, Desèze a parlé avec l'assurance éprouvée d'un redoutable civiliste. À ce point du plaidoyer, sans passion, conscient du risque qu'il prend, il donne à l'Assemblée son sentiment :

« Citoyens, je vous parlerai ici avec la franchise d'un homme libre. Je cherche parmi vous des juges et je n'y vois que des accusateurs. Vous voulez prononcer sur le sort de Louis et c'est vous-mêmes qui l'accusez. Vous voulez prononcer sur le sort de Louis et vous avez déjà émis votre vœu. Vous voulez prononcer sur le sort de Louis et vos opinions parcourent l'Europe. Louis sera donc le seul Français pour lequel il n'existera aucune loi, ni aucune forme. Il n'aura ni les droits de citoyen, ni les prérogatives de roi. Il ne jouira ni de son ancienne condition, ni de la nouvelle. Quelle étrange et inconcevable destinée ! »

La Convention ne réagit pas. Phénomène de stupeur ? Souci de dignité ? Les Jacobins encaissent.

Hélas ! La défense ne peut s'en tenir aux seuls principes. Il lui faut répondre sur le fond. Terrain rendu glissant par les « réponses » du roi, le 11 décembre.

Après avoir plaidé l'inviolabilité, Desèze commence à discuter point par point des chefs d'accusation en remontant jusqu'en juin 1789. Il insiste sur les concessions répétées d'un monarque alors absolu.

« Oubliez-vous tout ce qu'il avait retranché à sa puissance pour l'ajouter à notre liberté ? Croyez-vous que le même homme qui avait eu spontanément cette volonté, si hardie tout à la fois et si noble, eût pu en avoir, un mois après, une si différente ? »

La spontanéité du roi ne marquait pas les mémoires. Desèze ne s'en soucie guère. Il dit « le chagrin mortel » de Louis devant les dissensions ; soutient que les troupes cantonnées autour de Paris à la veille de la prise de la Bastille avaient reçu instruction de ne pas intervenir (« J'ai vu moi-même cet ordre, lorsque j'ai eu l'occasion de défendre le général de ces troupes, accusé de lèse-nation, et que la nation n'a pas balancé d'absoudre », rappelle l'ancien avocat de Besenval). Évoquant la nuit du 4 août, il fait remarquer que l'Assemblée décerna au souverain le titre de « Restaurateur de la Liberté française ».

L'arrivée du régiment de Flandre à Versailles ? Les officiers municipaux l'avaient demandée. L'insulte à la cocarde tricolore ? Le roi l'a ignorée. Le reproche d'avoir traîné pour exécuter les décisions du 4 août ?

Desèze : « Comment n'aurait-il pas eu la liberté de son opinion, puisque la nation lui a donné depuis le droit de s'opposer aux décrets ? »

Bref, l'avocat présente une défense consciencieuse, pas toujours persuasive. Le moment le plus remarqué ? La discussion des lettres compromettantes, des documents, des mémoires découverts aux Tuileries. Selon lui, ces pièces ne prouvent pas grand-chose :

« Le domicile de Louis a été envahi, ses armoires ont été forcées, ses secrétaires ont été brisés, une partie de ses papiers a été dispersée ou perdue, la loi ne les a point placés sous sa sauvegarde. Il n'y a point eu de scellés, il n'y a point eu d'inventaire fait avec Louis. On a pu, pendant le tumulte de l'invasion, égarer ou enlever des pièces. On a pu égarer, surtout, celles qui auraient expliqué celles qu'on oppose. En un mot, Louis n'était pas là quand on s'est saisi de ces pièces. Il n'a point assisté au rassemblement qu'on en a fait. Il n'a point assisté à leur examen. Il a donc le droit de ne pas les reconnaître et on n'a pas celui d'en argumenter contre lui... »

Tout à fait juste ! Néanmoins, la défense en discute. Sans vraiment convaincre. Aux lettres qui font état de « l'argent répandu », elle répond qu'il est facile aux intrigants de tromper un roi. Le mémoire où s'étale le rôle suspect de Mirabeau ? Un souverain peut-il répondre des dossiers qu'on lui soumet ? Peut-il en vérifier les allégations ? On pourrait objecter qu'il en avait le pouvoir, mais Desèze passe outre.

« Il n'existe pas l'ombre d'une preuve qu'il ait accueilli les plans qu'on lui a présentés ou les propositions qu'on lui a faites. »

Haute voltige ! La lettre par laquelle le roi suggère à La Fayette de rencontrer Mirabeau ? Un projet sans suite. Quel mal y a-t-il à demander aux deux hommes les plus populaires de la nation de « se concerter pour le bien de l'État » ? La missive du 4 septembre 1790 à Bouillé qui avait écrasé en août la rébellion militaire de Nancy ? « Ici, Louis n'a même pas à se justifier, il n'a fait que suivre l'exemple des représentants de la nation » qui, la veille, avaient félicité le général pour « avoir glorieusement rempli son devoir ». Le rassemblement armé des « chevaliers du poignard » aux Tuileries? Il en faut davantage pour inquiéter le défenseur... « Louis n'avait pu prévenir leur zèle, mais il s'empressa au moins de le contenir... »

Pour justifier la fuite du roi, l'avocat reprend la formule malheureuse du 11 décembre : « Vous lui avez reproché son voyage à Varennes. » Il renvoie pour autres précisions aux explications peu convaincantes données par le « voyageur » aux membres de l'Assemblée constituante à son retour à Paris.

On en vient au drame du Champ-de-Mars : une pétition des Cordeliers réclamant la déchéance du roi avait été déposée sur l'autel de la Patrie, quand la garde nationale reçut l'ordre de tirer pour disperser la foule désarmée.

Desèze : « Enfermé dans son palais, prisonnier de la nation, gardé à vue, où étaient donc pour lui les moyens de conspiration ? Que pouvait-il faire ?... »

En effet, rien ne prouve que Louis XVI ait eu quelque responsabilité dans cette affreuse affaire, au demeurant fort trouble.

Desèze est moins heureux quand il essaie de réfuter l'accusation selon laquelle Louis soutenait la cause des émigrés en commanditant la publication de libelles. Quand bien même le roi aurait-il fait, pour ramener l'opinion, ce que ses adversaires entreprenaient pour l'égarer, où serait le mal ?

« La nation a décrété aujourd'hui la République. Mais ce n'était pas cette forme de gouvernement que l'on demandait alors. Les républicains, au contraire, étaient les factieux. Ils l'étaient même encore au mois de juillet dernier. La nation voulait la Constitution. On pouvait donc écrire pour la soutenir, on le devait même... » Tout se plaide...

Desèze aborde maintenant la période postérieure au serment prêté à la Constitution. Il distingue deux catégories. Les faits relevant de la compétence ministérielle, puis ceux se rapportant personnellement au roi. « On n'a pas, dit-il, le droit aujourd'hui d'accuser tout à la fois le roi et ses ministres sur les mêmes griefs. »

Affaire entendue. Mais pourquoi la défense discute-t-elle des faits reprochés au roi, quand ils tombent sous la responsabilité de ses subordonnés ? Par exemple ? L'occultation de la convention de Pillnitz (par laquelle l'Autriche et la Prusse s'engageaient à rétablir en France la monarchie absolue) ; l'attitude équivoque des commissaires envoyés à Arles par le gouvernement ; les troubles qui agitèrent le Midi ; le reproche fait au roi d'avoir saboté la marine ; la confiance conservée aux officiers supérieurs ou aux ministres soupçonnés des pires perfidies ; les désastres aux colonies ; le retard apporté à dénoncer devant l'Assemblée l'entrée en guerre de la Prusse ; la reddition hâtive de Longwy et de Verdun ; l'accusation « d'avoir laissé avilir la Nation française » ; le fait d'avoir retenu les gardes suisses en dépit de la Constitution. Elle n'écarte rien.

Desèze : « Citoyens, voilà les faits des ministres. Louis aurait pu se dispenser de les discuter, par cela seul qu'ils étaient les faits des ministres. Tous ces faits seraient-ils accusables, que Louis n'en répondrait pas. »

L'avocat aborde ensuite la douzaine d'accusations personnelles au souverain. Et d'abord le veto opposé au décret autorisant la création d'un camp de 20 000 hommes près de Paris.

« Il craignait d'exciter des troubles. Louis crut prudent de refuser. Mais en même temps, il se détermina à une mesure qui avait les mêmes avantages que le décret et n'en avait pas les inconvénients : il forma le camp de Soissons, combinaison plus importante pour la nation, car le camp de Soissons a rendu les plus grands services à l'armée française. Celui de Paris eût donc été inutile... »

Le veto opposé au décret concernant les prêtres ? Celui qui était le plus cher au cœur du souverain.

Desèze : « On ne force pas la conscience. Louis aurait craint de blesser la sienne. Il a pu se tromper, sans doute, mais son erreur même était vertueuse, et en blâmant si l'on veut le résultat, il est impossible de n'en pas respecter au moins le principe. »

Il ajoute : « Ne croyez pas d'ailleurs que cette opinion de Louis sur le décret des prêtres fût une opinion isolée et qu'aucun ministre de son Conseil ne la partageât avec lui... »
Un ange passe...
On en vient maintenant à la solde que le roi continuait de payer à sa garde licenciée par l'Assemblée.
Desèze : « C'était un acte d'humanité et de justice. »
Tout cela est habile, plein de brio, ingénieux et d'un courage fou. Mais cette éloquence démonstrative peut-elle empêcher le naufrage ? Si persuasive soit-elle, la défense donne l'impression de mener « à l'ancienne » un combat d'arrière-garde. Elle croit encore – ou feint de croire – à la procédure, aux règles, à la solidité de la rhétorique, à la logique des apparences. Elle refuse d'admettre que l'Assemblée fonctionne comme un tribunal d'exception devant lequel la politique prime le droit.
Était-il possible de sauver la tête du roi en plaidant autrement ? La défense conteste les secours aux émigrés, nie la complicité du souverain avec ses frères, dément tout contact avec la coalition des puissances. Même si elle a raison, est-elle crédible en l'état actuel des événements ?
Case suivante : l'aide à l'émigration.
« Citoyens, il n'y a pas eu un émigré, un seul véritable émigré, à qui Louis ait donné des secours pécuniaires... »
Que vient faire dans cette affirmation le mot « véritable » ? Habile, Desèze admet (alors que l'acte énonciatif n'a pas retenu le grief) que Louis pourvoit à l'entretien de ses neveux (onze et quatorze ans), fils du comte d'Artois, à Turin. Il insiste :
« Les neveux de Louis étaient sans ressources, et c'étaient ses neveux. Lui était-il donc défendu de sentir la nature et d'obéir à ses mouvements ? Parce qu'il était roi, fallait-il qu'il cessât d'être parent, ou même d'être homme ?... »
N'est-ce pas à ce moment que l'avocat aurait dû rappeler la mort du petit Dauphin en 1789 ? Aurait-il ému la Convention ?
Elle reste de glace quand Desèze évoque quelques dons particuliers à la gouvernante des enfants royaux, à l'un des gentilshommes au service des petits princes...

Toute cette partie de la plaidoirie qui correspond aux pièces comptables découvertes dans l'« armoire de fer » respire la hâte et un certain embarras. L'avocat rame à contre-courant, dispute, objecte, réfute, en bon soldat des subtilités chicanières.

Un mot à propos des agents salariés, chargés – selon l'accusation – de favoriser la réaction :

« Je ne m'arrêterai pas sur ces prétendues compagnies de contre-révolutionnaires, qu'on suppose que Louis entretenait dans Paris, et qui étaient, dit-on, destinées à y opérer des mouvements capables de servir ses vues. Jamais Louis n'est descendu dans de pareils détails [...] Les ministres ont pu vouloir connaître l'état de Paris. [...] Ils ont pu désirer que des observateurs leur rendissent compte des opinions et des mouvements. Ils ont pu salarier des journaux utiles. Mais c'étaient les ministres et non pas Louis... »

Il repousse d'un pied indigné le reproche de subornation par le roi de quelques hommes politiques.

« Législateurs, vous n'avez pas cru qu'il y eût un seul membre de l'Assemblée législative qui eût été capable de se vendre à la corruption. Ni que Louis eût été lui-même capable de l'exercer. »

Puis il écarte le reproche fait à l'accusé d'avoir continué à payer ses gardes du corps émigrés à Coblence.

Desèze : « J'avais osé, avant d'être le défenseur de Louis, suspecter sa bonne foi. Les preuves me paraissaient si fortes, les pièces si claires, les résultats qu'on en tirait si évidents, qu'il m'était impossible de concilier l'opinion que j'aurais voulu pouvoir me donner avec celle que je me trouvais obligé de prendre... » L'avocat se transforme en témoin, vieille ficelle de la barre. « La défense de Louis m'a éclairé et je viens ici – aux yeux de la France – lui faire la réparation solennelle que je lui dois. Un mot seul, mais décisif, va éclaircir cette imputation... » Il donne alors lecture d'une lettre de l'administrateur de la liste civile à son trésorier à propos des quatre compagnies de gardes du corps licenciées : « Sa Majesté entend que le montant des traitements ne soit plus délivré en masse à l'état-major et que désormais chaque individu, officier ou garde, soit payé à la caisse de la liste civile sur sa quittance ou procuration accompagnée d'un certificat de résidence dans le royaume. Je vous préviens au surplus que Sa Majesté a ordonné de cesser le paiement de toutes dépenses quelconques relatives aux compagnies des gardes du corps autres que celles des traitements conservés et de la subsistance des chevaux... »

Le texte pulvérise ce point particulier de l'acte d'accusation. Desèze marque un avantage et continue à ferrailler. Il stigmatise l'anarchie qui présida à l'instruction.

« Toutes les pièces qui forment la base de l'imputation ont reçu la plus grande publicité. On a dénoncé Louis, pour ce fait, à la France entière. On l'a dénoncé à l'Europe. Et la pièce qui suffisait seule pour le justifier demeure ignorée. Il y a plus. Les papiers de l'administrateur de la liste civile ont été saisis. Et cependant, par la plus étrange fatalité, on trouve tout dans ces papiers, excepté cet ordre... »

Et prenant à témoin le public des tribunes qui commence à s'agiter :

« Jugez maintenant, citoyens, par le caractère de cette imputation, de toutes les autres. Jugez quel avantage aurait eu Louis, si on n'avait pas saisi ou enlevé ses papiers dans l'invasion de son domicile, s'il avait pu assister lui-même à leur examen, s'il eût pu réclamer les pièces qui devaient nécessairement se trouver parmi celles qu'on lui a opposées. Jugez avec quelle force il eût répondu à tous les reproches que vous lui avez faits, puisqu'il y a répondu, même sans ces pièces... »

Desèze est lancé. Il fait à présent le procès du procès. Non! La défense n'a pas eu connaissance de la totalité des documents sur lesquels repose l'acte énonciatif. Sinon de quelles lumières elle eût éclairé (et ici tous les mots portent) « ces accusations ténébreuses qui n'ont pu recevoir quelque consistance que des ombres mêmes dont on avait su les couvrir ». On sort enfin du cadre des plaidoiries conformistes! C'est une stratégie résolument offensive que l'avocat adopte.

« Jugez de ce qu'a dû coûter à notre cœur, dans une cause aussi mémorable, le défaut de temps, de communication, de recherches, l'impuissance de nos efforts, l'excès même de notre zèle, et combien il est déchirant pour nous de nous trouver forcés de répondre – en quelque sorte à l'Europe – de la destinée de Louis, et de sentir que la grandeur seule de cette imposante fonction était précisément l'obstacle même qui empêchait le plus de la bien remplir et de s'en montrer digne... »

Cette ruade pouvait apparaître comme une conclusion décisive. Desèze aurait-il fait le tour ? Il a brillamment plaidé sur les principes, puis il a réfuté les faits en terminant sur le côté faible de l'accusation. Il reste à la défense d'évoquer « la désastreuse journée du 10 août ». Tragédie à peine vieille de quatre mois. Desèze change de registre pour plaider l'absence de responsabilité du roi dans la fusillade des Tuileries.

« Représentants du peuple, je vous supplie de ne pas considérer dans ce moment les défenseurs de Louis comme des défenseurs. Nous avons notre conscience à nous. Nous aussi, nous faisons partie du peuple, nous sentons tout ce qu'il sent. Nous sommes citoyens, nous sommes français. Nous avons pleuré avec le peuple et nous pleurons encore avec lui sur tout le sang qui a coulé dans la journée du 10 août. Et si nous avions cru Louis coupable des inconcevables événements qui l'ont fait répandre, vous ne nous verriez pas aujourd'hui à cette barre... »

Cette habileté émeut et il remonte au 20 juin pour expliquer le 10 août. Il rappelle le bouillonnement des esprits, l'effervescence de la rue, les bruits qui courent, comment le roi voit de jour en jour sa position plus menacée et prend des précautions pour défendre les Tuileries. Il raconte la nuit la plus longue de la monarchie, le tocsin dans Paris, les rassemblements populaires, l'appel aux autorités constituées qui donnent à la garde nationale et aux Suisses l'ordre de défendre le château. Il souligne le rôle de Roederer, procureur général-syndic de Paris, dans le déroulement des événements : c'est lui qui fait comprendre à Louis la nécessité de se rendre avec sa famille à l'Assemblée nationale.

« Où est le délit ? » demande Desèze. Réfugié à l'Assemblée, le roi n'a rien ordonné et il n'en est sorti que pour entrer en prison. Comment le combat s'est-il engagé ? Qui en a pris l'initiative ?

« Vous avez parlé d'intentions hostiles de la part de Louis. Où est la preuve de ces intentions ? Quels sont les faits que vous citez ? Quels sont les actes ? On a dit vaguement qu'il avait été formé un complot pour enlever la personne de Louis. Mais où est ce complot, où en est la trace, où en est la preuve ? Vous avez parlé de préparatifs. Je vois bien, en effet, de la part de Louis, des préparatifs de défense. Mais où sont les préparatifs d'attaque ? Qu'a fait Louis pour être convaincu d'agression ? Où est son premier mouvement, où est son premier acte ?... »

Desèze ne se contente pas de plaider l'impossibilité matérielle, il provoque. Sans ménagement !

« Qui donc ignore aujourd'hui que longtemps avant la journée du 10 août, on préparait cette journée, qu'on la méditait, qu'on la nourrissait en silence, qu'on avait cru sentir la nécessité d'une insurrection contre Louis, que cette insurrection avait ses agents, ses moteurs, son cabinet, son directoire ? Qui ignore qu'il a été combiné des plans, formé des ligues, signé des traités ? Qui ignore que tout a été conduit, arrangé, exécuté pour l'accomplissement du grand dessein qui devait amener pour la France les destinées dont elle jouit ? [...] Je n'attaque point les motifs de l'insurrection, je n'attaque point ses effets. Je dis seulement que puisque l'insurrection a existé et bien antérieurement au 10 août, qu'elle est certaine, qu'elle est avouée, il est impossible que Louis soit l'agresseur... »

Dans un tel procès, la défense était condamnée à être totale. À cet instant, Desèze est admirable. Des tribunes des murmures s'élèvent, des protestations fusent quand l'avocat aborde sa péroraison en traçant le portrait d'un souverain de légende « qui se montra toujours l'ami constant du peuple ».

« Le peuple voulut la liberté, il la lui donna. Il vint même au-devant de lui par ses sacrifices, et cependant, c'est au nom de ce même peuple qu'on demande aujourd'hui... Citoyens, je n'achève pas... Je m'arrête devant l'Histoire.

Songez qu'elle jugera votre jugement et que le sien sera celui des siècles... »

C'est fini. Le défenseur ramasse la liasse de feuillets posée devant lui. Malesherbes ne dissimule pas ses larmes. Le roi se lève, bouleversé. Dans ses mains, un papier. Il le lit lentement :

« On vient de vous exposer mes moyens de défense : je ne les renouvellerai point. En vous parlant peut-être pour la dernière fois, je vous déclare que ma conscience ne me reproche rien et que mes défenseurs ne vous ont dit que la vérité. Je n'ai jamais craint que ma conduite fût examinée publiquement. Mais mon cœur est déchiré de trouver dans l'acte d'accusation l'imputation d'avoir voulu faire répandre le sang du peuple, et surtout que les malheurs du 10 août me soient attribués. J'avoue que les preuves multiples que j'avais données, dans tous les temps, de mon amour pour le peuple, et la manière dont je m'étais toujours conduit, me paraissaient devoir prouver que je craignais peu de m'exposer pour épargner son sang et éloigner à jamais de moi une pareille imputation. »

Sincérité et inconscience.

Le président : « Vous n'avez pas autre chose à ajouter pour votre défense ?

Le roi : – Non.

Le président : – Vous pouvez vous retirer... »

Que dire ?

Compte tenu des handicaps imposés, Louis XVI ne pouvait pas être mieux défendu. Desèze a prouvé sa fermeté, sa liberté, un courage peu commun. Mais cette plaidoirie en trois morceaux était-elle la mieux appropriée ? Souvent, on a le sentiment que l'avocat souhaite davantage se faire entendre de l'Europe et de l'avenir que des membres de l'Assemblée alors qu'une partie d'entre eux ne désire pas en finir avec le roi. Peut-être fallait-il aussi mettre une sourdine à l'apologie finale ? À quoi bon transfigurer le monarque ?

Louis n'est pas un saint de vitrail. À quoi bon cette apologie ? Autre aspect négatif : l'image d'un souverain dénué d'arrière-pensées. Si l'accusation n'avançait aucune preuve sérieuse des relations du roi avec l'émigration ou l'étranger, la défense n'apportait de son côté aucune « contre-preuve ». Elle a eu tort, enfin, de s'embourber dans le juridisme.

Que serait-il arrivé si, dès les premières minutes, les trois avocats avaient refusé de plaider, exigé un supplément d'information et le renvoi du procès ? L'Assemblée, en quête de justice et d'intégrité morale, aurait-elle pris sur elle de voter la mort sans que l'accusé ait pu présenter sa défense ?

Certes, Louis XVI a trouvé les mots justes dans son ultime déclaration. On l'a vu humain (car il l'était). Trop humain et trop tard. Ses avocats ont eu le tort de plaider l'innocence d'un innocent. Dans un procès politique, l'innocence ne pèse pas lourd.

Chapitre XVII

LA MORT A AUSSI SES DANGERS

À peine le roi s'est-il retiré que Raffron du Trouillet, un des doyens de l'Assemblée dont les soixante-dix ans n'atténuent pas la verdeur, prend la parole : « Louis Capet a répondu à la dernière question du président qu'il n'avait rien à ajouter à sa défense ; je demande donc que l'on procède sur-le-champ à l'appel nominal. » Cette requête est conforme au décret du 6 décembre 1792 : « Le lendemain de la dernière comparution à la barre, la Convention nationale se prononcera sur le sort de Louis Capet par appel nominal. Chaque membre se présentera à la tribune. »

Ce mode de scrutin méconnaît les dispositions de la Constituante qui, par le secret du délibéré, avait contraint les juges à se prononcer par un vote intimiste. Mettre les conventionnels dans l'obligation de rendre leur verdict et de le motiver en public démontre la détermination de la Montagne et d'une partie du centre de perdre Louis XVI. Pourtant, son procès n'est pas une parodie, ni ses délibérés des formalités. Jusqu'au bout, le sort du roi est incertain. La Convention fut plus respectueuse des droits de la défense que les « tribunaux » du duc d'Enghien, du maréchal Ney (qu'en pensez-vous, maître Desèze ?), des communards, des résistants, du FLN, de l'OAS. Si la majorité avait été fixée aux deux tiers, si le scrutin avait eu lieu à bulletin secret, Capet aurait, probablement, sauvé sa tête.

Dans les appels nominaux, chacun des conventionnels

vote selon son intime conviction. Cette institution rousseauiste repose sur l'indépendance, le libre arbitre, la sagesse des juges. Ne perdons pas de vue qu'elle vient à peine, en 1792, de remplacer dans notre ancien droit, le vieux système des preuves légales toujours en vigueur dans les pays anglo-saxons. Lors du grand débat de la Constituante sur la réforme judiciaire, Tronchet, qui s'en méfiait, voulut corseter l'intime conviction dans des règles strictes. À l'inverse, Duport et Thouret, deux modérés, estimèrent cette tutelle incompatible avec une méthode guidée par « la nature et la bonne foi ». Ce bel optimisme l'emporta malgré les réserves de Robespierre partisan, comme Tronchet, d'une détermination qui ne soit pas subordonnée à l'imprévisibilité, à la faiblesse, à l'emportement des hommes. Cette alliance contre nature entre le futur avocat du roi et son principal accusateur n'emporta pas l'adhésion de la Constituante et la justice de la Révolution reposa sur le plus fragile des supports : la conscience. Aujourd'hui encore, l'intime conviction préside à la délibération du tribunal correctionnel et de la cour d'assises. Les magistrats et les jurés ne doivent des comptes qu'à eux-mêmes. Tronchet trouvait cette licence excessive : « Conservons, disait-il, l'intime conviction dans toute sa pureté mais ne la réduisons pas au seul instinct. » Quel homme de terrain pourrait lui donner tort ?

Ce système risque de devenir liberticide si les juges s'expriment publiquement. À la barre de la Convention, chacun connaît le vote de l'autre et ses motivations. Ces confessions à voix haute s'avéreront mortelles... et pas seulement pour l'accusé.

*

Ce mercredi 26 décembre 1792, Amar veut presser les événements. Il a tout pour plaire, ce jeune homme, ancien avocat au Parlement de Grenoble, représentant de l'Isère. Séduisant, riche, il donne volontiers dans le donjuanisme et ses conquêtes ne se comptent plus. De cette voix de velours qui fait frissonner les dames, il n'est pas tendre pour le roi :

« J'invoquerai les mânes des patriotes égorgés sous La Fayette et traduits devant Louis comme des agneaux sous le couteau du boucher [...] Je vous demande quel crime plus atroce a pu être commis contre la liberté et l'égalité des citoyens... » Puis de son beau sourire, il écarte l'appel au peuple : « Où donc faudra-t-il en appeler ? Aux planètes sans doute... »

Legendre patauge : « À une Assemblée de rois... » Rires. Impassible, Amar conclut : « Je dis donc qu'il ne nous reste qu'à aller à l'appel nominal. »

Jean Bon Saint-André, l'un des secrétaires, tient, à son tour, à s'exprimer sur une importante question : « Le mémoire des défenseurs de Louis Capet a été, conformément à votre décret, déposé sur le bureau mais j'y trouve plusieurs ratures notamment une ligne tracée sur les mots : *le peuple voulut la liberté, il la lui donna.* » La phrase avait été prononcée par Desèze qui s'en mordit aussitôt les doigts. Sur les conseils de ses deux confrères, il la biffa avant de déposer son texte car elle était blasphématoire au regard du catéchisme révolutionnaire. Barère, vicaire de l'orthodoxie, ne laisse pas passer une si belle occasion de déconsidérer les avocats : « Je demande que ces mots qui ont été prononcés par le défenseur de Louis Capet, et effacés ensuite par lui, soient rétablis par un décret, parce qu'il est bon que l'on sache que les tyrans ne donnent pas la liberté aux peuples, que la liberté française appartient tout entière au peuple français. » On l'applaudit.

Sa proposition adoptée, la discussion reprend de plus belle. Duhem souhaite qu'il soit procédé sans tarder à l'appel nominal. Hardy, un médecin représentant de la Seine-Inférieure, s'y oppose : « Tous les grands publicistes et notamment Jean-Jacques Rousseau établissent que le peuple commet un acte de tyrannie quand il juge un homme. » Thuriot : « Il commet un acte de justice quand il assassine un tyran. » Décontenancé, Hardy tombe dans un galimatias courageux : « J'avais cru que la justice exigeait que l'accusateur et l'accusé eussent des forces morales égales, et si je puis me servir de ces expressions qu'ils eussent un volume de morale égal; car c'est ainsi que je conçois la balance de la justice. Or, sept cent cinquante contre un n'est pas un volume égal. [*Murmures.*] Si j'apportais des hurlements à cette tribune [...] je pourrais être écouté. [*Mêmes murmures.*] Mais je n'y apporte que l'austère vérité [...] Lorsque l'on ne parle pas dans le sens de certaines personnes, on ne peut se faire entendre, je vais me retirer. » Il met sa menace à exécution dans l'indifférence générale et cède sa place à Garran-Coulon. L'ancien grand procurateur de la Haute Cour d'Orléans lit deux lettres parvenues à la commission des Vingt et Un [1]. La première est signée par les trois défenseurs de Louis Capet, la seconde par Malesherbes seul.

Première lettre :
> *Citoyen président, nous avons eu l'honneur de passer au comité, au sujet du décret qui ordonne que la défense proposée par Desèze sera déposée sur le bureau, pour être imprimée et envoyée aux quatre-vingt-quatre départements. Nous pourrions observer que le manuscrit d'un discours qui n'a été achevé que cette nuit est dans un état qui n'est pas propre à l'impression puisqu'il est rempli de surcharges et de ratures; qu'il ne peut pas même être un fidèle témoin de ce qui a été prononcé par l'orateur qui a déclaré avoir omis des choses écrites, et en avoir ajouté de non écrites. En conséquence, nous vous prions de nous permettre de nous concerter avec le comité sur les mesures à prendre pour la copie de ce discours et pour que l'auteur lui-même puisse en corriger les épreuves. Nous ne l'avons signé purement et simplement que par déférence au décret.*

Deuxième lettre :
> *La signature mise au manuscrit chargé de ratures et de renvois n'est pas autre chose que pour justifier que c'était le manuscrit qui était entre vos mains. Mais si on nous laisse voir les épreuves, nous les signerons volontiers, et notre signature alors sera le certificat complet de l'approbation que nous donnerons à l'ouvrage.*

Ces documents peu cités démontrent le souci des trois hommes de pallier l'improvisation et d'effectuer d'ultimes corrections. Si Malesherbes signe seul la seconde lettre, ce n'est pas par hasard. Chef de la défense, il jette dans ce combat le poids de son nom et souligne que l'argumentation de Desèze engage les trois avocats.

Cette lecture provoque les habituelles turbulences. Après un nouvel éclat de Kersaint : « Nous sommes les juges du roi et non ses bourreaux », l'Assemblée autorise la défense à revoir l'original de la plaidoirie avec la commission des Vingt et Un pour en fixer le texte définitif.

Saint-Just, à la tribune, demande à répondre aux défenseurs : « J'avais prévu une partie de leurs objections, je suis prêt à les réfuter. » Le désordre est à son comble. Le président, pour tirer l'Assemblée de son embarras, propose que l'on vote par assis et debout sur l'ajournement des délibérés ou leur mise en place immédiate. La majorité choisit la première solution. Un des plus violents incidents du procès éclate alors : soixante à quatre-vingts Montagnards se précipitent au milieu de la salle sous les applaudissements des tribunes. Thuriot, Duhem, Billaud, Camille Desmoulins, Julien à leur tête, se lancent à l'assaut du bureau. Parvenu au fauteuil, Duhem apostrophe le président : « La majorité est séduite ; mais nous ne voulons pas qu'on délibère sur l'appel nominal. » Fermont, cerné par ces trublions, est sur la sellette. Julien dresse un réquisitoire furieux : « On tend à dissoudre la République en attaquant la Convention [...] Nous avons fait le serment de mourir mais de mourir en hommes libres [...] J'habite les hauteurs que l'on désigne ironiquement la Montagne mais je les habite sans insolence ; ce passage que l'on attaque deviendra celui des Thermopyles. » La paranoïa s'empare d'un certain nombre de députés : « Oui, oui, nous y mourrons. » Julien, en plein délire : « Cette enceinte est devenue une arène de gladiateurs [...] Le président est le complice de Malesherbes, il a montré, dans cette affaire trop orageuse et scandaleuse, qu'il n'est pas digne de notre confiance [...] Il a montré une partialité révoltante [...] Je demande que la sonnette lui soit arrachée, qu'il aille se cacher dans un des coins de la salle le plus obscur, c'est celui qui lui convient le mieux. » Faisant preuve d'un beau sang-froid sous ces grêlons, Fermont fait face : « J'avais donné la parole à Saint-Just ; je l'avais même invité à proposer son opinion pour terminer les débats. On me criait d'un côté " maintenez-lui la parole ", de l'autre " aux voix l'ajournement ". Mon devoir n'était-il pas de consulter l'Assemblée sur cette dernière proposition [...] » Réal essaie de ramener le calme : « Je voudrais que, dans une affaire de cette importance, l'Assemblée se montrât digne du grand intérêt qui l'occupe ; je demande que la discussion soit continuée jusqu'après la défense imprimée de l'accusé. » Quinette en profite, c'est sa spécialité, pour proposer un projet de décret au terme duquel la commission des Vingt et Un rédigera pour le mercredi qui suit un rapport sur la défense de Louis Capet. Après sa lecture, chaque membre se présentera à la tribune pour donner son opinion. S'il est déclaré non coupable, la Convention nationale pourra prendre toute mesure de sûreté à son encontre. En cas de culpabilité, il subira les rigueurs de la loi. Au lieu de calmer le jeu, cette proposition enflamme l'Assemblée.

Lanjuinais : « Je demande que, dans le décret, il soit substitué à ces mots : jusqu'à la prononciation du jugement, ceci : jusqu'à ce qu'il soit prononcé sur le sort de Louis Capet [...] » Et il ajoute : « Cet amendement est très important [...] » Dans l'esprit du meneur de la droite, il s'agit de rien de moins que d'éviter une sentence. Couthon parle de piège et demande qu'au mot jugement soit ajouté l'adjectif définitif ; Salle déclare qu'on le fait délibérer sous le couteau. Pétion fait mine d'intervenir, Billaud-Varenne interpelle Fermont sous les applaudissements de Marat : « Président, envoyez donc un huissier pour faire descendre Pétion de la tribune. » Comme il n'obtempère pas, l'« Ami du peuple » prend la salle à témoin : « Ne voyez-vous pas que c'est la partialité en personne que ce président-là [...] Il nous a déjà fait cinquante tours de charlatan aujourd'hui. » Nullement impressionné, Pétion insiste : « Je vous prie du moins, président, de mettre de l'ordre dans l'Assemblée [*on entend des cris " Ha Ha!", " Le roi Jérôme Pétion!"*].» À ce moment, Barbaroux, Serre, Rebecquy, Duperret et une centaine de leurs amis se précipitent vers leurs adversaires. Fort dignement, le président se couvre et le calme se rétablit. Il en profite pour redonner la parole à Pétion. « Qui voudrait un roi ? Nous n'en voulons pas.» Tous les membres à la fois : « Non, non, jamais.» L'Assemblée tout entière se lève. Philippe Égalité, qui n'en manque pas une, et plusieurs autres membres agitent leur chapeau en signe d'adhésion. Ils déchantent quand l'ancien maire ajoute : « Il ne s'agit pas ici de se prononcer ni sur la royauté qui est abolie, ni sur le sort du roi, il s'agit de se prononcer sur le sort d'un individu [...] Il est nécessaire que nous soyons tous, avant de nous prononcer, bien pénétrés des motifs du jugement. Il nous faut répondre en notre âme et conscience. Je dis que les amis de la liberté et de la justice sont ceux qui veulent examiner avant de juger.» Après ce beau désordre, la proposition de Couthon sur le jugement définitif est adoptée.

*

À partir du 27 décembre, la Convention poursuit son ordre du jour. Elle feint d'avoir des questions plus importantes à traiter, mais ne cesse de s'occuper de Louis XVI. Ces discussions quotidiennes font partie d'un procès qui, ne l'oublions pas, est autant politique que judiciaire. Il serait fastidieux de reprendre au jour le jour ces interminables audiences, mais, comment passer sous silence des interventions décisives, souvent redondantes, remarquables quelquefois, dont vont dépendre et le sort de l'accusé et celui de la France.

Jeudi 27 décembre. – Présidence de Barère. La séance est marquée par une nouvelle intervention de Saint-Just. Depuis son coup d'essai transformé, il passe pour l'un des orateurs les plus redoutés de l'Assemblée. Ce jour-là il est égal à lui-même, insupportable de hargne mais étincelant de talent. « Vous vous êtes érigés en tribunal judiciaire, et en permettant que l'on portât outrage à la majesté du souverain, vous avez laissé changer l'état de la question. Louis est accusateur, le peuple est accusé. Le piège eût été moins délicat, si l'on eût décliné votre juridiction. Mais la résistance ouverte n'est point le caractère de Louis. Il a toujours affecté de marcher avec tous les partis comme il paraît aujourd'hui marcher avec ses juges mêmes... » Puis il s'en prend à Desèze pour sa petite phrase sur la liberté octroyée par le roi : « On se souvient avec quel artifice il repoussa les lois qui détruisaient le régime ecclésiastique et le régime féodal. Vous savez avec quelle finesse les moyens de corruption étaient combinés [...] Quel est donc ce gouvernement libre où, par la nature des lois, le crime est inviolable ? [...] Défenseurs du roi, que nous demandez-vous ? Si le roi est innocent, le peuple est coupable... »

Barbaroux lapide l'inviolabilité : « Les arguments des défenseurs du roi n'ont pas détruit cette vérité. La garantie constitutionnelle n'était applicable qu'aux actes de la royauté et non aux attentats de la tyrannie [...] Elle n'abrogeait pour le roi ni les lois naturelles qui lient également tous les hommes, ni les lois civiles [...] Le peuple vous a donné tout pouvoir [...] Il importe à son salut que le tyran soit promptement jugé. »

Vendredi 28 décembre. – Présidence de Treilhard. Discours de Lequinio. Ce « pacificateur » de la Vendée qui la parsema d'Ouradour fortifie les prérogatives de la Convention : « Vous n'avez pas reçu le pouvoir, dit-on, pour juger le roi. Vous êtes donc bien coupables pour avoir aboli la royauté ! Quoi, vous avez pu renverser le trône et vous ne pouvez pas juger le tyran. Quel étrange abus de la raison ! Vous avez prononcé la peine de mort contre quiconque proposerait le rétablissement de la royauté ; vous ne pourriez pas juger celui qui a prétendu remonter au despotisme sur des monceaux de cadavres et sur les ruines de la liberté... » Buzot enfonce le clou : « Jamais je n'ai pu voir en lui l'inviolable favori de la Constitution. Auteur des maux de la France, il mérite la mort, dès que cette peine existe encore dans le code pénal. » Robespierre, au mieux de sa forme ce jour-là, pose quelques banderilles politico-philosophiques. Sa voix aigre se durcit quand il s'oppose à l'octroi de tout délai. « Si vous en accordiez, vous douteriez de ce que la nation croit fermement Capet étranger à notre révolution et loin de punir le tyran, c'est à la nation elle-même que vous auriez fait le procès [...] Votre rigueur sera la mesure aussi de l'audace ou de la souplesse des despotes étrangers avec vous. Elle sera le gage de votre servitude et de notre liberté... » Puis l'Incorruptible s'oppose à l'appel au peuple : « J'ai trouvé que la proposition de soumettre aux assemblées primaires l'affaire de Louis Capet tendait à la guerre civile [...] Je demande à la Convention nationale de le déclarer coupable et digne de mort. »

Séance du lundi 31 décembre. – Présidence de Treilhard. Vergniaud combat de son talent un peu essoufflé les arguments du député d'Arras. « Le peuple conserve comme un droit inhérent à sa souveraineté celui de manifester son vœu [...] Lui enlever ce droit, ce serait le dépouiller de la souveraineté, la transférer à une usurpation criminelle sur la tête des représentants qui l'auraient choisi, ce serait transformer ces représentants en roi ou en tyran. »

Séance du 3 janvier 1793. – Présidence de Treilhard. Nouveau discours de l'inévitable Pétion. Il a perdu de sa superbe [2] : « La prison ou la mort, c'est entre ces deux peines qu'il faut choisir. La détention a ses dangers [...] Louis, au milieu de nous, pourrait devenir un foyer perpétuel de divisions et de discordes, le centre de tous les complots, de toutes les espérances criminelles et l'arme la plus terrible entre les mains des factieux. La mort a aussi ses dangers. Je ne dirai pas que la société n'a pas le droit d'arracher la vie à un individu, que cette peine est aussi inutile que barbare : elle existe encore dans notre code et jusqu'à ce que la raison et l'humanité l'aient effacée, j'obéis en gémissant à cette loi indigne d'un peuple libre. »

*

Et pendant ces interminables palabres, que faisait la défense ? Son devoir. Vigilante, elle suivait, heure par heure, les séances de la Convention. On passe trop souvent sous silence le rôle de Malesherbes, Tronchet et Desèze et de leurs collaborateurs, une fois la plaidoirie terminée. Loin de baisser les bras, ils serrent les rangs et interviennent chaque fois qu'ils le peuvent. Quand ils apprennent qu'un conventionnel vient de dénoncer le « cabinet noir » de Louis XVI, ne pouvant plaider à nouveau, ils redeviennent avocats de l'Ancien Régime et font parvenir au président de l'Assemblée une lettre et un mémoire. Ces documents méritent d'être eux aussi reproduits. Ils illustrent la poursuite de leur inlassable engagement.

La lettre :

> *Citoyen Président, Louis, après avoir réclamé, dans sa défense, l'inviolabilité qu'il tenait de la Constitution, a cru devoir, comme il l'a dit, s'imposer la tâche surabondante de répondre à tous les faits qui lui étaient imputés dans l'acte d'accusation du 11 décembre.*

Cette phrase est importante, elle démontre que, dans l'esprit des défenseurs du roi, l'inviolabilité était le principal, la réfutation le subsidiaire. La lettre continue :

> *Jusqu'ici, on n'a encore opposé dans la Convention, à cette défense, quoique rédigée avec bien de la précipitation, qu'une seule imputation particulière, qu'il nous était impossible à prévoir, puisque l'acte d'accusation ne l'énonce même pas. Cependant, nous n'avons pas cru devoir laisser cette imputation sans réponse; et nous avons en conséquence l'honneur de vous faire passer des observations qui l'éclaircissent et qui la réfutent. Nous vous prions, Citoyen Président, de mettre ces observations sous les yeux de la Convention nationale, et nous sommes avec respect, les conseils de Louis, Lamoignon-Malesherbes, Tronchet, Desèze. Paris, ce 4 janvier 1793.*

LA MORT A AUSSI SES DANGERS

Le mémoire, intitulé « Observations des défenseurs de Louis sur une imputation particulière qui lui a été faite dans la Convention », s'efforce en fait de combler les lacunes du plaidoyer.

> *Un membre de la Convention a dit, dans son opinion particulière, que Louis avait eu constamment deux ministères, l'un chargé des ordres ostensibles et l'autre chargé des ordres secrets; et, pour le prouver, il a cité une lettre du général Bouillé, où il est, dit-on, fait mention d'un sieur Heyman, envoyé en Prusse par le roi et payé par le roi.*
> *Cette imputation est, jusqu'ici, la seule qui paraisse avoir été faite à Louis dans le cours des différentes opinions qui ont été prononcées dans la Convention. Nous pourrions, sans doute, nous dispenser d'y répondre, puisque la Convention elle-même n'a pas cru devoir en faire un chef de son acte [...]*

Placer les juges face aux insuffisances de l'accusation : un classique du barreau. Les défenseurs en profitent alors pour s'expliquer, à nouveau, sur l'affaire de Varennes.

> *[...] Louis avait fait passer au général Bouillé, pour les frais de ce voyage, une somme de 993 000 livres, et non pas celle de 6 000 000 de livres comme l'a dit, dans son rapport, le citoyen Dufriche-Valazé. [...]*
> *Le voyage de Montmédy n'ayant pas été consommé, la plus grande partie de la somme que Louis avait remise à Bouillé, et qui devait y être consacrée, était restée entre les mains de ce général. [...]*
> *Le besoin où se trouvait Monsieur le détermina à se saisir, entre les mains de Bouillé, d'une somme de 670 000 livres, faisant partie de celle que Bouillé avait reçue de Louis. [...]*

Je ne suis pas certain que ce passage ait été très opportun. Il démontre que des fonds royaux ont finalement abouti dans les caisses de l'émigration. Se rendant compte du caractère acrobatique de son argumentation, la défense ajoute :

> *Louis cependant voulut connaître l'emploi qui avait été fait par Bouillé de la somme qu'il lui avait remise. Il lui en fit demander le compte [...]*

Au moment d'aborder l'utilisation abusive du nom du roi par ses frères, ils ne sont guère plus convaincants.

> *Quand les princes formaient les régiments, c'était sous le nom du roi; quand ils donnaient des brevets pour des grades, c'était sous le nom du roi; quand ils se déterminaient même à des emprunts, c'était encore sous le nom du roi.*
> *Louis ne pouvait pas empêcher que les princes ses frères ou les autres émigrés n'abusassent de son nom.*
> *Tout ce qu'il pouvait faire était de dénoncer lui-même ce genre d'abus à l'Assemblée nationale, quand il venait à en avoir connaissance.* [...]
> *On se rappelle* [...] *que, le 5 juillet, Louis fit dénoncer encore à l'Assemblée, par son ministre des Affaires étrangères, un emprunt de huit millions que les princes ses frères avaient chargé Harel Lavertu, armateur de Lorient, de faire pour eux en Hollande, et qu'ils couvraient aussi du nom de Louis, et qu'à cette occasion Louis fit adresser une proclamation à toutes les puissances de l'Europe, pour leur notifier qu'il désavouait formellement tous les actes privés et publics, faits en son nom par les princes français et par les autres émigrés rebelles aux lois de leur pays.*
> *Louis prenait donc toutes les précautions qui dépendaient de lui pour bien faire connaître ses véritables intentions à l'égard des émigrés et des vues qu'ils manifestaient...*

Enfin, ils arrivent, au motif apparent de leur lettre :

> *Au surplus, il y a un mot tranchant, qui répond à cette imputation des deux prétendus ministères, l'un ostensible et l'autre secret. C'est que si, en effet, Louis avait eu un ministère secret, il eût été impossible de n'en trouver quelque trace dans ses papiers, lorsqu'on s'en est emparé dans l'invasion de son domicile.*
> *On ne peut pas le soupçonner d'avoir prévu une pareille invasion.*
> *On voit même par tous les papiers qui ont été trouvés, soit au moment de cette invasion, soit depuis, qu'il était dans l'usage de conserver tout ce qu'il avait.*
> *Et cependant, on n'a pas trouvé le moindre vestige d'aucune correspondance secrète avec aucun émigré* [...]
> *Mais comment pourrait-on en faire un crime à Louis?*
> *Voilà l'éclaircissement que nous avions à donner sur la*

seule imputation qui ait été faite à Louis dans le cours des opinions déjà prononcées.
On voit que cette imputation est détruite par cet éclaircissement même.

S'ajoutait à la signature des trois avocats, celle du roi leur donnant sa caution. Ainsi, prétextant une réfutation ponctuelle, la défense revient sur deux points forts de l'accusation (le troisième étant la responsabilité royale sur les événements du 10 août) : la fuite à Varennes et la collaboration avec les princes émigrés.
Consciente de la faiblesse de ses arguments initiaux, elle adresse à la Convention ce que nous appellerions aujourd'hui une « note après plaidoirie ». Malheureusement, ce mémoire ne servira pas à grand-chose. Initiative courageuse.

*

Le lundi 14 janvier 1793, aux premières heures de la matinée, les nuages s'amoncellent sur Paris. Il règne sur la capitale une froideur lourde ; le vent fait tourbillonner une poussière poisseuse. Dans les tribunes de l'Assemblée où s'entassent les sectionnaires, les bonnets rouges sont chauffés à blanc. Le climat s'épaissit pendant que les orateurs s'essoufflent. Durant plus de cinq heures, ils murmurent, s'époumonent avec une clarté inégale sur la procédure, l'ordre des questions. Ils n'arrivent à s'entendre ni sur les mots, ni sur la formulation : faut-il que les conventionnels-législateurs prennent une mesure de sûreté ou que les conventionnels-jurés rendent un jugement ? Cette discussion n'est pas formelle, une mesure de sûreté [3] excluant la peine de mort. Bientôt la discussion s'élargit à l'opportunité de l'appel au peuple. Guadet pense qu'il doit faire l'objet de la première question, Lanjuinais, de la seconde. La discussion devient confuse et personne ne maîtrise plus la fureur procédurière de certains représentants. Les uns s'accrochent au code, d'autres à la raison d'État. Le public, exaspéré par ce torrent verbal auquel il ne comprend rien, conspue les orateurs et se fait rappeler à l'ordre par les huissiers.

Daunou, un des chefs historiques des indulgents, tente de saisir une dernière chance. Il propose à la Convention un décret alambiqué lui laissant le choix entre l'appel nominal et le scrutin secret; la majorité simple et la majorité des deux tiers; la possibilité de confier aux assemblées primaires le prononcé de la peine ou, à défaut, de sanctionner le verdict prononcé par les représentants; enfin, sans évoquer le mot, il n'écarte pas la possibilité d'un sursis. Malheureusement, l'ancien vicaire de l'évêque constitutionnel du Pas-de-Calais laisse percer le bout de l'oreille en affirmant que l'Assemblée peut faire litière des dispositions renvoyant Louis Capet devant elle et conserve la possibilité de le faire comparaître devant un tribunal ordinaire ou une juridiction d'exception. Il propose enfin que la confirmation du jugement par la nation intervienne à la fin de la guerre ou à l'acceptation de la Constitution par le peuple.

Les députés trouvent la ficelle un peu grosse. Ils décident que le projet Daunou, leur demandant de se renier à quelques jours d'intervalle, ne sera pas soumis à un vote. Certains historiens comme Constant [4] attribuent à Danton, non à Daunou, cette intervention désespérée. Ils l'analysent comme une ultime tentative de Georges (pour qui les fonds secrets n'en ont guère) de sauver le roi. Cette confusion entre deux hommes aussi dissemblables provient sans doute d'une faute de typographie. Le prote, confondant deux patronymes aux orthographes rapprochées, substitue le premier au second dont la réputation n'était pas parvenue jusqu'à lui...

La procédure dans cette affaire, comme dans toutes les autres, est le support de la liberté. Les Girondins ne s'y trompent pas. Pourtant ils accumulent les maladresses, confondent les arguties avec l'essentiel. L'un d'entre eux demande même que la question relative à l'appel au peuple soit posée avant celle concernant la peine, avouant ainsi son manque de confiance dans l'issue du second scrutin réduit alors à une simple formalité. Cette chronologie faisant la Convention juge du premier degré et la nation cour d'appel inquiète Couthon. De son petit fauteuil il lance : « Voilà trois heures que nous perdons notre temps pour un roi. Sommes-nous des républicains ? Non. Nous sommes de vils esclaves. » Manuel désarçonne le cul-de-jatte. Invoquant le harassement de ses collègues, il demande à la Convention de s'ajourner au lendemain, espérant par cette manœuvre paralyser la procédure. Refus. C'est le moment choisi par Boyer-Fonfrède, Girondin comme lui, pour mettre tout le monde d'accord. « La majorité des habitants de Paris ne se laissera pas dominer par la poignée de scélérats qui s'agite dans son sein [...] Cette majorité est lasse de l'anarchie et veut respecter vos lois [...] Rejetez donc d'abord toute considération étrangère à la question. Je la fixe aux trois points suivants et j'en détermine ainsi la série :

Première question : Louis est-il coupable ?

Deuxième question : Votre décision quelconque sera-t-elle soumise à la ratification du peuple ?

Troisième question : Quelle peine Louis a-t-il encourue ? »

Puis, patelin, il ajoute : « Faites cesser cette lutte scandaleuse entre toutes les passions et renvoyez à demain les *appels nominaux.* » Ainsi posée, chaque question ne présagera rien pour les autres. Les consciences sont parfaitement libres. En consacrant l'appel nominal, il scelle le sort du roi. On peut être à la fois brave et maladroit. Boyer-Fonfrède était les deux.

Épuisée, la Convention adopte cette proposition en fin de séance. Elle est levée à 10 heures du soir, les spectateurs quittent la salle sans avoir conscience que cette querelle de clercs masque une lutte politique dont la Montagne sort victorieuse. Le décret Boyer-Fonfrède, son adversaire, facilite la victoire de la gauche et la Gironde perd une partie à sa portée. Sans maturité politique, les Girondins, ces héros romantiques égarés dans l'impitoyable, veulent sauver le roi non par allégeance à son incertaine personne mais par attachement à l'humanisme de Montesquieu. Ils rêvent d'une France réconciliée, libérée de ses contraintes, où l'amour aurait chassé la terreur.

LE PROCÈS DU ROI

Au lieu de porter le combat sur le seul terrain où ils peuvent vaincre (l'inviolabilité de la conscience protégée par le secret du vote étant bien plus sûre que l'inviolabilité constitutionnelle), ils se divisent. Dans ce procès hors du commun tout le monde joue sa peau. L'accusé comme les juges. Tous en sont conscients. Quand la Convention fait du droit, elle creuse son tombeau.

Chapitre XVIII

RESPONSABLE OU COUPABLE ?

Ce 15 janvier 1793, en début de séance, Jean Bon Saint-André présente une motion : « Je demande à la Convention de décréter que les noms de ses membres qui ne viendront pas émettre leur opinion soient envoyés aux départements. » Il veut éviter que les timides se transforment en fugitifs de l'Histoire. Cette précaution se révélera inutile car le premier appel donnera un résultat presque unanime. Le bureau conservera seulement les noms des conventionnels qui ont motivé leur opinion. S'ouvre le premier appel nominal sur la culpabilité : « Louis Capet ci-devant roi des Français était-il coupable contre la liberté et d'attentats contre la sûreté de l'État ? »

Le scrutin commence entre 11 heures et midi. Vergniaud préside. Le 31 décembre 1792, il avait proposé – déjà – de renvoyer au peuple le jugement de Louis XVI. Cet orateur considérable, ce ciseleur de formules – c'est lui qui dira : « La Révolution est comme Saturne, elle dévore ses enfants » – est mal à l'aise au fauteuil. D'ailleurs, il n'est bien nulle part. Républicain sous la monarchie, royaliste sous la République. Ce conciliateur-né a longtemps rêvé de conduire un gouvernement girondin appelé aux affaires par un roi constitutionnel. Songe avorté. Le destin le place à un poste qui n'est pas fait pour lui. Au lieu de collaborer avec le souverain, il participe à son procès. Quand, à son tour, victime de... Saturne, il se laissera arrêter comme un aristocrate sans chercher à s'enfuir, abattu comme le bélier sous le couteau d'Abraham. L'Assemblée accorde aux députés la possibilité de motiver leur vote. Seule une minorité profitera de cette disposition, les autres, tenant pour évidente la duplicité de Capet, se contenteront d'un oui sommaire et définitif.

Curieusement ce premier scrutin se déroule dans l'indifférence. Les jeux paraissent faits. Comment attendre de ces militants autre chose qu'une décision de culpabilité ? Comment pourraient-ils voter l'acquittement du roi, oublier son double jeu, ses atermoiements, ses volte-face ? Comment effaceraient-ils de leur mémoire le souvenir des victimes du 10 août ? Si Louis XVI est innocent, la Révolution est coupable. Voter non, c'est assurer le retour d'une royauté dont le premier soin serait de demander des comptes à l'usurpation.

Pourtant quelques irréductibles ne s'inclinent pas. Ils savent qu'un vote positif rend inévitables les autres scrutins, que le sort du roi se joue dans cette première manche, sur cette première marche qui mène à l'échafaud. Pourtant aucun ne poussera l'audace jusqu'à se prononcer par la négative.

Dix conventionnels font cependant preuve d'une détermination obstinée en déclinant leur compétence ou en s'abstenant. Ils représentent un échantillon significatif du paysage français.

Wandelaincourt (Haute-Marne) : « Comme législateur, je n'ai pas reçu de mes commettants le droit de prononcer en matière criminelle. La douceur de mœurs dans laquelle j'ai vécu jusqu'à ce jour ne me permet pas de voter d'une manière ou d'une autre en matière criminelle. »

Lalande (Meurthe) : « Ni oui, ni non, je ne suis point juge. » Cette réponse à la normande ne reste pas sans écho.

Valady (Hautes-Alpes) : « J'ai pensé que Louis n'était pas jugeable, je ne puis voter ; je me réserve seulement de prononcer sur la troisième question, mais en homme d'État, et comme sur une mesure de sûreté générale. »

Lomont (Calvados) : « Je ne crois pas Louis innocent, je le crois coupable ; mais je ne puis prononcer comme juge. »

Larivière (Calvados) : « Je déclare qu'ayant participé au décret qui porte que Louis sera jugé, mais non à l'amendement qui a décidé qu'il le serait par vous, je ne puis prononcer dans une affaire où je cumulerais tous les pouvoirs. Je déclare ne pouvoir voter que le renvoi au souverain. »

Morisson (Vendée) : « Je ne veux pas prononcer sur aucune des questions posées ; je dirai, si on l'exige, les motifs de mon refus. » Cette décision pèsera lourd quand viendra le scrutin sur le châtiment.

Baraillon (Creuse) : « Je n'ai pas été nommé pour voter sur une affaire criminelle, je me récuse. »

Lafont (Corrèze – suppléant de Germiniac, décédé) : « Je ne suis parmi vous que depuis le 9 de ce mois, je n'ai pu assister à la discussion, ni examiner toutes les pièces relatives à l'affaire de Louis Capet. Je déclare ne pouvoir voter. »

Debourges (Creuse) : « Qu'on définisse en quelle qualité on demande mon vœu, sinon je ne puis voter. »

Pour clore cette liste, Noël (Vosges), en des termes d'une pudeur grandiose, donne un exemple de sérénité : « J'ai l'honneur d'observer que mon fils était grenadier au bataillon des Vosges ; il est mort sur les frontières en combattant des ennemis que Louis est accusé d'avoir suscités contre nous. Louis est cause première de la mort de mon fils, la délicatesse me force à ne pas voter. »

D'autres conventionnels, plus frileux, Pelé (Loiret), Conte (Basses-Pyrénées), Dupuis (Seine-et-Oise), Gaudin (Vendée), Cazeneuve (Hautes-Alpes), Fauchet (Calvados), Saliceti (Corse), Coutisson-Dumas (Creuse), Giroust (Eure-et-Loir), alignent leur attitude sur celle de Lanjuinais (Ille-et-Vilaine) qui vote la culpabilité sans se reconnaître juge. Tous reprennent en substance l'argumentation d'Antiboul (Var) : « Je suis convaincu que mes commettants ne m'ont point nommé au tribunal judiciaire, et seulement sous le rapport politique, je vote oui. »

D'autres se trompent de scrutin et parlent de peine quand il s'agit de culpabilité. Cette confusion démontre le manque de maturité juridique d'un certain nombre de conventionnels. Meynard (Dordogne) : « Je suis de l'avis de l'appel au peuple » ; Dubuse (Eure) : « D'après le décret qui abolit la royauté, d'après celui qui établit la République, je conclus à ce que Louis soit détenu jusqu'après la fin de la guerre, je n'ai pas d'autre opinion » ; Dubois-Dubais (Calvados) : « Le résultat de mes réflexions ne me permet pas d'autre vœu que celui de l'appel au peuple » et enfin Rouzet (Haute-Garonne), le formidable Rouzet, met, ce jour-là, à côté de la plaque : « Mon opinion est indivisible. En conséquence de l'abolition de la royauté et de la déclaration de la République, je suis d'avis de la réclusion, jusqu'à ce que la nation ait prononcé sur le sort de Louis, à moins que les événements, tenant au salut public, n'engagent à prendre à son égard des mesures de sûreté générale avant que la nation ait prononcé. » Doulcet-Pontecoulant (Calvados) : « Je crois Louis coupable de haute trahison, de conspiration et d'attentat contre la liberté française ; je vote pour le bannissement à perpétuité de Louis Capet et de sa famille. »

Les autres députés qui demandent la parole : Baudran (Isère), Chambon (Corrèze), Chiappe (Corse), Rameau, (Côte-d'Or), Bourgeois (Eure-et-Loir), Montegut (Pyrénées-Orientales), Taveau (Calvados), Dumont (Calvados), Bernard (Charente-Inférieure) commentent leur oui. Delahaye, un modeste de la Seine-Inférieure, trouve dans un français approximatif les mots qui situent le débat : « Mettre en question si Louis est coupable, c'est mettre en question si nous sommes coupables nous-mêmes. »

Arrive le tour de Philippe Égalité. Un prince du sang décidant du sang d'un prince, le spectacle est inhabituel. Pour la première fois, la salle retient son souffle, le silence est total. Orléans le ponctue d'un oui prononcé sans hésitation. Il quitte le chemin des dames pour celui de la honte. Ce grand « saigneur » renie sa famille mais reste fidèle à son clan, la Montagne, qui, Camille Desmoulins mis à part, le méprise.

Dans ce premier scrutin, les Girondins mêlent leurs voix à celles du Marais et de la Montagne. Pour une fois, ils font preuve de discipline et alignent leurs votes sur ceux de leurs leaders, qui, de Manuel à Brissot, n'ont cessé de proclamer la culpabilité de l'accusé dont ils veulent malgré tout épargner la vie. Ils désirent, mais sans perdre la face, sauver une tête.

L'appel nominal terminé, le dépouillement effectué, Vergniaud, serré dans son costume sombre qui fait ressortir la pâleur romantique de son visage, se lève : « Citoyens, je vais proclamer les résultats de l'appel nominal; j'invite les membres et les citoyens à prendre connaissance, dans le calme qui convient à cette circonstance, des chiffres suivants : sur sept cent quarante-cinq membres, il y a vingt absents par commission, cinq par maladie, un sans motif connu, vingt-six ont fait diverses déclarations, six cent quatre-vingt-treize ont voté par l'affirmative... » Puis de sa belle voix : « La Convention déclare Louis Capet coupable d'attentat contre la liberté de l'État et de conspiration contre la sûreté générale de l'État. »

Cette phrase consacre le nouveau souverain. L'ancien tombe pour la première fois. Ce scrutin qui absout et légitime la Révolution est marqué d'une irrégularité formelle. La question à laquelle on vient de répondre est différente de celle qui a été posée. Deux ajouts existent : contre la liberté de *l'État*, contre la sécurité *générale* de l'État. Aujourd'hui, la Cour de cassation ne tolérerait pas ces approximations mais ce jour-là, personne, y compris les défenseurs du roi, ne les remarque. Qu'importe d'ailleurs puisque la Convention juge en dernier ressort, sauf si elle décidait de soumettre sa décision au peuple.

Ces chiffres seront rectifiés à la suite d'un certain nombre d'erreurs matérielles et le procès-verbal comportera les précisions suivantes : sept cent quarante-neuf membres; trente et un absents, six cent quatre-vingt-onze oui, vingt-sept opinions motivées. Nouvelle erreur, puisque ce n'est pas vingt-sept conventionnels qui firent des déclarations diverses mais trente-sept selon Soboul, quarante-trois selon Constant. L'arithmétique n'est pas au bout de ses peines. Selon *Le Moniteur*, six cent quatre-vingt-seize députés ont voté oui. Finalement la liste qui sera imprimée à la requête de la Convention retiendra comme définitif six cent quatre-vingt-onze.

Cette imprécision se retrouvera dans les scrutins suivants. Elle est révélatrice de l'improvisation et du désordre régnant au moment du décompte des voix, du trouble des scrutateurs, de la pression du public, de la sérénité crispée de la Haute Cour. L'aube du 21 janvier se profile déjà en cette journée du 15.

Chapitre XIX

AU NOM DU PEUPLE FRANÇAIS

La Gironde, consciente que plus rien ne peut faire dévier le procès, va s'efforcer d'en diminuer les conséquences et d'en diluer les effets.

Ducos brouille les cartes et, contre toute raison, invite les conventionnels à revenir sur leur décision de juger Louis XVI : « Les assemblées primaires seront convoquées et chaque citoyen sera appelé. Il s'approchera du bureau, le président lui demandera à haute et intelligible voix : " Acceptez-vous de ratifier l'abolition de la royauté et l'établissement de la République en France ? Votre vœu est-il que Louis XVI puisse être jugé ? Votre vœu est-il que Louis XVI soit jugé sans appel par la Convention nationale ou par un tribunal d'attribution spéciale qui sera à cet effet commis par la Convention nationale ? "[1] »

Avec un calme tranquille, il demande à l'Assemblée de tenir pour lettre morte ce qu'elle vient à peine de décider. Ce référendum piège aurait fait le peuple seul maître du sort du roi et du choix du tribunal, chargé, éventuellement, d'apprécier son cas. Que serait-il arrivé – hypothèse probable – si une majorité des Français avait voté « non » aux deux premières questions ? La grande aventure était terminée et la Restauration devenait inévitable. Comment Ducos pouvait-il s'imaginer que la Convention jouerait à la roulette... girondine le destin du régime ?

Le lendemain, Buzot sent que son ami est allé trop loin et

veut absoudre son groupe du péché de royalisme. Il dépose une motion d'ordre originale :

« J'ai cru comprendre qu'on voulait insinuer dans l'opinion l'idée que des membres de cette Assemblée désirent le rétablissement de la royauté en France. Eh bien ? Pour écarter tous soupçons, je demande à la Convention de décréter que quiconque proposera de rétablir en France les rois ou la royauté, *sous quelque dénomination que cela puisse être,* sera puni de mort. » De nombreux applaudissements éclatent dans toutes les parties de la salle et l'Assemblée, presque entière, se lève en signe d'adhésion.

Sur le coup, les Montagnards ne réagissent pas. Ils ont tort. Depuis des semaines la presse de droite les accuse de vouloir instaurer la dictature de la Commune de Paris pour pousser Orléans sur le trône.

« *Sous quelque dénomination que ce soit...* », l'allusion est claire. Buzot vise la paranoïa de Robespierre et les chimères d'Égalité. Avec sa lenteur d'esprit habituelle, Merlin de Thionville, député montagnard de la Moselle, demande qu'à la proposition Buzot soit ajoutée une petite phrase : « ... à moins que ce ne soit dans les assemblées primaires ». On ne pouvait être plus maladroit et mieux conforter les allusions vachardes des journaux. Merlin, le plus calmement du monde, voulait donner au peuple le pouvoir de ressusciter la dictature...

Cette bévue exaspère Robespierre. Il sait que la Gironde veut, dans un même temps, mener le procès du roi et celui de la gauche révolutionnaire. Il mesure toute l'importance du deuxième appel nominal dont dépend la survivance du système représentatif.

La position des Girondins dans cette affaire n'est guère confortable. Ils sont prisonniers de leur propre contradiction en refusant l'exercice de la démocratie directe à Paris, tout en l'encourageant ailleurs. Ces provinciaux apprécient mal le danger encouru par la Révolution en cas de convocation des assemblées primaires. Incarnation d'une France molle, elles sont composées de vieillards, d'embusqués, de bourgeois pusillanimes. Quelle image donneront-elles d'un pays en proie aux convulsions électorales au moment où l'étranger se porte aux frontières ? Dans un pareil contexte une consultation à l'échelle de la nation peut entraîner des conséquences funestes pour la Révolution.

*

L'appel au peuple... tous les leaders interviennent dans ce grand débat qui dure du 27 décembre 1792 au 15 janvier 1793. Pour en rendre compte, il faut arrêter le cours du calendrier et revenir au moment précédant le scrutin sur la culpabilité. Il convient également de prendre quelques libertés avec la chronologie pour rassembler les interventions des partisans de l'appel au peuple et de ses adversaires. Le chevauchement des discours, la multiplicité des propos autorisent cette licence.

Si le discours de Saint-Just est sans grand intérêt, le réquisitoire de Robespierre contre l'appel au peuple est d'une autre veine. Abandonnant sa dialectique glaciale, l'Incorruptible trouve les mots qui portent : « Cet appel est un moyen de revenir au despotisme par l'anarchie. Que verra l'ennemi quand il contemplera la France ? Une nation de juristes délibérant sur un roi déchu, disséquant les raisons de le traiter avec indulgence et avec sévérité. »

Il paraît sincèrement ému lorsqu'il s'écrie : « Pendant que les amis de la liberté se portent aux frontières, les reptiles de la chicane, les bourgeois orgueilleux et les aristocrates s'efforcent, code pénal en main, de sauver le roi. » Puis il marque un temps : « [...] la proposition de soumettre aux assemblées primaires l'affaire de Louis Capet tend à la guerre civile... »

Ce discours, un des meilleurs du député d'Arras, lui vaut un commentaire grinçant du journal de Brissot, *Le Patriote français* : « Robespierre est profond de perversité ; il parle donc toujours de la perversité des autres... »

Pourtant, l'Assemblée demeure incertaine et il faut tout le talent de Barère pour, le 4 janvier 1793, préserver la Révolution.

Curieux et inquiétant personnage ce Barère de Vieuzac, « de vieux sac », ironisait Camille Desmoulins toujours à la recherche d'un jeu de mots. Surnommé l'Anacréon de la guillotine pour son acharnement pendant la Terreur, considéré par ses ennemis comme la « duplicité faite homme », il choisit ses victimes « parmi les imbéciles qui composent ce vil troupeau ». C'est du peuple qu'il parle. Plus tard, ces imbéciles deviendront des veaux...

Ce jour-là, cet homme équivoque se surpasse. Au lieu de vouer aux gémonies les amis de Brissot, il les caresse dans le sens du poil, se pose en défenseur de la Convention, tabernacle de la volonté populaire. On peut soumettre, affirme-t-il, une loi à la censure du peuple, à la rigueur un jugement, pas une décision dictée par l'urgence et l'intérêt du pays.

Avec habileté, il oppose la vieille idée monarchique du droit de grâce [2], apanage du souverain, aux mesures de sûreté qui, nécessitant rapidité et urgence, ne sauraient donner lieu à la ratification populaire. Il enveloppe Vergniaud d'une guimauve empoisonnée : « Cet orateur a pour opinion tout ce qui est favorable et touchant. » Puis il jette Marat par-dessus bord : « Si quelque chose avait pu me faire changer, c'est de voir la même opinion partagée par un homme que je ne peux me résoudre à nommer, mais qui est connu pour ses opinions sanguinaires. » En fait d'opinion sanguinaire, Barère ne craint personne...

Après s'être dissocié de ceux qui ont l'arrière-pensée de substituer une idole à une autre et avoir posé son regard vide sur Philippe engoncé dans son siège et dans son déshonneur, il conclut au rejet d'un appel au peuple contraire au principe même de la Révolution.

Garat, ministre de l'Intérieur, écrira : « C'est le discours de Barère qui après avoir compté tous les poids les a fixés du même côté [3]... »

Sans ce chef-d'œuvre oratoire d'un homme passé à côté de son destin – il aurait pu devenir sans son ambiguïté un des monstres sacrés de la Révolution – l'argumentation girondine exposée par Buzot, Vergniaud et Pétion en faveur de la ratification aurait peut-être triomphé.

Le 28 décembre 1792, Buzot avait ouvert le feu. Amoureux platonique de Mme Roland, qui, volontiers, pratiquait d'autres transports, il a passé un pacte d'admiration avec lui-même et le respecte. Ce jour-là, c'est la majesté de la Convention qu'il feint de respecter : « Mon opinion diffère de celle de Salle en ce que je prononce la condamnation à mort [drôle de façon de préjuger... pour un juge] et que j'en renvoie la confirmation à la nation tout entière. Tandis que Salle veut, au contraire, que nous nous bornions à décider si Louis XVI est coupable et que nous renvoyions aux assemblées primaires l'application de la peine... »

Puis, il rappelle aux conventionnels qu'ayant pris la décision de juger le roi, ils ne peuvent y renoncer. Sans insister outre mesure, il laisse percer son sentiment : « Paris, même, où les crimes du dernier règne semblent avoir fait des traces plus profondes, verra peut-être, si l'opinion de tous pouvait être considérée paisiblement en liberté, une partie de ses habitants s'étonner et s'émouvoir du grand exemple d'infortune que présente Louis XVI. »

Déchiffré, son propos signifie : je ne risque rien à me montrer impitoyable puisque le peuple se laissera toucher par les malheurs du roi. Quelques mois plus tard, en fuite, guetté par le bourreau, Buzot évoquera les « scélérats qui ont égorgé le monarque », oubliant qu'il fut un des rares conventionnels à révéler son vote sur la peine avant que le scrutin n'ait eu lieu.

Cette intervention faiblarde ne persuade pas grand monde et il faudra le génie de Vergniaud, le 31 décembre 1792, pour faire chanceler la Montagne. On considère Danton comme le premier orateur de la Convention. C'est oublier Vergniaud.

Si son talent oratoire n'a pas éclipsé tous les autres, la faute en incombe à l'Histoire écrite par les vainqueurs. Elle impose au souvenir une ségrégation impitoyable. Défaits, les Girondins ont connu l'enfer de l'oubli. Injustice. Quand Vergniaud se tait, ses auditeurs l'entendent encore. Cet esthète robuste, volontiers libertin, rêve de trousser la jeune République. Mme Roland fond à chacune de ses interventions. Dans son trouble, elle assure « qu'il est divin ». Ses périodes balancées, ses phrases puissantes séduisent l'assemblée. Excessif comme Mirabeau, séduisant comme Camille, indécis comme Barnave, ce jour-là il se surpasse, plaide en faveur du roi les circonstances atténuantes. Devant un pareil parterre, à un pareil moment, Vergniaud trace une esquisse apocalyptique de l'avenir. Quel coffre... Pourquoi donner à l'Angleterre et à l'Espagne un prétexte d'entrer dans le conflit ? Nous les vaincrons, mais à quel prix ? C'est à nos soldats qu'il pense : « Pendant que vous discutez ici de leur destinée, ils affrontent les rigueurs de l'an, les intempéries des saisons, les fatigues, les maladies et la mort... »

Sur ce blé amer levé par un verdict impitoyable, il tente de basculer la Convention : « Quelle reconnaissance vous devra la patrie, pour avoir en son nom et au mépris de sa souveraineté nationale commis un acte de vengeance devenu la cause ou seulement le prétexte d'événements si calamiteux ? »

Au mépris de la souveraineté nationale ? Mots clefs.

L'avocat cède le pas au législateur pour réapparaître aussitôt, lorsque, sublimé, il martèle : « Quel courage faut-il pour envoyer au supplice Louis vaincu et désarmé ? Un soldat cimbre entre dans la prison de Marius pour l'égorger ; effrayé à l'aspect de sa victime, il s'enfuit sans oser le frapper. Si ce soldat eût été membre du Sénat, doutez-vous qu'il ait hésité à voter la mort du tyran ? Quel courage trouvez-vous à faire un acte dont un lâche serait capable ?... »

Cette plaidoirie agressive dont Desèze a privé le roi, c'est Vergniaud qui la prononce. Il fallait de la démesure et un aplomb d'acier pour traiter de lâche cette assemblée de braves. Personne ne songe à réclamer des sanctions contre l'imprécateur. Le verbe fait reculer les censeurs, les envoûte. Soudain, changement de rythme : « Tout acte émanant des représentants du peuple est un attentat à sa souveraineté, s'il n'est pas soumis à sa ratification formelle et tacite... »

Le reste est de la même veine. L'Assemblée respire mal sur ses hauteurs. Épuisé, Vergniaud se rassoit. Il a chaud, la sueur ruisselle sur son visage ravagé par la petite vérole. Un de ces visages dont la laideur plaît au sexe et fait chanceler les vertus. À cet instant, la Convention se souvient qu'elle est femme. Depuis le début du procès, jamais l'incertitude n'a été si grande.

Le 3 janvier 1793, Pétion intervient, son discours n'apporte pas grand-chose. Il se contente de déclarer qu'il votera la mort mais que, solennellement, il attire l'attention de la Convention sur les dangers d'une pareille sentence. Cette casuistique est révélatrice de la déchirure d'une Gironde divisée qui sait que la disparition du roi peut entraîner la sienne.

Cette fin, elle essaie de l'éviter par tous les moyens. Elle n'est pas la seule, car l'étranger s'en mêle. L'Angleterre et l'Espagne distribuent l'argent dans une France minée par la corruption. Depuis les journées de juillet 1789, Louis XVI l'a institutionnalisée. Il est devenu le grand tentateur et Talon, le responsable de la liste civile, le grand corrupteur.

Danton, qui résistait à tout sauf à la tentation, ne reste pas, dit-on, insensible aux sollicitations. Il pense que la République peut faire l'économie d'un régicide et qu'il ne lui sert à rien d'immoler un mort vivant. Il veut réconcilier le nouveau régime avec l'Europe et transformer un symbole en repoussoir. Quand Danton encaisse, c'est la Révolution qui perçoit les dividendes. Aux Cordeliers, il confie : « Une nation se sauve, elle ne se venge pas. » Georges pense que, otage, l'ex-souverain peut permettre à la France de conclure une paix de compromis qui lui donnerait le temps de s'organiser et de vaincre. C'est en toute bonne conscience qu'il sollicite de Pitt quatre millions d'honoraires et début décembre 1792 une modeste provision de deux millions. Dans le même temps, il négocie avec Ocariz, ambassadeur d'Espagne à Paris, l'octroi de deux petits millions complémentaires [4] pour aguicher ses diligences.

Ce ne sont pas les girouettes qui tournent mais le vent. Quand le tribun s'aperçoit qu'il est en train de faire passer au pays un marché de dupes et que au surplus ses manigances s'ébruitent, il vire de bord.

Dans quelques mois, Saint-Just le dénoncera dans des termes assassins : « C'est toi qui, le premier, dans un cercle de patriotes que tu voulais surprendre, proposas le bannissement de Capet. Proposition que tu n'osas plus soutenir parce qu'elle était abattue et qu'elle t'eût perdu. »

L'argent pèse sur l'Assemblée de tout son poids; il devient insupportable quand les conventionnels apprennent les propos tenus par Pitt le 21 décembre 1792 pour calmer sa majorité : « La Chambre peut être convaincue que tous les moyens imaginables ont été employés pour détourner de dessus la tête de Louis XVI le sort affreux qui le menaçait ainsi que sa famille et que tous les honnêtes gens doivent conjurer; mais il y a dans l'Assemblée des hommes cruels et inflexibles et ces moyens ont été sans fruit. »

On ne peut admettre plus clairement la tentative de corruption dont la Convention fut l'objet. Politique avisé, le Premier ministre de Sa Majesté sait que ses propos porteront la suspicion chez l'ennemi et que chaque conventionnel deviendra suspect aux yeux des autres.

Profitant de l'inquiétude générale, Camille Desmoulins porte le coup de grâce à l'appel au peuple. Il apostrophe la droite : « Combien vous faut-il pour empêcher que le roi ne soit condamné à l'échafaud ?... »

Le bègue le plus éloquent de notre histoire est entendu et l'Assemblée passe au second scrutin nominal.

*

Nous sommes le 15 janvier 1793. Il est 5 heures de l'après-midi. Vergniaud, qui préside, pose la question : « Le jugement de la Convention nationale contre Louis Capet sera-t-il soumis à la ratification du peuple ? »

En d'autres termes, l'Assemblée statuera-t-elle en dernier ressort ou sous réserve d'appel ? À l'ordinaire seul un jugement prononcé est susceptible de recours. Cette tautologie n'est pas respectée et la Convention invente le pourvoi *a priori*. Avant de voter sur la peine, elle se prononce sur l'appel. Cette singulière démarche marque le caractère surréaliste du procès. Il ne s'agit pas d'une simple question de procédure, mais de décider si la sanction sera définitive ou ne constituera qu'un simple vœu pieux. Si une majorité de « oui » se dégage, le roi peut espérer la vie sauve quelle que soit la sévérité du verdict. Les assemblées primaires sont nombreuses, et avant qu'elles aient statué dans leur totalité, les passions peuvent se calmer, la politique s'infléchir. De plus, la province respecte toujours la personne du roi et sa consultation permet tous les espoirs.

Ce vote sur l'appel au peuple, le moins commenté, est sans doute le plus important. Il peut annuler le verdict sur la culpabilité et effacer la sentence. Les Girondins sont optimistes, les défenseurs du roi également. Louis XVI donne même instruction à Desèze et à Tronchet de rédiger un mémoire destiné aux assemblées primaires dès leur convocation [5]. Malheureusement, la droite se divise et quarante-deux députés girondins sur cent soixante-dix votent contre l'appel au peuple, dont Boyer-Fonfrède, Carra, Condorcet, Ducos. À l'inverse, Gensonné, Grangeneuve, Guadet, Vergniaud se prononcent en faveur du recours.

Face à ces étourneaux, les vautours de la Montagne font preuve de discipline et feignent d'oublier leur rivalité. Marat, Robespierre et Danton dirigent le front du refus. Ils sont suivis par leur troupe. Le centre, au ventre mou, aligne sa position sur celle de Barère, le vainqueur du jour.

Peu de leaders motivent leur vote mais les sans-grade de la souveraineté nationale profitent de l'occasion pour sortir de leur anonymat. « Je dis non et non », s'exclame Laurent du Bas-Rhin. Boilleau (Yonne), tour à tour pratique, philippique, barbote dans le mythologique : « La tour du Temple sera le jardin des Hespérides [...] Louis sera la Toison d'Or [...] et tous les aristocrates seront autant d'argonautes [...] Je ne suis pas pour l'appel, et je dis non. »

D'autres, plus sérieux comme Billaud-Varenne, qui invoque les mânes de Brutus, justifient sans originalité leur opinion négative.

Amar (Isère) : « Le peuple ne peut être magistrat, il ne peut remplir aucune des fonctions qu'il a le droit de déléguer. »

Tellier (Seine-et-Marne) : « Obligé de choisir entre le salut du peuple et l'exercice momentané de la souveraineté, je préfère le premier pour lui assurer la jouissance de tous les deux. »

Bayle (Bouches-du-Rhône) : « L'appel au peuple est le signal de la guerre civile et le retour à la tyrannie. »

Milhaud (Cantal) : « Oser recourir à la souveraineté du peuple pour le jugement d'un roi, c'est abuser de la souveraineté du peuple. »

Camille Desmoulins agite, à nouveau, le spectre de la corruption. Il encourt les foudres inoffensives de la censure quand il bredouille : « Comme le roi de Pologne a été acheté par la Russie, il n'est pas étonnant que beaucoup d'entre nous, qui ne sont pas encore rois, soient vendus. »

Marat, dans un style populiste, développe une argumentation élitiste. Un comble pour l' « Ami du peuple » : « Renvoyer un jugement criminel à la ratification des assemblées populaires, c'est vouloir métamorphoser en hommes d'État des artisans, des laboureurs, des ouvriers, des manœuvres. Cette mesure est le comble de l'imbécillité, pour ne pas dire de la démence. Elle n'a pu être proposée que par les complices du tyran. »

L'argumentation des partisans du « oui » n'est pas de meilleure facture.

Lanjuinais se débat dans une dialectique obscure : « Je dis oui en cas de condamnation à mort, dans le cas contraire, je dis non [...] comme je veux que mon suffrage soit compté, je dis oui... »

Salle (Meurthe) : « Le seul moyen de donner au peuple une attitude vraiment républicaine c'est de le faire intervenir dans cette cause. »

Fokedey (Nord) : « Le recours au souverain est le meilleur parti que vous puissiez prendre. »

Quelques-uns se montrent plus originaux.

Chiappe (Corse) : « Les puissances étrangères respecteront en silence ce grand jugement quel qu'il soit quand elles réfléchiront qu'au lieu d'avoir été rendu souverainement par 745 députés, il l'a été par la République entière. »

Bonnesœur (Manche) : « Tous nos décrets doivent être soumis à la sanction expresse ou tacite du peuple souverain [...] autrement, les mandataires du peuple seraient eux-mêmes des despotes. »

La Hosdinière (Orne) : « L'appel au peuple est le seul moyen d'excuser le despotisme de la Convention dans la confusion de tous les pouvoirs. »

Manuel (Paris) : « Des juges sont froids comme la loi, des juges ne s'injurient pas, ne se calomnient pas; jamais la Convention n'a ressemblé à un tribunal; si elle l'eût été, certes, elle n'aurait pas vu le plus proche parent du coupable n'avoir pas, sinon la conscience, du moins le courage de se récuser... »

Cette pierre (de taille) lancée dans les jardins d'Orléans est ramassée par Duprat (Bouches-du-Rhône) qui lapide à son tour Égalité : « Je m'exprime avec d'autant plus de confiance que Philippe a dit non. »

Le cousin vénéneux venait, en effet, de se déshonorer une seconde fois : « Je ne m'occupe que de mon devoir, je dis : non », avait-il balbutié.

Son devoir ? Connaissait-il seulement le sens de ce mot ?

Barbaroux (Bouches-du-Rhône) fait passer un souffle : « Je vote pour la sanction populaire parce qu'il est temps que le peuple des 84 départements exerce sa souveraineté et qu'il écrase par la manifestation de sa volonté suprême une faction. Je vote oui, en dénonçant cette faction à la République entière. »

Pétion descend d'un degré : « Mon vœu n'est pas celui de la majorité; j'eusse seulement désiré que la majorité ait été plus nombreuse, car quelle que soit l'opinion de la minorité, il faut qu'elle se soumette; je dis oui. »

L'ex-maire de Paris se fait huer par les tribunes et l'Assemblée s'en indigne. Le président rappelle les perturbateurs à l'ordre. Ils se taisent. La nervosité et l'incertitude augmentent de minute en minute.

Quand le Gard qui, une nouvelle fois, ouvre le vote et donne la majorité au oui (6 voix contre 3), la Haute-Garonne renverse la tendance (7 non, 2 oui). Chacun attend le verdict de la Gironde. Si le département phare de l'indulgence fait preuve d'unité, il consacrera la victoire de Vergniaud sur Barère. Le contraire se produit et le non triomphe (5 contre 4). Le grand orateur est battu sur son propre terrain.

De ce scrutin, totalement politique, dépend la continuité de la Révolution. La Gironde, défaite, elle se voue à la gauche parisienne qui a imposé sa volonté le 20 juin, sa force le 10 août, sa cruauté en Septembre; ce 15 janvier 1793 elle impose sa loi.

Les suiveurs du centre, qui font et défont les majorités, se couchent au pied de la Montagne. En Thermidor, Barère les relèvera, les obligera à mordre leurs maîtres de la veille.

L'unité est un combat que les Girondins n'ont pas su gagner. La mort seule réunira ces Athéniens égarés sous le ciel de Sparte [6].

Curieusement, personne n'évoque le seul argument convaincant en faveur de l'appel au peuple : la non-représentativité de la Convention.

Cette Assemblée qui sauva la France et la liberté en se couvrant de sang fut élue par une minorité de Français. La guerre, la mobilisation, la peur, le manque d'habitude de la démocratie, la soudaineté de la consultation éloignèrent des urnes les soldats, les frontaliers, les royalistes, les pleutres, les inadaptés, les ignares. Jamais le divorce entre le pays réel et le pays légal ne fut aussi total.

Cette Assemblée de géants, désigné par un corps électoral nain, scelle le sort du roi, quand Vergniaud proclame le résultat du second appel nominal : « Sur sept cent dix-sept membres présents, dix ont refusé de voter; quatre cent vingt-quatre ont voté contre l'appel au peuple, deux cent quatre-vingt-trois ont voté pour. La majorité étant de trois cent cinquante-neuf, elle excède de cent quarante et une voix. En conséquence, au nom de la

Convention nationale, je déclare que le recours au peuple est rejeté. »

La valse-hésitation continue. Si le procès-verbal et *Le Moniteur* sont, pour une fois, d'accord, les Archives parlementaires retiennent deux cent quatre-vingt-six oui et trois cent vingt-trois non [7].

Quels que soient les chiffres retenus, la Gironde est défaite et la Montagne, avec une avance de plus de cent trente voix, écrase sa rivale. L'Assemblée refuse au nouveau souverain le droit de veto que la Constituante et la Législative avaient reconnu à l'ancien et clos le débat sur la représentativité. Elle incarne la nation, confisque tous les pouvoirs, décharge le peuple de la responsabilité de l'éventuelle condamnation à mort, la revendique pour elle seule. Ce n'est pas la France qui sera régicide, mais la Convention.

Chapitre XX

NON, CITOYENS, NOUS NE SOMMES PAS JUGES

On a souvent écrit que, le 14 janvier au soir, une sorte d'émeute secoue Paris claquemuré dans l'attente d'un nouveau Septembre; les faubourgs, exaspérés, sont prêts à se porter vers la Convention. La réalité est autre et cette effervescence a pour cause une pièce de théâtre *L'Ami des lois* [1] dont l'antijacobinisme primaire provoque un beau chahut. Les municipaux ne supportent plus la claque des ci-devant et les gifles vont bon train. La Commune interdit la pièce.

Le *Journal de Paris* du 16 janvier 1793 publie un reportage : « Le public assemblé à l'intérieur de la salle a demandé *L'Ami des lois* et n'a pas voulu laisser commencer la pièce de *L'Avare*. Les comédiens placés entre le vœu du public et leur soumission aux autorités constituées ont refusé la représentation de *L'Ami des lois*. Cette lutte a duré jusqu'à 9 heures du soir, heure à laquelle les spectateurs se sont retirés... » Nous sommes plus près d'une bataille d'*Hernani* au petit pied que de la prise des Tuileries...

Les sections feignent de s'émouvoir, multiplient les motions alarmistes et Pache [2], ministre de la Guerre aux ordres des municipaux, fait livrer à Santerre, commandant de la garde nationale, cent trente-deux canons déposés aux Tuileries au cas où...

Ce déploiement inutile de forces provoque un demi-exode. Les paniquards encombrent les barrières de leurs charrettes, bourrées jusqu'à la gueule de leurs biens et de leurs hardes. Pendant ce temps les fausses nouvelles continuent le ravage : un nouveau bain de sang menace la capitale, les émigrés marchent *nach* Paris...

Au Manège, la foule ne veut rien perdre du spectacle. Il s'agit d'une première : les représentants d'un peuple vont disposer du sort d'un roi. Sur la terrasse des Feuillants, les laissés-pour-compte se bousculent, sans pouvoir pénétrer dans une salle pleine à craquer. Les tribunes, qui s'étendent des bancs des représentants au fond de la salle, sont parées de jolies femmes enguirlandées de rubans tricolores. Peu soucieuses de la majesté de la justice et des malheurs de Sa Majesté, elles papotent, butinent, pouffent, s'empiffrent d'oranges et de glaces, de confiseries et de liqueurs douceâtres. Un homme risque la mort, elles en sont tout émoustillées. Bientôt elles céderont la place aux tricoteuses qui, déjà dans les bas quartiers, affûtent leurs aiguilles. Au-dessus des tribunes, sur les gradins réservés au « tout-venant » (lisez le peuple), l'auditoire est plus inquiétant. Pas de bourgeois à perruques, ni de sémillants officiers, mais des vieillards patibulaires, des permissionnaires dépenaillés, des individus indéfinissables, de nombreux étrangers. Ces voyeurs cosmopolites n'en croient pas leurs yeux et, du bout à l'autre des gradins, s'interpellent. Il y a du Babel et de la Cour des Miracles dans ce prétoire.

Certains acharnés se mêlent aux députés et s'installent autour du bureau juste devant la barre. Les statues en stuc et les toiles médiocres rappellent davantage le décor fané d'un vieux théâtre que des palais romains les fronts audacieux. Seuls les huissiers font contraste. Ils ont conservé leur habit à la française : drap bleu, jarretière à ruban, canne en ébène. Il ne leur manque que leur ancien maître, le marquis de Dreux-Brézé, qui a préféré placer, entre la République et sa personne, une distance protocolaire.

Vergniaud, qui préside, fait son apparition à 10 h 30 du matin. Il donne la parole à Bancal des Issards, député du Puy-de-Dôme, qui entretient l'Assemblée d'une grave question : le sacrilège commis quatre jours auparavant à Rouen où des inconnus ont abattu l'arbre de la liberté. La salle ondule d'une indignation mal contenue. Aussitôt l'orateur la calme : « On nous assure que le fils du ci-devant conseiller au Parlement de Rouen, qui s'est trouvé arrêté [...] ne l'a été que parce qu'il n'avait pas de cocarde [...] Il était en infraction avec la loi qui prescrit de la porter, mais il apparaît qu'il donnait le bras à sa belle-mère et qu'il n'était pas mêlé à cette affaire... »

À cette apaisante révélation, la Convention respire et passe à l'examen d'une lettre de Pache disant leurs quatre vérités aux charretiers qui abandonnent leur voiture et même leur service... Elle voue aux gémonies ces mauvais citoyens, puis elle débat, le plus sérieusement du monde, sur l'opportunité d'acquérir, d'un sujet hollandais, l'abbaye de Haunecourt, et de l'augmentation des émoluments des maréchaux des logis et des fourriers. Enfin, les députés reviennent à *L'Ami des lois* pour savoir s'il convenait d'approuver l'arrêté de fermeture du théâtre pris par la Commune. Danton, que la pièce indiffère, mais que la palinodie donnée par ses collègues exaspère, ne maîtrise pas son emportement : « Je l'avouerai, citoyens, lorsque je suis rentré ce matin de la Belgique, je croyais que c'était d'autre objet qui devait nous occuper que la comédie [...] il s'agit de la tragédie que vous devez donner aux nations. Il s'agit de faire tomber sous la hache des lois la tête du tyran. »

Rappelée à l'ordre, l'Assemblée veut passer au vote sur la peine.

Gensonné l'en empêche ; avant le déroulement du scrutin, il faut prendre toutes les mesures nécessaires pour préserver la liberté du scrutin et éviter une nouvelle septembrisation. Le député de la Gironde demande donc que le Conseil exécutif, chargé du maintien de l'ordre à Paris, reçoive des pouvoirs spéciaux et le droit de réquisitionner la force armée. La Convention ignore la peur ou veut l'ignorer et, Montagnards et Girondins réunis, refusent cette protection rapprochée. Cette fois, plus rien ne peut, semble-t-il, retarder ce moment historique dont dépend la vie d'un homme, d'une nation, d'un régime...

Plus rien, sauf la procédure, et la témérité de certains partisans de l'indulgence, qui reprennent le combat. À peine le président a-t-il proclamé : « Je demande que la Convention se prononce sur le sort de Louis sans désemparer » que Lehardy, médecin breton, représentant du Morbihan, sollicite la parole pour s'exprimer à nouveau sur la majorité nécessaire pour déterminer le sort du roi : « Je demande que la question soit ainsi posée : ou la déportation ou la mort, et que, pour le décret, il y ait au moins deux tiers des voix... »

Garran-Coulon (Loiret) tente de lui clouer le bec : « Il n'est pas possible que dans la Convention nationale il y ait d'autres règles que la majorité absolue. Je demande l'ordre du jour... »

Omniprésent, Danton vient à sa rescousse : « Et moi je me demande pourquoi, quand c'est par une simple majorité qu'on a prononcé sur le sort de la nation entière, on n'a même pas pensé à élever cette question lorsqu'il s'est agi d'abolir la royauté [...] on veut prononcer sur le sort d'un individu, d'un conspirateur, avec des formes plus sévères et plus solennelles. » La période est belle, mais elle n'impressionne pas Lanjuinais.

Le député d'Ille-et-Vilaine, qui toute sa vie fit preuve d'une force tranquille et d'une haine étale de la tyrannie, réplique vertement : « Vous invoquez sans cesse le code pénal, vous nous dites sans cesse que nous sommes le jury, eh bien c'est le code pénal que j'invoque ; ce sont ses formes de jury que je demande, auxquelles je vous supplie de ne pas faire exception [...] on paraît délibérer ici dans une Convention libre, mais c'est sous les poignards et les canons des factions [...] Je demande au nom de la loi qu'il faille les trois quarts des suffrages. »

Philippeaux (Sarthe) surenchérit et propose que l'on procède à un appel nominal supplémentaire pour décider de la majorité. L'Assemblée émet un avis contraire et passe à l'ordre du jour au motif que « tous ses décrets doivent être rendus à la majorité absolue ». L'éloquence de Danton, payé pour sauver le roi, a balayé tous les obstacles. Camille Desmoulins qui voue au grand orateur un culte en a les larmes aux yeux de bonheur. On peut procéder au vote. Enfin.

NON, CITOYENS, NOUS NE SOMMES PAS JUGES

*

Dans un silence qui contraste avec le tohu-bohu de tout à l'heure, l'appel nominal commence. Il est 8 heures du soir. Pendant plus de vingt-quatre heures, les uns après les autres, les sept cent quarante-neuf députés présents se succèdent à la tribune et se déterminent à voix haute. Leurs interventions constituent autant de réquisitoires et de plaidoiries. La détermination et le courage résolu des conventionnels qui plaident en votant forcent l'admiration. Ils forment la défense parlementaire du roi plus convaincante peut-être que celle assurée par Malesherbes, Desèze et Tronchet.

Dans la demi-obscurité de la salle, Mailhe (Haute-Garonne) répond le premier à l'appel de Salle, député girondin de la Meurthe, le secrétaire du moment. Dans un procès, l'opinion du premier juré est essentielle, elle dirige celle des autres, vieille loi bien connue des avocats d'assises. D'une voix hésitante paralysée par l'émotion, le député de la Haute-Garonne égrène des mots mal soudés : « Par une conséquence qui me paraît naturelle, par une conséquence de l'opinion que j'ai déjà émise sur la première question, je vote pour la mort... » La salle se fige. On attendait de la part de Mailhe un verdict plus indulgent. Il reprend son souffle : « Je ferai une simple observation : si la mort a la majorité – il devient presque inaudible – je crois qu'il serait digne de la Convention nationale d'examiner s'il ne serait pas utile de retarder le moment de l'exécution... »

C'est donc le sursis qu'il demande ? Ne concluons pas si vite, car il termine : « Je reviens à la question et je vote pour la mort... »

Cette façon de dire « je vote pour la mort mais je ne la souhaite pas » va être fatale au roi que Mailhe croit sauver [3]. Tout au long du scrutin en effet, un certain nombre de députés adopteront une attitude identique et se prononceront pour un châtiment différé. Ils veulent remettre l'exécution à des jours moins tragiques pour l'écarter définitivement. Mailhe n'est pas un lâche, mais il servira d'alibi à la lâcheté.

Au lieu d'être divisée en deux camps, celui du trépas et celui de l'indulgence, l'Assemblée se balkanise et les voix modérées s'éparpillent. Ce scrutin, plus que tous les autres, appelle le manichéisme. Par la faute de Mailhe, il devient ambigu et personne, aujourd'hui encore, ne peut affirmer à quelle majorité fut décidé le sort du roi.

Après le vote de la Haute-Garonne, les voix s'équilibrent, après celui du Gers, la mort immédiate est mise en minorité de deux voix; après la Gironde et l'Hérault, elle prend la tête puis la perd. Tout au long du scrutin, l'indulgence et la sévérité se talonnent jusqu'au moment où, après le vote du Cantal, la mort l'emporte ou semble l'emporter.

*

La première leçon de ce scrutin est le dégoût qu'inspire à la plupart des conventionnels la peine capitale. Avec le roi, la Convention condamne l'échafaud, à quelques mois de la Terreur...

Ceux qui votent le châtiment suprême sont les premiers à déplorer sa barbarie.

Ducos (Gironde) : « Citoyens, condamner un homme à mort, voilà de tous les sacrifices que j'ai faits à la patrie le seul qui mérite d'être compté. »

Lamarque (Dordogne) : « La loi a prononcé la peine de mort, je la prononcerai en disant que cet acte de justice qui fixe le sort de la France soit le dernier exemple d'un homicide légal. »

Robespierre, fervent abolitionniste jadis, explique sa volte-face : « Le sentiment qui m'a porté à demander, mais en vain, à l'Assemblée constituante l'abolition de la peine de mort est le même qui me fait demander qu'elle soit appliquée au tyran de ma patrie. »

Barère, comme à regret, soupire : « La loi dit la mort, je ne suis ici que son organe. »

Les indulgents tiennent un langage identique mais ne divorcent pas, eux, d'avec leur conscience.

Leclerc (Loir-et-Cher) : « La peine de mort est un outrage

de la liberté »; Marquis (Meuse) : « La mort, cette peine barbare qui souille notre code »; Fourmy (Orne) : « L'esprit des lois de toutes les nations qui punit de mort certains crimes est puisé dans l'esprit de la politique, non de la nature »; Manuel (Paris) : « Le droit de mort n'appartient qu'à la nature, le despotisme le lui avait pris, la liberté le lui a rendu »; Bancal des Issarts (Puy-de-Dôme) : « La peine de mort est absurde, barbare et propre à rendre les mœurs féroces. Elle est une des grandes causes des maux dont gémit la société »; Montgilbert (Saône-et-Loire) fait preuve d'une fausse sévérité. Pour éviter la colère de la Montagne, il avance cet argument inattendu : « Il faut aggraver la peine de mort en bannissant les coupables... » Une voix goguenarde l'interrompt : « Aggraver la peine de mort par le bannissement ? – Oui, je dis aggraver, répond l'autre, car être banni du territoire des Français est une peine plus dure que la mort. » Il aurait dû demander à Provence et à Artois ce qu'ils en pensaient.

Il serait fastidieux de reprendre les unes après les autres les interventions des conventionnels. En relisant l'appel nominal, on est frappé par cette unité de vues et par ce paradoxe : une Assemblée majoritairement abolitionniste va répandre le sang. Elle va, au nom du bonheur, cette idée nouvelle en Europe, commettre un meurtre rituel.

Les députés qui veulent sauver Louis XVI obéissent à des raisons idéologiques évidentes. Mais il y a de la superstition dans leur refus, la vieille idée du sacrilège n'est pas morte, le culte ridicule de l'Être suprême lui-même n'arrivera pas à la faire oublier. Inlassablement ils plaident et replaident les arguments esquissés par Desèze : le non-cumul des fonctions, l'application des principes incontournables, l'inviolabilité de la personne royale et la non-rétroactivité des lois. Il est impossible, répètent-ils, d'être à la fois législateur et juge sous peine de remplacer la séparation par la confusion des pouvoirs. Nommée pour faire la loi, la Convention ne peut l'appliquer; seule une mesure de sûreté née de l'urgence et de la conjoncture est de sa compétence... une peine – à plus forte raison la plus sévère – n'entre pas dans ses attributions.

Au coude à coude, ils développent les mêmes idées.

Gaudin (Vendée) : « Je ne puis encore me persuader que le peuple français nous ait délégué le despotisme, c'est-à-dire la facilité de faire des lois et de les appliquer... »; Saint-Martin (Ardèche) : « J'exercerais un acte de tyrannie si je cumulais les fonctions de législateur et de juge »; Fauchet (Calvados) : « La Convention n'a pas le droit de cumuler, de confondre, d'exercer tous les pouvoirs, c'est le droit de la tyrannie »; Palasne-Champeaux (Côtes-du-Nord) : « Après m'avoir fait remplir les fonctions de jury d'accusation, on veut me faire juge »; Chaillon (Loire-Inférieure) : « Je suis convaincu que mes commettants ne m'ont pas envoyé pour juger, pas plus que pour exercer des fonctions de juge, mais pour faire les lois. »

Aux scrupules de la droite, s'oppose la certitude de la gauche : la Convention a reçu du peuple tous les pouvoirs, y compris celui de juger.

Chabot (Loir-et-Cher) : « Je suis loin de partager l'opinion de mes collègues qui croient n'être pas juges. C'est une qualité qui les honore autant que celle de législateur »; Cavaignac (Lot) : « Un décret de la Convention m'a constitué juge de Louis, je dois m'y soumettre et agir en cette qualité »; Boilleau (Yonne) : « Ce n'est pas moi qui me suis constitué juge, c'est la souveraineté du peuple, ce sont les principes qui m'ont créé tel »; Robespierre : « Je n'ai jamais pu décomposer mon existence politique pour retrouver en moi deux qualités disparates, celle de juge et d'homme d'État [...] Si je suis inflexible pour les oppresseurs, c'est que je suis compatissant pour les opprimés... » Il n'épargnera ni les uns ni les autres... Fabre d'Églantine : « Suis-je juge, suis-je législateur, suis-je homme d'État dans cette affaire ? Je n'ai pu encore comprendre la subtilité de ces différentes variétés... »; Danton : « Je ne suis point de cette sorte d'hommes d'État qui ignorent qu'on ne compose point avec les tyrans, qui ignorent qu'on ne frappe les rois qu'à la tête... »

Que pouvait le juridisme contre ces torrents ?

NON, CITOYENS, NOUS NE SOMMES PAS JUGES

*

Soudain le silence s'abat sur l'Assemblée. Le greffier vient d'appeler Philippe Égalité, ci-devant Philippe d'Orléans, prince du sang – il va mériter le titre – et cousin de l'accusé. Cet homme de quarante-six ans, aux traits empâtés, monte à la tribune. Pour vaincre sa timidité et sa difficulté d'élocution, pour soulager son trouble, il a limité son discours à quelques mots notés sur un papier qu'il froisse nerveusement. Il lit : « Uniquement occupé de mon devoir, convaincu que tous ceux qui ont attenté ou attenteront par la suite à la souveraineté du peuple méritent la mort, je vote pour la mort. »

La réprobation gagne tous les rangs de l'Assemblée. Les Montagnards, eux-mêmes, restent de glace. Quand Philippe regagne son banc, ses amis détournent le regard. Robespierre murmure : « Le malheureux! Il n'était permis qu'à lui de se récuser et il n'a pas osé le faire... » Informé le lendemain par ses avocats de ce cousinage vénéneux, Louis XVI dira : « Je suis bien affligé de ce que Monsieur d'Orléans, mon parent, ait voté ma mort. »

Pourtant, les indulgents continuent à se jeter dans la mêlée. Claverye (Lot-et-Garonne) : « La Constitution ne prononce pas la mort, elle prononce seulement l'abdication et la déchéance, je n'irai pas au-delà de la loi »; Albouys (Lot) : « Comme juge, j'ouvre le Code sacré de la loi et je lis que nul homme ne peut être puni qu'en vertu d'une loi antérieure au délit. J'ouvre en même temps la Constitution et j'y trouve qu'après l'abdication présumée, d'après les cas qui y sont prévus, le roi sera puni comme les autres citoyens pour les délits postérieurs à cette abdication [...] c'est-à-dire que, pour les délits antérieurs, il ne sera puni que de la peine que la Constitution lui inflige. »

Izarn de Valady (Aveyron), dont le côté dilettante dissimule l'audace, lui succède : « La mort du ci-devant roi : la justice éternelle me le défend parce qu'elle ne veut point que l'on fasse après coup ou que l'on aggrave des lois criminelles pour les appliquer à des faits passés; or, aucune loi écrite ne lui infligeait cette peine pour aucun cas, avant qu'il ne fût précipité du trône dans sa prison... »

Lanjuinais (Ille-et-Vilaine) : « J'ai entendu dire qu'il fallait que nous jugeassions cette affaire comme la jugerait le peuple lui-même. Or le peuple n'a pas le droit d'égorger un prisonnier vaincu... » L'homme qui, selon Rivarol, poussait la chaleur jusqu'à l'injure, défie ses adversaires. Dupin Jeune (Aisne) s'en prend à la versatilité des Français. Ils louaient Louis XVI quand il prêtait serment à la Constitution. Ils l'accablent aujourd'hui. Comment prononcer une peine irréversible dans un pays si versatile ?

D'autres conventionnels encore plus déterminés dénoncent la partialité de la Convention.

Grangeneuve (Gironde) : « Je ne peux me dissimuler qu'à ce jugement criminel souverain participe un trop grand nombre de mes collègues qui ont manifesté avant le jugement des sentiments incompatibles avec l'impartialité d'un tribunal. »

Cadroy (Landes) : « Je vois la Convention s'écarter des formes, je dois déchirer la loi dans ce qu'elle offre de bienfaisant et la prendre dans ce qu'elle a de plus rigoureux... »; Marcou-Brisson (Loir-et-Cher), Ruault (Seine-Inférieure), Marey (Côte-d'Or) apportent leur pierre à cet édifice légaliste. Casenave (Basses-Pyrénées) : « Je conclus à ce que le suffrage des membres qui n'ont point été à l'instruction de cette affaire soit écarté du jugement »; Meynard (Dordogne) : « Un principe de droit naturel consacré dans la Déclaration des droits de l'homme et du citoyen me dit que la loi étant égale pour tous, il n'est pas juste d'en faire des lots inégaux pour attribuer à l'accusé celui qu'il punit et pour le dépouiller de l'autre qui établit des formes salutaires pour sa défense. » Mais c'est Bresson (Vosges) qui, dans une intervention peu connue, trouve les mots justes. Le proscrit, qui échappera au martyre des Girondins en se cachant sous l'estrade du président de l'Assemblée, se hisse ce jour-là au rang des plus grands : « Non, citoyens, nous ne sommes pas juges, car les juges sont prosternés devant une loi égale pour tous et nous, nous avons à violer l'égalité pour faire une exception contre un seul. Nous ne sommes pas juges car les juges ont un bandeau glacé sur le front et la haine de Louis nous brûle et nous dévore. Nous ne sommes pas juges, car les juges se défendent des opinions sévères [...] ils les ensevelissent pour fondre leur cœur et nous voilà presque réduits à nous excuser de la modération, nous publions avec orgueil la rigueur de notre jugement. Nous ne sommes pas juges enfin car on voit les juges s'attendrir sur les scélérats qu'ils viennent de condamner et adoucir l'horreur qui les environne par l'expression de la pitié. Notre aversion poursuit Louis jusque sous la hache des bourreaux et même j'ai quelquefois entendu son arrêt de mort avec l'accent de colère et des signes approbateurs répondaient à ce cri funèbre.»

*

Extraordinaire instance où les jurés requièrent et plaident. La défense parlementaire du roi s'expose à la vendetta de la Montagne. Grâce à elle, on assiste à un procès, non à une parodie de justice.

Ceux qui prétendent que la cause de Louis XVI ne fut pas soutenue se trompent. Capet fut mieux traité que les victimes de l'absolutisme. Rares sont ceux qui, dans l'histoire de la répression politique en France, bénéficièrent d'une défense aussi courageuse et aussi résolue.

Chapitre XXI

LA MORT EN BALLOTTAGE
OU LE VOTE INVERSÉ DE CHAMPIGNY-CLÉMENT

Quelle majorité pour la mort du roi ? On en discute encore aujourd'hui. La tradition tenace veut que Louis XVI succombe à une voix près, celle du duc d'Orléans. Sans cette trahison familiale, la Convention n'aurait pas d'une courte tête renversé une couronne. Légende. L'examen des documents de l'époque, la lecture attentive d'innombrables ouvrages m'incitent au contraire à penser que le seuil fatidique des trois cent soixante et une voix ne fut pas atteint. Le troisième appel nominal occupe l'Assemblée du mercredi 16 janvier 1793 à 20 heures [1] au jeudi 17 janvier 1793 à la tombée de la nuit. Le dernier suffrage exprimé est celui de Paul Chazal. Cet avocat gardois de vingt-sept ans rejoint « la réserve proposée par Mailhe relative au sursis ». Puis le scrutin est déclaré clos. Sur les sept cent quarante-neuf conventionnels appelés, sept cent vingt ont exprimé leur opinion. Le plus grand procès de l'Histoire de France est sur le point de s'achever.

Vergniaud prend la parole. Il parvient mal à dissimuler son émotion : « Citoyens, l'appel nominal est terminé. Il va être procédé au pointage du scrutin. » Pas un murmure. La France traite un intouchable en justiciable ordinaire. Désormais le privilège de justice appartient au nouveau souverain, le peuple. Il possède les mêmes privilèges que l'ancien, personne n'est à l'abri de sa sévérité. Cette impertinence n'est pas du goût de l'ambassadeur d'Espagne Ocariz qui remet au ministère des Affaires étrangères une lettre aussitôt transmise à Vergniaud. Il en informe ses collègues et propose de leur en donner connaissance. Tumulte. La Convention ressent ce courrier comme un outrage. Il fallait mal connaître la sourcilleuse Assemblée pour commettre semblable bévue.

Danton, qui a voté la mort, et Garran-Coulon, député du Loiret, qui l'a refusée, s'empoignent. Il ne fait pas le poids et son colistier Louvet vient à sa rescousse : « Tu n'es pas encore roi, Danton. » Georges réplique par une pitoyable demande de rappel à l'ordre, au moment où une nouvelle correspondance parvient à Vergniaud signée de Malesherbes, Tronchet et Desèze. Ils demandent à être entendus à nouveau. La discussion s'enfle. Les uns réclament la lecture de ces missives, les autres s'y opposent. Danton qui a retrouvé sa forme règle son compte à l'ambassadeur d'Espagne : « Je suis étonné de l'audace d'une puissance qui ne craint pas d'exercer son influence sur notre délibération, qui ne reconnaît pas notre République et qui veut lui dicter des lois. On ne néglige aucun moyen pour obtenir des délais. Rejetez, citoyens, toute transaction honteuse avec la tyrannie. »

Sur la sollicitation des avocats du roi, il se montre bon prince : « Je consens qu'ils soient entendus après que le décret aura été prononcé... » Puis, goguenard : « Je suis persuadé qu'ils n'ont rien de nouveau à vous apprendre et qu'ils n'apportent point de pièce capitale capable de faire changer votre détermination... » Curieusement, il n'en écarte pas l'hypothèse. Voulait-il laisser la porte ouverte à un coup de théâtre éventuel ? Avec ce diable d'homme, tout est possible.

La Montagne veut en finir et réclame à cor et à cri le pointage des voix. Après les interventions de Marat, Collot d'Herbois (Paris), Daunou (Pas-de-Calais) et Boissy d'Anglas (Ardèche), l'Assemblée décide d'archiver la lettre espagnole et de passer à l'ordre du jour.

Véritable manifeste de Brunswick à l'encre diplomatique, cet écrit dont l'Assemblée prendra connaissance plus tard est d'une rare maladresse. Il prodigue des conseils à ceux qui n'en reçoivent de personne : « La Convention ne peut refuser l'oreille à toutes les réflexions de prudence politique qui lui ont été exprimées par plusieurs de ses membres. » Il propose aussi un étrange marché : vie sauve pour le roi en échange de la médiation de Madrid pour mettre fin au conflit. Ce moratoire à la mort, cette ingérence humanitaire dans les affaires de la France sont inacceptables. Pour la deuxième fois en quelques mois, l'Europe des seigneurs compromet le roi de France au prétexte de le sauver. Maladresse ou politique du pire ?

Il faut maintenant faire un sort à la demande des avocats. Elle est, convenons-en, insolite. Il n'est pas d'usage, après le jugement, de redonner la parole à la défense. Robespierre réagit... en avocat. Il ne veut, à aucun prix, voir la Convention tomber, à nouveau, dans la chicane. « Les principes mêmes qui ont dicté votre jugement vous défendent d'entendre les défenseurs de Louis. Vous ouvririez la porte à une nouvelle procédure, vous ne devez permettre aucune demande nouvelle... » On se croirait dans un procès criminel où un grand du barreau se pose en défenseur du code pour empêcher son confrère de répliquer.

Chambon [2], élu de la Corrèze, qui passe pour l'homme le plus spirituel de l'Assemblée – il votera allégrement la mort –, veut donner le change : que ces gêneurs soient entendus après la proclamation du scrutin. Ainsi la défense s'exprimera la dernière, quand il n'y aura plus rien à espérer...

Boyer-Fonfrède (Gironde) sent que l'indulgence est en train de perdre la partie. Il propose un argument inattendu : « On nous affirme que des membres de l'Assemblée législative sont compromis. Peut-être les défenseurs de Louis ont-ils des renseignements à donner sur eux ? Je demande qu'ils soient entendus. » Cette casuistique du prêtre défroqué confondant les avocats et les indicateurs de police provoque des vociférations. La défense peut être satisfaite : sa requête a accentué la désunion des juges. Pour reprendre la situation en main, le président fait adopter la proposition suivante :

« Les ci-devant conseils de Louis seront entendus après le dépouillement du scrutin et la proclamation du résultat. » Chambon esquisse un certain sourire. Il se figera quand Malesherbes, Tronchet et Desèze livreront leur dernier combat.

*

Le bureau va-t-il enfin procéder au pointage officiel des voix ? Un incident tragi-comique, dont Duchastel est le héros, retarde, une nouvelle fois, l'échéance. Terrassé par une fièvre pernicieuse et soudaine, le jeune député des Deux-Sèvres était absent lors du vote sur la peine. Ancien militaire aux gardes du roi, Girondin modéré, son indulgence ne fait aucun doute. Ses amis politiques consternés par une maladie qui n'a rien de diplomatique décident, en cet instant décisif, de le tirer du lit. Jard-Panvillier, un collègue de son département, part à sa recherche et le conduit prestement à l'Assemblée. Le malade fait son entrée en peignoir, la tête enveloppée de linges et coiffée d'un bonnet blanc. L'assistance a du mal à garder son sérieux, mais les rires cessent quand il exprime son intention, malgré la clôture du scrutin, de voter. La chienlit reprend de plus belle. Lecointre commet alors une gaffe historique. Le député de Seine-et-Oise, ancien marchand de toile, met la gauche dans de beaux draps lorsqu'il déclare : « Le scrutin est fermé, le citoyen collègue ne peut voter car, à cet instant, le résultat de l'appel nominal est connu. » Le résultat ? Comment peut-il en avoir connaissance : il n'est pas encore proclamé ? Delacroix, représentant de la Marne, un colosse auprès duquel Danton n'a qu'un filet de voix, surmonte le tumulte de son verbe ravageur : « Il y a un décret qui porte que lorsqu'un membre se sera trouvé absent, il y aura un rappel. Je demande en faveur de Duchastel l'exécution de ce décret. » Incroyable Convention. Un régicide, parmi les plus acharnés, se bat pour qu'un indulgent apporte son suffrage à l'accusé. Enfin, Duchastel peut s'exprimer : « Je ne pensais pas entraîner ici du désordre. Je viens d'apprendre que la majorité était très peu prononcée... Je me suis alors décidé à venir dans ce costume. La question telle qu'elle est posée me paraît vicieuse. La déchéance serait la seule peine légale. Je vote le bannissement de Louis... » Le malade fait monter la température, on l'invective, le hue. Une voix peut tout faire basculer. Garran-Coulon veut mettre fin aux incertitudes provoquées par l'amendement Mailhe. Élu de la Gironde mais Montagnard et régicide, il somme son collègue de s'expliquer sur le sens exact de son vote. A-t-il choisi la mort ? Souhaite-t-il, au contraire, une exécution différée et sous condition ? Chacun, en effet, pouvait interpréter selon sa préférence les propos du premier juré. La gauche n'en retenait que la première phrase : « Je vote pour la mort »; la droite, son appel à une certaine clémence; la Plaine, ses derniers mots prononcés sous les huées : « Je reviens à la question, je vote pour la mort. »

Mailhe bredouille, répète à peu près ce qu'il a dit, ajoute un mot, en supprime un autre, refuse de pousser plus loin l'explication. Comprenne qui pourra. Ce manque de netteté permettra au bureau lors du scrutin rectificatif d'ajouter les vingt-six voix de son amendement à celles des partisans de la solution extrême.

La haine secoue la Convention. On revient sur l'incident Duchastel, on parle de complot, d'atteinte au bonheur du peuple, de trahison, de félonie. Chaque partie s'estime flouée quand Manuel, un des secrétaires du bureau, fait mine de sortir en brandissant des documents. « Barrez-lui le chemin, il emporte la liste de l'appel nominal », entend-on de tous côtés. Bazire (Côte-d'Or) exulte, Billaud-Varenne (Paris) s'époumone, Vergniaud s'évertue : « Je rappelle l'Assemblée au calme et à la dignité qui lui sont nécessaires dans la grande circonstance où elle se trouve [...] il ne doit y avoir que les mouvements de la justice. »

Le calme se rétablit vaille que vaille quand Manuel s'explique. Il n'avait jamais voulu détourner le procès-verbal ni maquiller les résultats du scrutin. La vérité est plus prosaïque : pendant que les secrétaires pointaient les voix, il s'était absenté un moment. À son retour, trouvant sa place occupée, il s'était retiré en brandissant, en signe de protestation, quelques papiers. Châteauneuf-de-Randon (Lozère), élu de la noblesse aux États généraux mais Montagnard de fraîche date, et Chabot (Loir-et-Cher) qui ont tous deux assisté à la scène en attestent la véracité. L'incident est clos. Manuel récupère son siège et le pointage continue.

Si la Convention a, pendant les appels nominaux, fait preuve de tenue, c'est à Vergniaud qu'elle le doit. Dans un grand procès le rôle du président est déterminant. S'il se révèle faible ou partial, la liberté devient interdite de séjour.

Quand il se lève, l'émotion est à son comble : « Citoyens, vous allez exercer un grand acte de justice, j'espère que l'humanité vous engagera à garder le plus profond silence. Quand la justice a parlé, l'humanité doit voir son cours. » Il marque un temps puis, d'une voix blanche, donne connaissance des résultats : « Sur sept cent quarante-cinq membres qui composent la Convention, un est mort, six sont malades, deux sont absents sans cause et ont été censurés au procès-verbal; onze sont absents par commission; quatre se sont dispensés de voter : ce qui réduit le nombre des votants à sept cent vingt et un. *La majorité est de trois cent soixante et une voix.* Un membre vote pour la mort, en réservant au peuple la faculté de commuer la peine. Vingt-trois votent pour la mort, en demandant qu'on examine, s'il est convenable, d'accélérer ou de retarder l'exécution. Huit votent pour la mort, en demandant qu'il soit sursis à l'exécution jusqu'à l'expulsion de la race entière des Bourbons. Deux votent pour la peine des fers. Deux votent pour la mort, en demandant qu'il soit sursis à l'exécution jusqu'à la paix, époque à laquelle la peine de mort pourrait être commuée, et réservant le droit de la faire exécuter avant ce temps, en cas d'invasion du territoire français par aucune puissance étrangère, dans les vingt-quatre heures de l'irruption. Trois cent dix-neuf votent pour la détention jusqu'à la fin de la guerre et le bannissement aussitôt la conclusion de la paix. Trois cent soixante-six votent pour la mort. » Puis il devient à peine audible : « Je déclare au nom de la Convention nationale que la peine qu'elle prononce contre Louis Capet est celle de mort. »

LA MORT EN BALLOTTAGE

Cinq voix de majorité ?
Cette courte différence, les défenseurs la croiront exacte quand, dans quelques heures, ils tenteront leur dernier effort. Or, les chiffres de Vergniaud sont faux. Leur inexactitude ne provient pas d'une magouille mais des conditions déplorables du dépouillement. Il s'est déroulé en public et les secrétaires, pressés d'en finir, s'affolent, se trompent. Le roi de France reçoit la mort dans le désordre à la suite d'une erreur de calcul.
Le lendemain, vendredi 18 janvier, à l'ouverture de la séance, des députés protestent. Dumont, représentant de la Somme, girouette sanglante – adulateur de Robespierre, il le vouera aux gémonies après Thermidor –, s'agite. Il a voté la mort de celui qu'il surnommera « Louis le raccourci » et non la détention comme le procès-verbal le porte. Mais il n'est pas le seul à contester. Gasparin (Bouches-du-Rhône) rappelle que l'Assemblée se compose, après l'annexion du comté d'Avignon, de sept cent quarante-huit membres et non de sept cent quarante-cinq comme il est inscrit dans le plumitif. Loysel (Aisne) et Beffroy (Aisne) critiquent le bureau. Deux de ses membres, Salle (Meurthe) et Gorsas (Seine-et-Oise), le défendent. La discussion s'aigrit. Choudieu (Maine-et-Loire) les interrompt : « Comme le bureau est bien convaincu sinon d'infidélité au moins d'inexactitude, qu'il soit remplacé par six commissaires [3]. » Isnard (Var) en appelle à l'Europe, scrutateur impitoyable ; ce vote historique ne doit pas prêter à une confusion fatale et nuire à la réputation de la France. Penières (Corrèze) demande une nouvelle lecture du procès-verbal. Sa proposition est adoptée et chaque député est à nouveau appelé à la tribune pour confirmer son suffrage.
Kersaint (Seine-et-Oise) explose : « Je veux épargner un crime aux assassins en me dépouillant moi-même de mon inviolabilité, je donne ma démission et je pose les motifs de cette résolution entre les mains du président. » Murmures. L'ancien enseigne de vaisseau de l'*Intrépide* illustre bien le nom de son bateau.
Salle tente de justifier les errements du bureau :

« L'inexactitude du scrutin tient surtout dans l'erreur de l'Assemblée sur l'avis de Mailhe. » Or, atteint d'un mal bien opportun, Mailhe n'est pas là quand la discussion s'engage sur le sort à réserver aux vingt-six voix de son amendement. La confusion n'est pas dissipée quand Vergniaud proclame le résultat rectifié du scrutin. « L'Assemblée est composée de sept cent quarante-neuf membres. Il s'est trouvé : quinze membres absents par commission, sept membres absents par maladie, un membre absent sans cause, cinq non votants. Restent sept cent vingt et un votants. *La majorité est de trois cent soixante et un.* Sur quoi deux ont voté pour les fers. Deux cent quatre-vingt-six pour la détention ou le bannissement à la paix ou pour le bannissement immédiat ou pour la réclusion et quelques-uns y ont ajouté la peine de mort conditionnelle si le territoire était envahi. Quarante-six ont voté pour la mort avec sursis, soit après l'expulsion des Bourbons, soit à la paix, soit à la ratification de la Constitution. Au total trois cent trente-quatre. Puis trois cent soixante et un ont voté pour la mort, *vingt-six pour la mort en demandant une discussion sur le point de savoir s'il conviendrait à l'intérêt public qu'elle fût ou non différée et en déclarant leur vœu indépendant de cette demande.* Au total trois cent quatre-vingt-sept. Résumé : trois cent quatre-vingt-sept pour la mort sans condition ; trois cent trente-quatre pour la détention, etc. ou la mort conditionnelle, vingt-huit absents ou non votants. »

Puis, crispé, il ajoute : « Au nom de la Convention nationale, la peine prononcée contre Louis Capet est la mort. »

La mort triomphe ou paraît triompher. Si l'on en croit le scrutin rectificatif, le seul a avoir donné lieu à un procès-verbal officiel, la majorité pour la peine capitale est de vingt-sept voix. Mais, pour arriver à ce chiffre, il avait fallu ajouter aux trois cent soixante et un députés qui avaient voté la mort sans condition lors du premier appel nominal les vingt-six voix de l'amendement Mailhe, au prétexte que ces votes ne comportaient ni condition ni restriction.

La mnipulation est évidente et on comprend mal que Vergniaud s'y soit prêté. Les conventionnels fidèles au député de la Haute-Garonne voulaient sauver le roi et jouer la montre contre la mort. Dans leur esprit, différer l'exécution, c'était la renvoyer *sine die*. Ils imaginaient mal la Convention après des mois de captivité immoler le roi au petit matin d'un grand soir. Une telle cruauté aurait soulevé l'indignation des Français et provoqué des troubles dans un pays en effervescence. Mailhe et ses amis le savent et leur verdict alambiqué est destiné à préserver la vie du monarque. Devant la justice politique, le sursis équivaut à un acquittement. « La perpétuité, c'est combien ? » dira le futur Napoléon III. Au fil du temps, la haine se dissipe, les circonstances se modifient et les proscrits de la veille reviennent souvent en triomphateurs.

Ces partisans honteux de l'indulgence se diviseront lors de l'appel nominal sur le sursis. Quand ils tiendront pour acquis l'irréversible, quatorze d'entre eux s'opposeront à cette bienveillance. Mais, au moment du vote sur la peine, ils veulent sauver le roi. S'ils avaient désiré sa mort, ils auraient rejoint sans détour le camp des régicides dont seules les voix auraient dû figurer sous cette rubrique au procès-verbal. Tout ajout est artificiel et macule le verdict.

La manœuvre est d'autant plus grave que ce ne sont pas trois cent soixante et une voix mais trois cent soixante qui se portèrent sur le châtiment suprême. La mort fut mise en ballottage. J'ai lu, relu, les opinions exprimées par chacun des conventionnels pendant le scrutin décisif : une évidence apparaît. Le député Champigny-Clément, à qui l'Histoire prête une option homicide, avait, en fait, exprimé un vote indulgent. Son suffrage fut inversé abusivement ou par erreur par les scrutateurs.

Cet obscur représentant de l'Indre-et-Loire [4], élu en septembre 1793 presque malgré lui par des voisins admiratifs de son patrimoine et de sa culture, s'était trouvé projeté en politique sans l'avoir voulu. Connu pour sa tolérance, il n'avait rien d'un sanguinaire et on le voit mal tenir les propos que lui prêtent les Archives parlementaires [5] : « La mort est terrible mais elle ne peut l'être trop pour un tyran, je vote pour la mort du roi. »

Les Archives parlementaires font état de cette déclaration. *Le Moniteur*[6], l'*Histoire impartiale du procès de Louis XVI*[7], *Le Pour et le Contre*[8], rapportent ses véritables paroles : « Je vote pour la réclusion et ensuite pour la déportation un an après la paix. »
Le Journal officiel de la Révolution et les deux ouvrages publiés durant le procès s'accordent sur ce texte et le rendent public sans s'attirer le moindre démenti. À l'heure où la France se passionne pour l'affaire, où les conventionnels, nous l'avons vu, se montrent sourcilleux sur les opinions qu'on leur prête, le député de l'Indre-et-Loire reste silencieux. Il n'interpelle ni les rédacteurs du journal, ni les auteurs des livres, n'exige de leur part – et pour cause – aucune rectification. Comme tous les députés, il fait sa lecture quotidienne du *Moniteur* et se rapporte fréquemment aux comptes rendus du Jauffret et du *Pour et du Contre*. Il ne peut les ignorer et son silence vaut acquiescement. Comment un homme politique en un pareil moment aurait-il pu tolérer que la presse et la chronique maquillent son vote ? Et les Archives parlementaires ? Il est probable que Champigny-Clément ne les a pas lues et qu'il s'est fié aux documents qui font autorité à l'époque. Contrairement à l'opinion généralement émise, la mort n'a donc obtenu que trois cent soixante voix et n'a pas atteint la majorité absolue, fixée, on s'en souvient, à trois cent soixante et une. C'est toute la légitimité du verdict qui est remise en question.
Mais le cas Champigny-Clément n'est pas le seul qui entache le scrutin. Un autre vote aurait dû être annulé, celui de Robert, député de Paris, puisqu'il n'était pas français. Curieux personnage que ce Robert né à Gimnée (Belgique). Il est le mari rubicond d'une muse rouge, la poétesse Félicité de Karalio. Mme Roland la trouve spirituelle, adroite et fière, et prête à son époux une face de chanoine sur laquelle s'inscrit un vif contentement de soi. Quand vient le moment de s'exprimer sur la peine, il tonne : « Je condamne le tyran à mort. Il ne me reste qu'un regret, c'est que ma compétence ne s'étende pas à tous les tyrans du monde... » Or, étranger, le gros homme n'avait, ce jour-là, le droit de condamner per-

sonne. Les décrets des 11 et 12 août 1792, qui faisaient de la citoyenneté française une condition de l'éligibilité à la Convention, s'opposaient à son élection. Robespierre se souviendra de ces textes quand, en juin 1793, il fera exclure Thomas Paine de l'Assemblée au prétexte qu'il était citoyen américain.

Arithmétiquement, il fallait donc rectifier le vote de Champigny-Clément et juridiquement annuler celui de Robert. Il est regrettable que la défense n'ait pas dans ses répliques plaidé ces nullités.

Certains historiens ont prétendu que Saint-Just était inéligible en raison de son jeune âge. C'est inexact, né le 25 août 1767 à Decize (Nièvre), l'Archange de la Terreur avait atteint, de justesse il est vrai, l'âge de vingt-cinq ans au moment de son élection, se conformant ainsi à l'article premier du décret du 21 août 1792. D'autres ont affirmé que des conventionnels n'avaient pas le droit de voter, car suppléants ils s'étaient exprimés alors que, de leur côté, les titulaires avaient participé au scrutin. C'est méconnaître le principe des candidatures multiples. Il permettait à un candidat de se présenter dans plusieurs départements. Élu, il en choisissait un et, dans les autres, son suppléant siégeait à sa place. Tous avaient donc le droit de s'exprimer le plus valablement du monde. Remarquons enfin que, dans son malheur, le roi n'avait pas manqué d'une certaine chance. Lors des scrutins, comme le remarquent François Furet et Mona Ozouf [9], un certain nombre de parlementaires partisans de la mort se trouvent en mission et privent leur camp d'un appoint précieux. Présents, aucune discussion sur la majorité n'aurait été possible et la régularité du vote serait devenue incontestable.

Chapitre XXII

IL RESTE UN ESPOIR, SIRE, L'APPEL À LA NATION

Pendant le dernier appel nominal, les avocats du roi connaissent le moment le plus angoissant de leur carrière. Ils écoutent, minute par minute, les sentences s'égrener. On les a parqués – la Convention ne savait qu'en faire – dans une maison située derrière le Manège. Par une ouverture d'environ quatre cents pieds carrés, selon la chronique, ils suivent le scrutin et font leurs comptes. Un jeune adjoint de Desèze, Becquet de Beaupré, plume en main, établit le bilan au fil des opinions pendant que dans le salon les trois défenseurs échangent leurs impressions d'audience.

Le public ignore les travaux épuisants, les recherches, l'effort de synthèse exigés par la plaidoirie. La défense est une fraternité. Que deviendraient les « ténors » sans le labeur obscur de leurs auxiliaires ? Des bouches éloquentes, inefficaces et passionnées. La postérité a oublié Lepelletier de Rosambo, ancien président au Parlement, Colin, Pasquier père, ex-parlementaire que Malesherbes avait entraîné dans son sillage. Elle ne se souvient pas davantage de Beaupré, appelé à la rescousse par Desèze. Injustice. Mobilisés pour la cause du roi, ils ont nuit et jour œuvré d'arrache-pied. Depuis des heures, ils entendent le verdict au lieu de l'attendre. Terrible expérience : le secret du délibéré s'oppose au direct et impose le différé. Le scrutin public leur procure des sensations plus obsédantes, plus cruelles. L'espoir et la désespérance se succèdent, tantôt la vie rattrape la mort, tantôt elle la dépasse, pour se faire distancer dans l'instant. J'imagine ces hommes fébriles, s'accrochant à l'indice le plus mince, au leurre le plus ténu. Cette fièvre du délibéré rapproche des personnalités aussi différentes que Malesherbes, Desèze et Tronchet, trinité de l'espérance. « C'est la Haute-Garonne qui votera la première », indique Becquet de Beaupré. « Tant mieux, réplique Malesherbes, la Gironde s'exprimera la troisième, la Gironde c'est Vergniaud. Nous pouvons compter sur lui [2]. » Comme si un avocat pouvait compter sur un homme politique. Mais les défenseurs sont incorrigibles : il y a de la superstition dans leur crédulité. Personne ne fait remarquer à l'ancien parlementaire que lors des deux appels précédents, le Gard a voté en tête, contrairement au règlement exigeant un scrutin rotatif. Ce retour à la normalité ne présage rien de bon, pense Desèze. En vieux routier de la barre, il se méfie.

*

Depuis le 26 décembre 1792, pendant les audiences parlementaires du procès, la défense a brillé par son absence. Mais, que l'on ne s'y trompe pas, elle n'a pas fait de la figuration, elle reste vigilante. Lors du scrutin sur l'appel au peuple, elle a même préparé un mémoire, nous l'avons dit, destiné aux assemblées primaires. À aucun moment, elle n'a abandonné le roi et les visites au Temple ont été nombreuses. Pouvant librement communiquer avec leur client, les avocats ne s'en privent pas. Seul lien avec l'extérieur, ils lui apportent un peu de chaleur, un peu de sécurité.

Quand le résultat accorde à la mort sa majorité imaginaire, la défense tente une ultime sortie. Elle se présente à nouveau à la barre. La Convention stupéfaite contemple les trois hommes. Desèze, le plus doué des trois, s'avance le premier. Cette fois, il n'a pas commis l'erreur de rédiger sa plaidoirie. Il en a hâtivement esquissé la trame par des notes cursives. Il veut forcer le destin : « Citoyens, représentants de la nation, la loi et vos décrets nous ont confié la défense de Louis; nous venons avec douleur aujourd'hui en exercer le dernier point. Louis nous a donné une mission expresse; il a chargé notre fidélité du devoir de vous transmettre un écrit de sa main et signé par lui. Permettez que j'aie l'honneur de vous en faire lecture... » Puis sortant d'un porte-document une feuille, en détachant volontairement chaque mot, il donne connaissance de la lettre du roi :

> *Je dois à mon honneur, je dois à ma famille de ne point souscrire à un jugement qui m'inculpe d'un crime que je ne puis me reprocher; en conséquence, je déclare que j'interjette appel à la nation elle-même du jugement de ses représentants. Je donne par les présents pouvoir spécial à mes défenseurs officieux et charge expressément leur fidélité de faire connaître à la Convention nationale cet appel par tous les moyens qui seront en leur pouvoir, et de demander qu'il en soit fait mention dans la séance de la Convention.*
> Signé : *Louis Capet.*

Le texte est digne mais le paraphe pitoyable. Comment le roi de France peut-il signer ainsi quand, pour la première fois, il s'insurge ? Ce mélange de dignité et de faiblesse, d'acceptation et de refus, de morgue et de soumission révèle la personnalité en partie double de Louis XVI. Il périra de cette dualité.

Desèze laisse la Convention méditer quelques secondes puis il reprend son plaidoyer, le meilleur de ce procès cruel : « Citoyens, nous vous supplions d'examiner dans votre justice s'il n'existe pas une grande différence entre le renvoi spontané de votre part du jugement de Louis à la ratification du peuple français, et l'exercice du droit naturel et sacré qui appartient à tous les individus; oui, à tous, et par conséquent à Louis; si nous n'avons pas élevé nous-mêmes ces questions dans la défense de Louis, c'est qu'il ne nous appartenait pas de prévoir que la Convention nationale se déterminerait à le juger; ou qu'en le jugeant, elle le condamnerait. Nous vous la proposons aujourd'hui pour remplir envers Louis ce dernier devoir; vous-mêmes nous en avez chargés, et nous vous conjurons de la balancer avec cette sainte impartialité que la loi demande... » Puis il critique, et en quels termes, le manque d'impartialité de la Convention et son interprétation orientée et abusive de la loi. On se croyait revenu aux grands moments du procès de Besenval.

« Vous avez pensé, citoyens, pouvoir appliquer à Louis les dispositions du code pénal; c'est dans ce texte que vous avez pris suivant vous-mêmes la peine de mort que vous avez prononcée contre lui. Pourquoi donc ne lui avez-vous pas appliqué aussi la disposition de la même loi qui exige pour la condamnation de l'accusé les trois quarts des voix? Avez-vous donc pensé qu'il vous fût permis de prendre ainsi d'une main dans la loi ce qu'il pouvait y avoir de rigoureux contre l'accusé et d'écarter de l'autre ce qui pouvait lui être favorable? Est-ce là la balance de l'humanité? Est-ce là la balance même de la justice? Si vous jugiez Louis comme citoyen, ne lui en deviez-vous pas les droits? Et puisque vous lui appliquiez l'une de vos lois, ne la lui deviez-vous pas tout entière [3]? » Que faut-il admirer le plus : le courage ou la subtilité juridique? Cette fois il ne s'agit pas d'un recours contre un jugement non encore rendu, mais d'un véritable appel contre une sentence de mort. Si elle suit le défenseur, la Convention ne se mettra pas en contradiction avec elle-même. Puis, abandonnant le droit, Desèze lance aux juges un véritable défi : « Je vous supplie de songer que presque tous les membres de la Convention qui avaient voté parmi vous pour la ratification de votre jugement par le peuple, que tous les membres de la Convention ont fondé leur opinion sur le salut de la République. Citoyens, vous qui combattez pour le salut de la nation, pour ses véritables intérêts, je vous le demande, ne tremblerez-vous pas quand vous songerez que le salut de la République, que le salut de l'empire entier, que le salut de vingt-cinq millions d'hommes peut dépendre de cinq voix! »

Cette philippique touche la Convention davantage que la lecture laborieuse du 26 décembre. Elle force l'admiration.

Tronchet, éloquent surtout dans ses silences, lui succède à la barre. Il n'a rien d'un baroudeur d'audience. Gilbert Stenger le dépeint : « Gêné par sa voix d'une sonorité faible et peu influente sur les auditeurs, il s'éloignait instinctivement de la barre des tribunaux et il s'était résigné à recevoir les plaideurs en son cabinet, à leur fournir tous les moyens de défense que sa finesse, sa science profonde du droit lui faisaient découvrir [4]. » En ce jour décisif, il se montre médiocre comme à son ordinaire et reprend sur le mode mielleux les arguments au vitriol de Desèze : « Vous concevez, vous entendez que je dois vous parler de ce calcul rigoureux par lequel la loi exige les deux tiers des voix pour que l'accusé puisse être condamné. Mais je vous prie d'observer que le décret que vous avez rendu ce matin n'est pas un véritable décret ; que vous n'avez fait que passer à l'ordre du jour sur des observations très légères qui vous ont été faites et que nous devons pouvoir nous permettre, par les sentiments qui sont dans nos cœurs, par l'obligation sacrée dont nous sommes chargés et que nous sommes obligés de remplir [sic] nous osons nous croire autorisés à vous observer que s'il s'agissait de déterminer quelle devait être la majorité et la force du calcul des voix, une affaire aussi importante que celle-là méritait d'être traitée par un appel nominal et non par un simple passé à l'ordre du jour ; et c'est ainsi qu'en qualité de citoyens, de pétitionnaires, nous osons vous demander [re-sic] comme on l'a fait quelquefois quand on se croyait lésé par un de vos décrets, nous osons vous demander de rapporter ce décret par lequel vous avez passé à l'ordre du jour, sur la manière de prononcé touchant le jugement de Louis... » On ne saurait être plus compassé, ni plus obséquieux, ni surtout plus mal venu, quand, rompant la solidarité de la défense, il ajoute : « Citoyens, il a échappé à mon collègue Desèze, dans les observations improvisées que les circonstances nous ont déterminés à vous présenter, une observation que je crois de la plus grande importance. Nous n'aurions pas été seulement dans le cas de réclamer votre humanité et votre amour pour le salut de la patrie, sans le décret que vous avez rendu ce matin, et d'après lequel le calcul des voix a été fait. Nous pourrions vous dire qu'il paraîtra peut-être inconcevable à quelques personnes que le plus grand nombre de ceux qui ont prononcé la peine terrible de la mort aient pris pour base le code pénal, et qu'on ait invoqué contre l'accusé ce qu'il y a de plus rigoureux dans la loi, tandis que l'on écartait tout ce que l'humanité de cette même loi avait établi en faveur de l'accusé. »

Ces explications sont inopportunes et les critiques faites à Desèze injustifiées. Il a évoqué les problèmes de la majorité dans une argumentation autrement solide que la lourde dialectique de son aîné. Pourquoi cette charge ? Émotion ? Surdité ? La « confraternité » est sans doute à l'origine de ce coup de griffe. Une défense à têtes multiples manque souvent d'homogénéité et certains de ses membres songent plus à égratigner leurs confrères qu'à plaider le dossier. L'avocat n'est solidaire qu'avec lui-même et l'efficacité est solitaire. Mais il y a plus grave : Tronchet fait une erreur de droit que ses adversaires ne vont pas laisser passer.

Enfin Malesherbes vint... hélas!

« Citoyens, je n'ai pas, comme mes collègues, l'habitude de la parole; je n'ai point, comme eux, l'habitude du plaidoyer. Nous parlons sur-le-champ sur une matière qui demande la plus grande réflexion. Je ne suis point en état d'improviser sur-le-champ; je ne suis pas capable d'improviser tout de suite... Je vois avec douleur que je n'ai pas eu un moment pour vous présenter des réflexions capables de toucher une Assemblée... Oui, citoyens, sur cette question : comment les voix doivent-elles être comptées ? J'avais des observations à vous présenter; [...] mais j'ai, sur cet objet, tant d'idées [...] qui ne me sont suggérées ni par l'individu ni par la circonstance [...] Citoyens, pardonnez à mon trouble [...] Oui, citoyens, quand j'étais encore magistrat, et depuis, j'ai réfléchi spéculativement sur l'objet dont vous a entretenus Tronchet. J'ai eu l'occasion, dans le temps que j'appartenais au corps de la législation, de préparer, de réfléchir ces idées. Aurais-je le malheur de les perdre, si vous ne me permettez pas de les présenter d'ici à demain ? »

La vieillesse est un naufrage et le vieux magistrat coule pavillon haut.

Le spectacle de ces trois défenseurs qui, chacun avec ses moyens, se battent est à la fois grandiose et désespéré. Que peuvent-ils contre un destin qui, déjà, appartient à l'Histoire ? Le président, comme pour saluer le courage malheureux, les invite aux honneurs de la séance. L'Assemblée les leur accorde. À l'unanimité. Ils les refusent. Un avocat ne doit ni accepter les hommages, ni tendre la main à ceux qui votent la mort. Accablés, ils se retirent, Malesherbes s'appuyant sur le bras d'Hyde de Neuville [5]. Quelques fidèles les entourent, certains fanfaronnent : « Nous arracherons le roi des bras de ses bourreaux ou nous périrons avec lui [6]. »

*

Pendant que Desèze et Tronchet prennent quelque repos, Malesherbes, usant ses dernières forces, accomplit son ultime devoir : il se rend au Temple. Quand il pénètre dans l'appartement, le condamné, le dos tourné à la porte, les coudes appuyés sur une table, le visage couvert par ses mains jointes, semble perdu dans ses pensées. Les pas de l'avocat le font sursauter. « Ah, c'est vous Malesherbes, depuis deux heures, je cherche dans ma mémoire si pendant le cours de mon règne j'ai donné à mes sujets quelques motifs de peine contre moi. Eh bien, je vous le jure en toute sincérité, je ne mérite de la part des Français aucun reproche, je n'ai voulu que leur bonheur... » Sincérité ? Aveuglement ? Souvent les coupables effacent de leur âme le souvenir de leurs actes. Le roi a la mémoire courte. Il oublie les incartades de ses familiers, l'inconséquence de Marie-Antoinette, la fuite de ses frères, son aller-retour pour Varennes, ses volte-face, son acceptation feinte d'une Constitution qu'il exècre. Il ne se souvient ni du massacre de De Launay, ni de celui de Fayselles, ni de la mort de Favras, ni des victimes du 10 août. Chez le roi, la bonne conscience est reine : il est persuadé de l'infaillibilité de l'envoyé de Dieu, de ce Dieu qui aujourd'hui l'abandonne. « Sire, murmure l'avocat, ils ont voté la mort mais un espoir nous reste, l'appel à la nation. »

Le roi n'y croit pas. Cet homme qui a manqué de discernement toute sa vie est lucide à ce moment. Il fera rougir l'exécuteur et baisser les yeux à la mort. Il répond à Malesherbes d'une voix calme : « La reine et ma sœur ne montreront pas moins de courage, mourir est préférable à leur sort [...] Quand l'usage de la force pouvait me conserver le trône et la vie, j'ai refusé de m'en servir. Je ne veux pas aujourd'hui faire couler le sang français. »

Il n'a pas voulu faire couler le sang français... mais avec quel résultat... Comment ne pense-t-il pas aux gardes du corps, aux Suisses, aux émigrés qui s'apprêtent en Allemagne à mourir pour lui ? Sa compassion, c'est à ses adversaires qu'il la réserve, pas à ses partisans. Prodigue de sa vie comme de la leur, il donnera en mourant raison à Saint-Just : on ne règne pas innocemment.

*

Pendant ce temps, la Convention, ce 18 janvier 1793, engage la discussion sur la recevabilité de l'appel. L'éloquence de Desèze, l'ostentation de Tronchet, les larmes de Malesherbes ont déstabilisé certains députés. Robespierre le sent et, une nouvelle fois, il monte au créneau.

« Vous avez donné aux sentiments de l'humanité tout ce que ne lui refusent jamais des hommes animés de son pur amour. Sous le rapport du salut public, je pardonne aux défenseurs de Louis les réflexions qu'ils se sont permises ; je leur pardonne encore d'avoir fait une démarche qui tend à consacrer la demande qui a été faite de l'appel au peuple de votre jugement [...] Je leur pardonne enfin ces sentiments d'affection qui les unissaient à celui dont ils avaient embrassé la cause. »

Un discours ? Non, le grand pardon. Cette « indulgence » à l'égard de ses anciens confrères en dit long sur la détermination de l'orateur. Quelques mois plus tard, il enverra Desèze en prison et Malesherbes à la mort... Sa ténébreuse absolution donnée, l'Incorruptible taille en pièces l'argumentation de la défense.

« Mais la nation n'a pas condamné le roi qui l'opprima pour exercer un grand acte de vengeance, elle l'a condamné pour donner un grand exemple au monde, pour affirmer la liberté française, pour rappeler la liberté de l'Europe et pour affermir surtout parmi vous la tranquillité publique. » Puis le rhétoriqueur cède le pas au démagogue. « Je vous rappelle dans ce moment à votre caractère de représentants du peuple [...] il ne suffit point d'avoir rendu le décret provoqué par la nation, il faut, citoyens, prendre les mesures nécessaires pour que ce décret soit réellement utile. Or, pour qu'il soit utile, il ne faut pas qu'il soit un prétexte pour apitoyer les citoyens sur le sort du tyran, de réveiller des sentiments personnels aux dépens des sentiments généreux et d'amour de l'humanité qui caractérisent les vrais républicains. » Sa conclusion tombe comme un couperet : « Je demande donc que vous déclariez, citoyens, que le prétendu appel qui vient de vous être signifié doit être rejeté comme contraire aux droits de la nation, à l'autorité des représentants, et que vous interdisiez à qui que ce soit d'y donner aucune suite, à peine d'être poursuivi comme perturbateur du repos public. » Cette menace venant d'un tel homme produit son effet et la majorité pour la mort pure et dure va gonfler.

Guadet réclame à son tour la parole. Cet avocat au barreau de Bordeaux, surnommé « le Danton de la Gironde », avait eu l'aplomb de demander le 30 août 1792 la dissolution de la Commune. Il ne manque ni de détermination ni de talent. Malheureusement, il fut ce jour-là pitoyable. Où est passé l'orateur qui faisait le délice des prétoires ? « Si la Convention nationale avait déclaré que c'était un jugement qu'elle allait rendre, alors il n'y a pas de doute, citoyens, que vous vous fussiez soumis vous-mêmes à la loi, qui porte que, dans tout jugement criminel, les deux tiers des voix seront nécessaires. Mais, citoyens, cette question me paraît beaucoup trop importante pour que l'Assemblée, après soixante heures de séance, entreprenne de la discuter en ce moment. » Puis, il rappelle « la malheureuse confusion des pouvoirs qu'exercent en ce moment les représentants du peuple [...] Si j'eusse voté comme législateur, ce n'est pas la mort que j'aurais voté mais la déportation. Mais me considérant membre d'un tribunal, je n'ai vu que la loi appliquée [...] je demande donc l'amendement à demain... » Se ravisant il ajoute : « Je déclare que je n'ai point demandé l'ajournement sur la proposition de l'appel au peuple, je demande au contraire que l'acte d'appel demandé par les défenseurs de Louis ne soit pas reçu. »

Comprenne qui pourra. La Convention est perplexe quand Merlin de Douai porte un nouveau coup à la défense. Montagnard bon teint, ancien président du tribunal criminel du Nord, Merlin le Suspect, comme on le surnommera en septembre 1793 après son rapport sur la loi du même nom, passe pour un excellent juriste. Il n'a aucune peine à combattre les approximations de Tronchet : « Je demande qu'au moins la Convention nationale n'accorde pas les honneurs de l'ajournement à une erreur grossière qui a été avancée à cette barre par le citoyen Tronchet, et qui a été répétée par Guadet – et son erreur est d'autant plus dangereuse, et elle mérite d'autant plus d'être relevée, qu'elle a plus de consistance par les lumières de son auteur. Le citoyen Tronchet vous a dit que, d'après le code pénal, il fallait les deux tiers des voix pour appliquer la peine, je dis que c'est une erreur [...] La loi sur les jurés distingue le jugement des faits d'avec le jugement sur l'application de la peine. Pour les faits, la loi exige non pas les deux tiers des voix mais dix sur douze ou douze sur quinze pour condamner. Alors que lorsqu'il s'agit d'appliquer la peine, la loi exige lorsqu'il y a quatre juges, trois sur quatre et quand il y en a cinq, trois sur cinq. Voilà la loi textuellement et j'en suis d'autant plus sûr que je l'ai pratiquée moi-même pendant neuf mois. »

C'est Merlin qui a raison et Tronchet qui a tort. Le décret des 16 et 20 septembre 1791 est formel. La Convention, sur ce point, n'est pas reprochable.

Cette intervention produit un grand effet. L'Assemblée, on le sait, tient au respect des formes et en veut à la défense d'avoir tenté de l'abuser. Barère sent la partie gagnée et demande l'ajournement de la séance au lendemain tout en insistant sur l'irrecevabilité de l'appel. « Il est bien singulier que lorsque vous avez décrété, le 15 de ce mois, qu'aucun recours ne doit être fait sur le jugement que vous rendriez, on vous propose aujourd'hui un appel qui serait le renversement immédiat de ce décret. Vous devez être conséquents : vous avez été fondés sur de grands principes de droit public. Eh bien, je propose, sur cette première mesure, de décider qu'en conséquence de votre décret du 15, vous rejetiez l'appel demandé par les défenseurs de Louis Capet. » Puis il fait un sort au problème de la majorité. Une bonne fois.

« Il est une seconde demande : c'est celle qui a été proposée par un des défenseurs de Louis, relative au décret qui fixe dans votre Assemblée le sort de Louis à la majorité par moitié plus une voix, qu'il vous propose de rapporter. Ce serait déranger le système des travaux de la Convention que de vouloir une majorité différente. Eh quoi! les émigrés ont été condamnés comme conspirateurs et traîtres à la patrie! Quoi! Des milliers de prêtres fanatiques ont été déportés à la même majorité, et d'autres lois seraient invoquées en faveur du tyran! »

Après une dernière avancée de Robespierre, l'Assemblée déclare qu'il n'y a pas lieu à délibérer sur l'ajournement demandé par Guadet. Elle rejette l'appel interjeté par Louis, passe à l'ordre du jour et ajourne au lendemain la discussion « sur la question de savoir s'il y sera sursis à l'exécution du décret de mort contre Louis ».

Chapitre XXIII

NI PEUR NI FAIBLESSE

En votant la mort de Louis XVI, la Convention a-t-elle librement et sereinement choisi ou a-t-elle au contraire subi des menaces et obéi aux pressions de la rue ? S'agissant d'un vote aussi serré, où il était manifeste dès le début de l'appel nominal que le résultat se jouerait à quelques voix, la question est d'importance. Si des députés, n'auraient-ils été qu'une poignée, ont voté par peur et contre leur conscience, c'est toute la légitimité de la condamnation du roi qui s'en trouve rétrospectivement remise en cause. Les historiens « politiques » ne s'y sont pas trompés, qui se sont attachés à argumenter en faveur de l'une ou l'autre thèse.

Beaucoup d'auteurs ont décrit avec force détails l'ambiance tumultueuse des tribunes, les hurlements d'une populace avinée, les injures de femmes de la Halle ponctuant chaque vote opposé à la peine de mort. Lamartine, dans sa monumentale *Histoire des Girondins*, fait état de pressions plus directes encore. Elles s'exerçaient à l'entrée de la salle de la part des « patriotes » : « Ou sa mort ou la tienne, tels étaient les mots murmurés tout bas, mais d'un accent impératif, à l'oreille de chaque député qui traversait les groupes pour se rendre à son poste. »

Très vite, les écrivains « de gauche » ont soutenu la thèse inverse. Ainsi Michelet, dans son *Histoire de la Révolution française*, se fait très affirmatif : « Je ne vois pas la moindre preuve pour affirmer qu'il y ait eu ni peur, ni faiblesse, dans ceux qui votèrent le bannissement, la réclusion, l'appel au peuple ou la mort avec sursis. » Il faut croire qu'au moment où il écrivait ces lignes (qu'il fit composer en italiques pour leur donner plus de force), ce n'était pas l'opinion dominante, car il ajoute aussitôt : « Je suis seul ici, je le sais ; les historiens sont contre moi. Que m'importe ! L'Histoire est pour moi. Je n'entends par ce mot, Histoire, rien autre chose que les actes du temps, les témoignages sérieux. »

Michelet, et cela me gêne un peu, n'est pas tendre pour ses contradicteurs : « Les royalistes ont fondé cette tradition honteuse, que tous ont suivie. Habitués à livrer la France, ils ont fait aussi bon marché de l'honneur que du territoire : ils ont soutenu hardiment que la Convention a eu peur. » Même son de cloche, quelques dizaines d'années plus tard, sous la plume de Jean Jaurès, qui cloue au pilori « la légende contre-révolutionnaire à laquelle se sont prêtés les historiens comme Lamartine, épris de couleur et de drame un peu grossier ».

Des affirmations aussi véhémentes, justement parce qu'elles sont véhémentes, et visiblement partisanes, demandent quelques vérifications. Lorsque Michelet nous dit qu'il n'y eut « ni peur ni faiblesse dans ceux qui votèrent le bannissement, la réclusion, l'appel au peuple ou la mort avec sursis », il joue un peu sur les mots. Il est bien clair que ceux qui votent ainsi firent preuve de courage, du moins dans l'ambiance qui était celle de la Convention (peut-être certains d'entre eux pensèrent-ils aux représailles qui pourraient les frapper dans l'hypothèse d'une restauration). Mais la vraie, la seule question est de savoir s'il n'y eut « ni peur ni faiblesse » chez ceux qui choisirent la mort...

Essayons d'y voir clair.

Un élément au moins ne saurait être passé sous silence : au moment où la Convention délibère, Paris est en effervescence. À la Commune, dans les sections, dans les clubs, s'agitent les partisans de la peine capitale, en majorité d'autant plus écrasante que la population parisienne se trouve augmentée de fédérés venus de province, pour la plupart révolutionnaires fanatiques. Ambiance détestable à la veille d'un débat de cette gravité. Les Girondins n'avaient sans doute pas tort qui auraient voulu que la Convention siégeât hors Paris, à l'exemple de la jeune République américaine, qui venait de transférer sa capitale sur les bords du Potomac. À Paris, une telle proposition fut jugée provocante et l'Assemblée s'installa au Manège. Il est vrai que pendant un siècle et demi, le siège du pouvoir s'était déplacé de Paris à Versailles et qu'en ces temps nouveaux, ce n'était pas une référence... Il n'en reste pas moins que se multiplient alors les pressions, les motions incendiaires, les propositions plus extrémistes les unes que les autres. Aucun des ouvrages que j'ai cités ne le dissimule : « Qu'on m'entende bien, écrit Jean Jaurès, je ne dis pas qu'autour de la Convention et sur elle, il n'y avait, en ces jours sombres, ni péril ni menace. » Et Michelet, de son côté, multiplie les exemples de ces débordements outranciers, parfois tragiques, dont Paris est alors le théâtre : le 27 décembre, la Commune assigne le conventionnel Villette pour un article jugé contre-révolutionnaire, et ce, au mépris de son immunité de représentant du peuple ; le 31 décembre, un malheureux qui a tenu des propos favorables à Louis XVI est assassiné par un fédéré et son corps promené dans les rues ; le 14 janvier, la section des Gravilliers demande la constitution d'un jury pour juger les membres de la Convention qui s'aviseraient de voter l'appel au peuple. Au passage, on admirera l'esprit démocratique de ces gens qui n'ont que le mot « peuple » à la bouche et ont peur de sa consultation...

La province n'est d'ailleurs pas en reste. Une section de Seine-et-Marne, qui ne manque pas d'imagination, prend au pied de la lettre l'idée de « jeter la tête du roi à la face du monde » : elle propose qu'un canon soit amené à la frontière de l'Est pour y cracher un boulet spécialement fondu et contenant la tête de Louis XVI.

Mais qu'en est-il à l'intérieur de l'Assemblée ? Sur ce point, nous avons mieux que des témoignages, nous disposons des comptes rendus des débats, parus au *Moniteur*. On m'objectera que tout n'y figure pas, à commencer par les huées ou les interruptions qui fusent des tribunes. Certes, mais les propos des députés y font parfois écho, et leurs réactions sont rapportées scrupuleusement. Lorsque Camille Desmoulins, qui n'est pas ce jour-là « l'indulgent » de demain, vote pour la mort en ajoutant maladroitement « trop tard peut-être pour l'honneur de la Convention nationale », le journal nous indique : « Murmures. Plusieurs membres demandent que Camille soit rappelé à l'ordre. »

Première constatation qui ressort de ces textes : le tumulte venu des tribunes n'est pas une légende, car plusieurs orateurs y font directement allusion. Dès le début du débat, un député de la Gironde, Grangeneuve, remarque : « On a mis en œuvre autour de nous tous les moyens d'influence possible pour arracher à la Convention nationale une sentence de mort. » Du Bignon, député d'Ille-et-Vilaine, est plus précis : « Je m'étonne de voir que la Convention ait passé à l'appel avant de s'être bien assurée de la tranquillité de Paris. » Jean-Baptiste Louvet (Loiret), qui a voté pour la mort avec sursis jusqu'à l'adoption d'une nouvelle Constitution, provoque les murmures de la Montagne en déclarant : « Si, pour avoir rempli vos devoirs, vous devez tomber sous le poignard des factieux, vous tomberez du moins dignes de regrets, dignes d'estime. »

Il y a, à deux reprises, des incidents plus violents. À la veille du débat proprement dit, l'Assemblée discute de la majorité qui devra s'appliquer. Lanjuinais, député d'Ille-et-Vilaine, plaide passionnément pour que la majorité requise soit celle des trois quarts. Devant la résistance des Montagnards, il s'emporte : « On paraît délibérer ici dans une Convention libre ; en réalité, c'est sous les poignards et les canons des factieux ! » « Vifs murmures », note le secrétaire de séance. Euphémisme...

Nouvel accrochage, plus vif encore, pendant le vote lui-même. Un Girondin, Birotteau, député des Pyrénées-Orientales, choisit la mort avec sursis jusqu'à la paix. Mais soudain sa voix se durcit : « C'est comme législateur que je voterai aujourd'hui ; car si c'était comme juge, je me demande comment, entouré de scélérats... » Nous ne connaîtrons jamais la fin de sa phrase. Le malheureux ne put continuer, ainsi que le précise le procès-verbal : « De violents murmures [sic] interrompent l'opinant. On demande à grands cris qu'il soit rappelé à l'ordre, envoyé à l'Abbaye. » Il doit faire marche arrière et s'excuser d'un propos qui, souligne-t-il, ne visait personne en particulier. Ce qui, à vrai dire, n'en atténue guère la vivacité. Le calme revient, mais Biroteau ne sera pas oublié par ses adversaires montagnards lorsque sonnera l'heure des règlements de comptes. Mis en accusation, il tentera de fuir, sera arrêté et guillotiné en octobre à Bordeaux. Mince consolation pour un Girondin...

Incidents ponctuels, certes, mais cette agitation qui parcourt aussi bien les provinces que les rues de la capitale et les tribunes du public est présente à l'esprit de tous les conventionnels. Voici le leitmotiv de nombreuses explications de vote : « Je me crois libre, parce que je n'ai pas peur », « Inaccessible à la crainte, je n'ai consulté que l'intérêt de la République », « Ni les menaces dont cette tribune a retenti, ni cette crainte puérile dont on a cherché à nous environner ne me feront trahir mon sentiment », « Je vote librement, car jamais les assassins n'ont eu d'influence sur mes sentiments », « Je ne croirai jamais à la peur qu'on chercherait à m'inspirer pour forcer ma volonté », « Je déclare voter en liberté pleine et entière, et n'être mû par aucun sentiment de crainte ni de haine », etc. On pourrait multiplier les exemples [1] aussi bien d'ailleurs dans la bouche des régicides que dans celle des adversaires de la peine de mort. Si tant d'hommes répètent qu'ils n'ont pas peur, c'est précisément qu'ils ont quelque chose à craindre...

Comme le dit Seguin, représentant du Doubs : « Cette crainte peut-elle ne pas paraître au moins fondée, quand nous nous voyons environnés d'hommes achetés pour influencer, par leurs menaces surtout, le jugement à porter sur le ci-devant roi ? »

Donc environnement détestable. Mais devons-nous en conclure que le vote de la Convention ne fut pas un vote libre ?

Pas forcément.

Le plus sûr est de nous reporter aux textes, aux récits que *Le Moniteur* nous a laissés de ce long débat. Et force nous est de le constater : si les tribunes sont bruyantes, les travées des députés demeurent sereines et le débat est d'une haute tenue. Les représentants ont le droit de commenter leur vote. Les uns ne songent pas à user de cette faculté et se contentent de quelques mots, voire de deux : « La mort. » Mais beaucoup d'autres éprouvent le besoin d'expliquer longuement leur choix. Robespierre est verbeux et didactique, tandis que Danton affectionne les formules courtes et percutantes (« On ne compose pas avec les tyrans, on leur jette la hache à la tête! »). Mais tous, quel que soit leur vote, sont écoutés en silence. On entendra même un Legendre, fort en gueule s'il en est, prononcer ces paroles inhabituelles : « Je vote pour la mort mais je respecte l'opinion de mes collègues qui, par des considérations politiques, ont voté pour une autre peine. »

On verra même certains députés s'enhardir et profiter totalement de cette liberté qui leur est offerte. Ainsi Casenave, représentant des Basses-Pyrénées, pourra dire sans déclencher la foudre : « La mort de Louis XVI est, dans mon intime conviction, le tombeau de la liberté publique. » Phrase méritoire, à la fois prophétique et courageuse. Il fallait du caractère pour parler en ces termes (et en se référant au surplus à « Louis XVI » et non à « Capet ») à cette date et en cet endroit...

La sérénité de ce débat nous étonne quand on sait quels orages secoueront cette enceinte. La Convention allait offrir à la mémoire collective des Français des exemples rarement égalés en matière de psychodrames parlementaires. Dans quatre mois et demi, le 2 juin, les sections parisiennes imposeront à l'Assemblée, sous la menace des canons, la déchéance et la mise en accusation des députés girondins. L'année suivante, on verra l'élimination des « enragés », puis de Danton, enfin de Robespierre. Et encore les conventionnels – ceux qui ont survécu à toutes ces épurations – n'ont-ils pas tout vu. Le 1er prairial an III, les débats sombreront dans le Grand-Guignol : l'émeute envahira l'Assemblée et une folle abattra d'un coup de pistolet Féraud, député des Hautes-Pyrénées. Comme excitée par la vue du sang, la populace se jettera sur le cadavre, lui coupera la tête et la promènera au bout d'une pique sous les yeux du président de séance, Boissy d'Anglas, qui, avec un rare sang-froid, se lèvera pour la saluer...

Mais, en ce mois de janvier 1793, rien de tel. Les députés se contentent d'échanger leurs arguments et si la foule grogne, elle ne déborde pas pour autant des tribunes. Pourquoi ce calme avant la tempête ? J'y vois deux raisons essentielles : la Convention, en ces premiers mois de son existence tourmentée, reste dominée, politiquement et moralement, par les Girondins qui y imposent leurs vues et leur style libéral et légaliste ; la gravité du débat où se joue la tête d'un homme, pas n'importe quelle tête ni n'importe quel homme. L'ordre du jour, dans sa sécheresse, a beau annoncer : « Quelle peine sera infligée à Louis », chaque député qui vote la mort sait qu'il participe à un régicide, un acte puni, il y a quelques années encore, de l'écartèlement et qui conserve une charge émotive et symbolique. C'est le meurtre du père, la rupture radicale avec le passé. « Les chemins sont rompus derrière nous, il faut aller de l'avant bon gré mal gré », écrit à l'un de ses amis le député montagnard du Pas-de-Calais Lebas. Dans son livre *Sire, ils ont voté la mort*, Arthur Conte fait cette remarque : « Il faut bien imaginer ce qui est demandé à tous ces hommes. Leur faire juger leur roi, c'est un peu leur faire juger Dieu lui-même. La personne royale a encore valeur sacrée. Il faut un formidable courage pour seulement manier la menace contre un tel mythe. Il ne sera point étonnant que chaque conventionnel garde un impérissable souvenir de ces heures hallucinantes. Chacun considéra l'instant où il vota comme le sommet de sa vie. »

N'ayons pas la naïveté de penser qu'il n'y avait à la Convention que des âmes nobles et des cœurs purs. On connaît le mot terrible de Joseph de Maistre : « Je ne sais pas ce que c'est que la conscience d'une canaille, mais je sais ce que c'est que la conscience d'un honnête homme, et c'est affreux. » On peut imaginer que, sur sept cent quarante-neuf députés, certaines déclarations enflammées cachent quelques lâchetés, aussi bien chez ceux qui votent l'indulgence par peur de l'avenir que chez ceux qui choisissent la mort par peur de la rue.

Mais l'essentiel est qu'il y eut un vrai débat et un scrutin libre. Les hommes du XXe siècle ont connu assez d'exemples de parodies de justice pour être capables d'en discerner les composantes au premier coup d'œil, à un ou plusieurs signes qui ne trompent pas : défense inexistante, voire complice ; accusés malmenés ; aveux extorqués ; procédure expéditive, verdict acquis d'avance... Ici, rien de tel. La défense peut librement choisir sa stratégie ; l'accusé, traité avec un minimum de respect, se permet de nier jusqu'à l'évidence ; les partisans de l'indulgence ont le loisir de retarder le vote en arguant successivement de l'inviolabilité de la personne du roi, de l'opportunité d'un appel au peuple, puis de la nécessité d'un vote à la majorité des trois quarts ou des deux tiers ; enfin, et surtout, le résultat était si peu acquis d'avance qu'il se joua finalement, au mieux, à une voix près – douteuse, inexorablement discutable, nous l'avons démontré – et à l'appel du dernier département. Et puis, il y a un fait, et les faits sont têtus : aucun conventionnel se refusant à prononcer la peine de mort n'a été molesté ou inquiété, ni avant ni après son vote. Curieusement, ce seront même les régicides qui seront les principales victimes de la Terreur et des déchirements internes de la Convention. La Révolution dévorera ses enfants.

Au lendemain du vote, un seul acte de violence se produit. Le soir du 20 janvier 1793, un homme meurt, avant même l'exécution de Louis XVI. Il s'appelle Le Peletier de Saint-Fargeau et il est député de l'Yonne. Comme Philippe Égalité, c'est un authentique aristocrate passé à la Révolution et qui joue les extrémistes, disant : « Quand on est noble et qu'on a 600 000 livres de rente, on siège au faîte de la Montagne ou à Coblence. » Et comme Philippe Égalité, il vient de voter la mort du roi. Et peut-être aurait-il fini lui aussi sur la guillotine si ce soir-là, dînant dans un restaurant sous les arcades du Palais-Royal (devenu bien sûr le « Palais-Égalité »), il n'avait été reconnu par un ancien garde du roi nommé Pâris qui le transperça de son sabre. Si la royauté eut son martyr, le lendemain matin, la Révolution venait d'avoir le sien.

*

En indiquant que le vote de la Convention fut rendu autant aux risques et périls des régicides que de leurs adversaires, avons-nous dit le dernier mot quant à la légitimité de cette sentence de mort?
Peut-être pas.
Pour que ce vote soit pleinement légitime au regard de l'Histoire, il ne suffisait pas qu'il ait été libre, ni même, à la limite, qu'il ait été juste. Encore fallait-il qu'il ait été représentatif de l'opinion générale, puisque rendu « au nom du peuple français ».
Était-ce le cas?
Nous sommes obligé de répondre non. Dans quelles conditions fut élue la Convention?
Sur le papier, jamais Assemblée ne fut plus démocratique. Pour la première fois dans l'Histoire de France, le suffrage universel est adopté. L'élection se déroule à deux degrés et lors du vote primaire, tous les citoyens peuvent en principe être électeurs, comme ils peuvent être éligibles. Le fameux cens électoral, qui existait encore dans la Constitution de 1791 pour l'élection à l'Assemblée législative, est supprimé. Désormais tous les Français, même analphabètes, peuvent voter quel que soit leur niveau de fortune ou d'indigence. Si l'âge minimal pour être éligible demeure fixé à vingt-cinq ans, il est abaissé pour le corps électoral à vingt et un ans. Outre les femmes, seuls sont exclus les domestiques, censés être influencés par leurs maîtres. Sganarelle est réputé voter comme Don Juan...
La pratique est différente de la théorie. Elle se résume à une date : septembre 1792. C'est le mois des élections à la Convention et des massacres qui ensanglantent les prisons

parisiennes ainsi que de nombreuses villes de province. Le moment se prête mal à afficher des sentiments autres que républicains. Il est suicidaire, pour un royaliste déclaré, ou pour un partisan de la monarchie constitutionnelle, de se présenter à l'élection. Aucun n'y songe.

Les électeurs modérés ne sont pas plus zélés. À se déplacer, on ne pouvait guère espérer autre chose qu'un mauvais coup. Les assemblées primaires, où l'on désigne les grands électeurs, se déroulent souvent dans un désordre indescriptible. Une populace exaltée y règne en maître, prête à envoyer à la lanterne tout contradicteur. Pour être plus sûr du résultat, il arrive que l'accès à ces assemblées soit réservé aux seuls « patriotes ». Dans ces conditions, où se situe le libre choix ? Les chiffres sont éloquents : sur un corps électoral de sept millions d'électeurs potentiels, ils ne furent pas plus de sept cent mille, soit un dixième, à participer au vote.

Le deuxième degré de l'élection sera pire encore. Les irrégularités ne se comptent plus. En maints endroits, les choix qui ne plaisent pas aux Jacobins sont purement et simplement annulés par des « autorités » locales qui sont autant de pouvoirs de fait. Partout des pressions s'exercent pour intimider les grands électeurs. À Paris, et dans plusieurs autres départements, la foule impose un scrutin public, alors que la loi avait prévu un scrutin secret.

Le résultat, c'est une Assemblée où des pans entiers de la représentation nationale, comme les Feuillants, ont disparu de l'échiquier politique ; c'est une Assemblée où la gauche de la Législative, les Brissot, les Roland, se retrouve d'emblée à droite ; c'est une Assemblée qui ne représente que la minorité la plus extrémiste. Qui oserait prétendre qu'il n'existait plus un seul monarchiste en France en cet automne 1792 ? S'il en fallait une preuve *a contrario*, on la trouverait dans ces départements bretons qui n'envoient à Paris que des représentants républicains et farouchement anticatholiques. La Vendée, exemple plus caricatural encore, avec ces neuf députés, tous républicains farouches (dont six voteront la mort du roi), va se soulever quelques semaines plus tard contre la République !

Non seulement la Convention n'est pas représentative, mais elle sait qu'elle ne l'est pas. Les partisans de la peine de mort l'ont si bien compris qu'ils écartent l'appel au peuple – nous dirions aujourd'hui référendum – permettant aux Français d'exprimer directement leur opinion sur le sort de leur ancien souverain. À cela une seule raison : la conscience qu'un vote populaire honnête et secret aurait toutes chances d'être différent du leur. On est surpris qu'une Assemblée élue dans de telles conditions, ayant éliminé toute opposition potentielle à la République, ait pu sombrer aussi vite dans des luttes internes inexpiables. Pourtant, dans ses premiers votes, elle se livra à quelques-unes de ces manifestations d'unanimité mauvais signe dans une démocratie. C'est à l'unanimité que la Convention abolit la royauté et proclame la République. C'est aussi à une quasi-unanimité qu'elle déclare Louis XVI coupable. Ce vote-là ne fut ni représentatif, ni vraiment libre, et aucune voix ne s'éleva, parmi sept cent quarante-neuf députés, pour oser déclarer le roi innocent. On aurait préféré le contraire pour l'honneur de la Convention.

Cet honneur, elle le retrouve lors de la discussion sur la peine. La terrible perspective d'un monarque de droit divin mourant sur l'échafaud retient le bras de près de la moitié d'entre eux, restitue sa grandeur à cette mal élue et donne sa dimension historique au grand débat qu'elle avait volontairement affronté.

Chapitre XXIV

CE DIMANCHE 20 JANVIER 1793,
TROIS HEURES APRÈS MINUIT...

L'interminable séance du vendredi 18 janvier 1793 avait été marquée par une nouvelle intervention de Thuriot, qui prononce le mot sursis. « Je fais la motion expresse que l'Assemblée ne se sépare pas avant d'avoir décidé s'il y a un sursis. » Que n'avait-il pas dit là ? Aussitôt, Robespierre et plusieurs Montagnards l'entourent, l'interpellent, l'obligent à remonter à la tribune d'où il s'écrie : « Je préviens l'Assemblée que je suis contre le sursis!... »

Tallien demande que la question soit débattue afin, ajoute-t-il avec le cynisme qui le caractérise, « de ne pas prolonger les angoisses du condamné ». Couthon fait remarquer non sans raison : « La majorité qui a voulu la peine de mort n'a pas voulu un sursis. Cela est si vrai, ajoute-t-il, que dans l'appel nominal qui s'est fait, on a admis le vœu pour le sursis de tous les membres qui ont voulu mettre cette restriction à leur vote. »

Après un court pugilat entre Lanjuinais et Marat, Treilhard qui préside lève la séance au milieu du tumulte et des réclamations. L'Assemblée s'ajourne au lendemain pour en terminer avec le procès et avec le sursis malgré une ultime protestation de Robespierre.

Le 19 janvier 1793, la séance est ouverte à 10 h 30. Ultime chance du roi. Pourtant la défense n'a pas perdu l'espoir et mise sur le sursaut d'une Assemblée hésitante.

Certains régicides n'en sont pas à un retournement près et toutes les hypothèses sont possibles.

Au sein de la Convention, il n'existe pas de groupes parlementaires au sens moderne. Dans les différents appels nominaux, les conventionnels, au-delà des clivages artificiels imposés par l'Histoire, choisissent au coup par coup, selon leur conscience. La condamnation à mort fut obtenue (si l'on fait abstraction de l'affaire Champigny-Clément, du suffrage douteux de Robert et de l'annexion abusive des voix Mailhe) grâce aux quarante-six députés modérés apportant leur renfort à leurs trois cent vingt et un collègues de gauche qui firent bloc [1].

Ces votes-girouettes, nous allons les retrouver dans le scrutin sur le sursis. Ils vont réduire à néant les spéculations de la défense. Le sursis, suprême pensée du condamné, s'inscrit dans la procédure de l'Ancien Régime à qui le procès de Louis XVI doit tellement, dans son esprit et dans sa forme. Le roi, par ses « lettres de rémission », reprenait une justice normalement déléguée à des magistrats. Ces lettres lui permettaient de suspendre l'exécution des jugements rendus par ses tribunaux et de faire grâce aux condamnés. Les juges, eux, enserrés dans des règles strictes, ne pouvaient de leur propre chef tenir compte des circonstances. Un axiome schématisait cette impuissance : « Tout homme qui tue est digne de la mort, s'il n'a de lettre du prince. » Pour permettre à la clémence du souverain de leur parvenir du vivant du condamné – précaution sage –, les tribunaux avaient pris l'habitude de retarder l'exécution en accordant des délais prétoriens. C'est par ce biais que le sursis fut introduit dans la justice d'un régime où la clémence du souverain tempérait seule la sévérité des juges. La loi Béranger de 1871 institutionnalisera cette ancienne pratique qui deviendra un des fondements d'une répression relativement humanisée.

La demande formulée par un certain nombre de conventionnels pour qu'il soit différé à l'exécution de Louis Capet continue donc une tradition séculaire. C'est toujours au souverain que le condamné s'adresse mais le

peuple a remplacé le roi. Ce vote sur le sursis traduit la préoccupation de la Gironde et des amis de Mailhe de sauver l'accusé, la Révolution et les apparences.
À peine Barère s'est-il assis que Choudieu prend la parole. Montagnard convaincu, jadis accusateur devant le tribunal criminel du Maine-et-Loire, il demande à la Convention de prendre l'engagement solennel de ne pas se séparer avant le dernier appel nominal. Cette précipitation inquiète Louvet qui lors du précédent scrutin – il avait voté la mort avec sursis – s'était attiré les lazzi de ces collègues. « Concluez, concluez », hurlait la Montagne. « Partez, partez », criait la Gironde. Il n'est pas plus heureux aujourd'hui et il faut toute l'autorité de Buzot pour lui éviter un nouvel affront. Le député de l'Eure en profite pour porter le coup de grâce à Égalité : « Que l'on chasse donc Orléans et ses fils et demain les dissentiments cesseront entre nous. » Puis, il martèle : « Je conclus à ce qu'il y ait un intervalle entre le jugement et l'exécution et que dans cet intervalle on exile tous les prétendants au trône, tous ces hommes qui ne peuvent aimer la Liberté et l'Égalité, tous ces hommes qui ne sont que les instruments des puissances étrangères. »
Condorcet en profite pour prononcer un discours humanitaire sur la peine de mort. Il l'écarte pour les crimes de droit commun, mais refuse de l'exclure en matière politique. Perdu dans ses nuages, il ne s'aperçoit pas que le moment est mal choisi pour proposer un pareil distinguo. Il faut, ajoute-t-il, « faire des bonnes lois pour prouver aux nations que ce jugement sévère n'était point un acte d'inhumanité[2] ». Après les grands sentiments, l'Europe revient à l'ordre du jour avec le discours répétitif de Brissot.
« Si Louis est exécuté, il faut dès maintenant voter la guerre contre l'Angleterre, la Hollande et l'Espagne, contre tous les tyrans de l'Europe. [...] Maintenant êtes-vous prêts pour cette guerre universelle ? » Brissot, boutefeu de la première heure, n'est pas le mieux placé pour donner des leçons de pacifisme... en bon Girondin, il

l'oublie. Ces propos médiocres n'augmentent guère les chances du sursis quand Thomas Paine intervient. Cet Américain lunaire, qui faisait traduire ses discours en français, au moment du vote sur la peine avait déclaré : « Le métier de roi détruit aussi certainement toute moralité chez un homme que le métier de bourreau toute humanité. » Adversaire irréductible de la peine de mort, il sait ce 19 janvier 1793 se mettre à la portée du conventionnel moyen. Le châtiment qu'il préconise ? La réclusion pendant la guerre, le bannissement à la paix ; tuer le roi, c'est donner une satisfaction inespérée à sa gracieuse majesté britannique : « Soyez grands et justes et vous n'aurez rien à craindre de la guerre... » Puis le pasteur de la liberté se mue en prophète. Il révèle l'avenir en cas d'exécution de Capet : la colère des rois ; la honteuse spéculation sur la mort de l'un d'entre eux ; la mobilisation des peuples abusés contre la Révolution sacrilège. Fidèle à lui-même, il demande l'exil de Louis XVI aux États-Unis, la naturalisation de ses descendants, l'extinction de la race des tyrans par... l'intégration. Il y a du Sainte-Hélène dans son exposé.

L'échafaud, Barère – encore lui, toujours lui – le dresse quand il s'exprime à son tour. Majordome du bourreau, il marque le procès de sa personnalité. Son génie à éclipses efface tous les autres, il est le principal artisan de la mort du roi. Les partisans du sursis, Barère les ridiculise les uns après les autres.

Le sursis jusqu'à la ratification du sursis par le peuple ?

« Ne craignez-vous pas de régénérer tous les complots et toutes les espérances des aristocrates ? D'un autre côté, ne craignez-vous pas de ranimer toutes les tentatives des factieux, et de faire de l'acceptation de la Constitution un moyen de renverser la République ? »

Le sursis jusqu'à la paix ?

« Quelle est donc cette diplomatie nouvelle qui s'en va promenant une tête dans les cours étrangères, et stipuler le salut ou le bannissement d'un condamné pour premier article des traités ? Quel est cet horrible et machiavélique

procédé de composer avec la tyrannie à la manière des tyrans ? »
Le sursis jusqu'à ce que l'ennemi attaque le territoire ?
« Je ne conçois pas de procédé plus cruel, plus inhumain que de tenir un glaive suspendu sur la tête d'un homme en lui disant à chaque mouvement des armées ennemies : ta tête tombera. »
Puis cette conclusion : « Les républiques ne naissent que des efforts ; en abattant la superstition royale, il faut être en mesure contre les gouvernements de l'Europe. » Face à cette dialectique subtile et corrosive, que peuvent ses timides adversaires ? Jamais « vieux sac » n'a été aussi percutant. L'ange noir du procès ce n'est ni Robespierre ni Saint-Just ; c'est Barère. Ses réquisitoires, les uns après les autres, conduisent le roi au tombeau. Maître Jacques de la cérémonie, il donne paradoxalement raison à ceux qui voient en lui, dans un domaine où la concurrence est vive, le premier vendu de la Révolution. Il deviendra un des principaux fournisseurs du Tribunal révolutionnaire, tirera les ficelles de Robespierre pour mieux l'abattre quand en Thermidor l'Incorruptible deviendra incontrôlable. Cet homme de l'ombre, de Londres peut-être [3], vit grand train, possède plusieurs résidences et hôtels particuliers, s'exhibe avec les plus jolies femmes de Paris, ouvre des comptes à l'étranger. Rien ne justifie ce train somptueux. Rien si ce n'est la concussion. Poussée à ce degré de perfection, elle transforme Mirabeau en débutant, Danton en dilettante et Talleyrand en premier communiant. Barère incarne la politique du pire, celle souhaitée par l'Angleterre et, pour l'heure, il lance les fusées de sa rhétorique. Tout y passe : la compassion, l'utilité, le réalisme. Seule la mort du roi fait obstacle aux lendemains qui chantent, s'oppose à l'éclosion des temps nouveaux. Quand l'homme du passé aura trépassé, le monde connaîtra enfin le bonheur... une idée neuve... La Convention vacille. Le dernier appel nominal peut s'ouvrir en toute quiétude, la mort n'a plus de mauvais sang à se faire. Samson peut affûter sa lame.
Le président déclare la discussion close et le dernier

scrutin du procès commence. Cette fois, les votes ne seront pas motivés. Choudieu a obtenu satisfaction et chaque représentant doit se contenter d'un oui ou d'un non. La question posée n'est pas innocente : « Sera-t-il sursis à *l'exécution du jugement* de Louis Capet ? » C'est la sentence qu'elle met entre parenthèses. « Sera-t-il sursis à *l'exécution* de Louis Capet ? » était plus politique. Cette rédaction rappelle – mais en était-il encore besoin ? – le légalisme de la Convention.

À 2 heures du matin, le 20 janvier donc, le résultat est proclamé. « Le nombre des députés est de sept cent quarante-neuf ; un est décédé, un a donné sa démission, un s'est récusé, un a donné un vote conditionnel et nul, neuf ont refusé de voter, vingt et un sont absents pour cause de maladie, dix-sept sont absents par commission, huit sont absents sans cause connue et sont censurés au procès-verbal. Total à ôter du nombre des votants : cinquante-neuf. Reste six cent quatre-vingt-dix votants dont la moitié est trois cent quarante-cinq plus un. La majorité absolue est de trois cent quarante-six. Les votes pour le sursis sont au nombre de trois cent dix. Ceux contre le sursis sont de trois cent quatre-vingts. Total égal au nombre des votants : six cent quatre-vingt-dix. Les votes contre le sursis étant de trois cent quatre-vingts et la majorité absolue de trois cent quarante-six, les votes excédant la majorité sont au nombre de trente-quatre. »

Aucune discussion possible.

Ce scrutin met, une nouvelle fois, en lumière la naïveté de la Gironde. Comment pouvait-elle imaginer que, victorieuse, la mort n'entraînerait pas dans son sillage les hésitants ? Elle annexe quatorze députés ayant rejoint l'amendement Mailhe et un petit nombre de ceux qui avaient voté le sursis lors du dernier scrutin. Ces fossoyeurs de la dernière heure perdent définitivement le roi.

Pour l'heure, l'Assemblée muette écoute son président : « La Convention nationale décrète qu'il ne sera point sursis à l'exécution du jugement de mort qu'elle a rendu le 17 de ce mois contre Louis Capet, dernier roi des Français. »

CE DIMANCHE 20 JANVIER 1793...

Le procès-verbal des quatre appels nominaux est définitivement adopté. Puis la Convention prend le décret qui promet au roi de France un royaume auquel de toutes ses forces il aspire.

« ARTICLE I : La Convention nationale déclare Louis Capet, dernier roi des Français, coupable de conspiration contre la liberté de la nation et d'attentat contre la sûreté générale de l'État.
» ARTICLE II : La Convention nationale décrète que Louis Capet subira la peine de mort.
» ARTICLE III : La Convention nationale déclare nul l'acte de Louis Capet, apporté à la barre par ses conseillers, qualifié d' " appel à la nation du jugement contre lui rendu par la Convention ", défend à qui que ce soit d'y donner aucune suite, sous peine d'être poursuivi et puni comme coupable d'attentat contre la sûreté générale de la République.
» ARTICLE IV : Le Conseil exécutif provisoire notifiera dans le jour le présent à Louis Capet et prendra les mesures de police et de sûreté nécessaires pour en assurer l'exécution dans les vingt-quatre heures, à compter de la notification, et rendre compte du tout à la Convention nationale immédiatement après qu'il aura été exécuté. »

La séance est levée à 3 heures après minuit ce dimanche 20 janvier 1793.
Pour la Convention, l'affaire Capet est close. Pour l'Histoire, le procès de Louis XVI commence.

*

Ce même dimanche vers 10 heures, le roi dit à Cléry : « Je ne vois point arriver M. de Malesherbes. – Sire, lui répond-il, je viens d'apprendre qu'il s'est présenté plusieurs fois mais l'entrée de la tour lui a été refusée. » Deux heures viennent de sonner quand le Conseil exécutif se présente. Garat, ministre de la Justice, le chapeau sur la tête, donne au condamné connaissance du décret de la Convention nationale. Sa lecture terminée, le roi prend la parole : « Je demande un délai de trois jours pour pouvoir me préparer à paraître devant Dieu [...] Je demande dans cet intervalle à pouvoir voir ma famille quand je le demanderai et sans témoin... » Puis il tend à Garat une enveloppe qui porte ces mots : Monsieur Edgeworth de Firmont, n° 483 rue du Bac. À nouveau seul avec Cléry, il lui dit : « Demandez mon dîner. » Le délai lui sera refusé. On lui confisquera son couteau et sa fourchette. Il mangera de bon appétit.

À 8 heures et demie, la porte s'ouvre, la reine paraît la première tenant son fils par la main, suivie de Madame Royale et de Madame Élisabeth. Le roi demeure avec sa famille jusqu'à 10 heures et quart. Puis il rejoint son confesseur dans le cabinet de la tourelle. En règle avec Dieu, il se couche. « Cléry, vous m'éveillerez à 5 heures. » Un sommeil profond s'empare de ses sens et il dort jusqu'au petit matin.

Le 21 janvier à 10 h 20, Louis arrive place de la Révolution. Malesherbes, Tronchet et Desèze ne sont pas là pour l'assister. La Commune s'oppose à l'accomplissement de leur dernier devoir. Seul l'abbé Edgeworth de Firmont apporte à ce chrétien l'ultime secours de Dieu. Le roulement des tambours couvre la voix du roi et la Révolution coupe la France en deux.

De cette mort, seul un innocent a le droit de parler : le bourreau...

> Descendant de la voiture pour l'exécution, on lui dit qu'il fallait ôter son habit. Il fit quelques difficultés, en disant qu'on pouvait l'exécuter comme il était. Sur la représentation que la chose était impossible, il a lui-même aidé à ôter son habit. Il fit encore la même difficulté lorsqu'il s'agit de lui lier les mains, qu'il donna ensuite lui-même lorsque la personne qui l'accompagnait lui eut dit que c'était un dernier sacrifice. Alors il s'informa si les tambours battraient toujours : il lui fut répondu qu'on n'en savait rien, et c'était la vérité. Il monta sur l'échafaud et voulut s'avancer sur le devant comme pour parler; mais on lui représenta que la chose était impossible. Il se laissa alors conduire à l'endroit où on l'attacha, et d'où il s'est écrié très haut : *Peuple, je meurs innocent!* Se tournant vers nous, il nous dit : *Messieurs, je suis innocent de tout ce dont on m'inculpe; je souhaite que mon sang puisse cimenter le bonheur des Français.*

Voilà ses véritables et dernières paroles.

L'espèce de petit débat qui se fit au pied de l'échafaud roulait sur ce qu'il ne croyait pas nécessaire qu'il ôtât son habit et qu'on lui liât les mains. Il fit aussitôt la proposition de se couper lui-même les cheveux.

Pour rendre hommage à la vérité, il a soutenu tout cela avec un sang-froid et une fermeté qui nous a tous étonnés. Je reste très convaincu qu'il avait puisé cette fermeté dans les principes de la religion, dont personne ne paraissait plus pénétré et plus persuadé que lui.

Vous pouvez vous servir de ma lettre, comme contenant les choses les plus vraies et la plus exacte vérité.

Signé : Sanson [4]

CHRONOLOGIE

1792

10 août : l'Assemblée législative décide : « Le chef du pouvoir exécutif [le roi] est provisoirement suspendu de ses fonctions. » Elle ordonne la saisie des documents découverts aux Tuileries et le dépôt des registres de la liste civile sur le bureau de l'Assemblée. Création de la *commission des Tuileries* dont la tâche est de placer les pièces à conviction « sous la sauvegarde de la loi ».

12 août : sur ordre de la Commune : « La famille royale sera déposée dans la tour du Temple sous la surveillance de la loi et [de] celle de la loyauté française. » Elle adresse à l'Assemblée le premier réquisitoire contre le souverain.

15 août : Bazire, membre de la commission des Tuileries, présente un certain nombre d'archives concernant les dépenses du roi à Coblence. Il évoque la disparition de meubles et d'objets précieux qui se trouvaient au château. Gohier, membre de la même commission, donne lecture de documents « ayant trait à certains projets de contre-révolution ».

16 septembre : rapport de Gohier sur les travaux d'ensemble de la commission des Tuileries.

21 septembre : la Convention prononce la déchéance du roi. Ducos parle « des *crimes* de Louis XVI ».

1er octobre : le comité de surveillance affirme que les papiers sous scellés à l'Hôtel de Ville contiennent des charges accablantes contre certains membres de l'Assemblée nationale.

LE PROCÈS DU ROI

Création de la *commission des Vingt-Quatre*, véritable juridiction d'instruction. Président : Charles Barbaroux ; rapporteur Charles Valazé.

4 octobre : rapport préliminaire de Valazé à la Convention au nom de la commission des Vingt-Quatre.

16 octobre : la Convention charge son *comité de législation* « d'étudier tous les problèmes juridiques soulevés par le procès et d'en fixer la procédure ». Rapporteur : Jean Mailhe.

6 novembre : rapport définitif de Valazé à la Convention.

7 novembre : Mailhe rapporte au nom du Comité de législation. Il considère que le roi peut être jugé par la Convention et évoque ses *délits*.

13 novembre au 10 décembre : discussion à l'Assemblée sur le rapport Mailhe : cet interminable débat est marqué principalement par les interventions de Pétion, Fauchet, Rouzet, Faure, Robert, Grégoire, Manuel, Bourbotte, etc. ; par l'impitoyable duel Morisson-Saint-Just du 13 novembre et par le discours de Robespierre du 3 décembre.

20 novembre : découverte de l'armoire de fer ; rapport de Roland à la Convention qui crée la *commission des Douze* avec mission de dresser l'inventaire des documents trouvés. Président : Ruhl.

3 décembre : Barbaroux propose « la mise en cause du roi », Charlier « sa mise en accusation ». La Convention décrète que Louis XVI sera jugé par elle. Après le discours de Robespierre, elle décide de s'occuper tous les jours du procès « depuis midi jusqu'à 6 heures ».

6 décembre : formation de la *commission des Vingt et Un* destinée à préparer « l'acte énonciatif des *crimes* de Louis XVI et d'en fixer la procédure ».

10 décembre : Lindet rapporte au nom de la *commission des Vingt et Un* sur les *crimes* imputés à Louis XVI. La Convention arrête : « Les pièces qui serviront de preuves contre Capet lui seront lues dès le lendemain. »

11 décembre : interrogatoire puis communication des pièces au roi. Il demande la faculté de désigner un conseil.

12 décembre : la discussion s'engage sur la date du jugement et sur l'opportunité d'accorder au roi un ou plusieurs défenseurs. La Convention lui en reconnaît le droit et désigne une commission de quatre membres pour connaître son choix. Le roi choisit « Target ou à défaut Tronchet ou tous les deux si la Convention y consent ».

12 décembre au soir : la proposition de Malesherbes parvient à l'Assemblée et Target se dérobe. La défense du roi sera composée de Malesherbes et de Tronchet dont la lettre d'acceptation parvient le 13 au soir à l'Assemblée.

15 décembre : sur proposition de ses deux défenseurs, le roi demande le concours de Desèze.
Débat à la Convention sur la nécessité d'expertiser les pièces déniées par le roi.

16 décembre : communication à Louis XVI de l'acte d'accusation et des pièces à conviction.

20 décembre : nouvelle présentation de pièces.

26 décembre : plaidoirie de Desèze.

27 décembre au 31 décembre : discussion parlementaire sur les arguments de la défense.

1793

4 janvier : note après plaidoirie déposée par les défenseurs sur le bureau de la Convention.

14 janvier : la Convention décide des questions et du mode de scrutin.

15 janvier : premier appel nominal sur la culpabilité : le roi est déclaré coupable.

Deuxième appel nominal sur la ratification du jugement par le peuple : elle est repoussée.

16 janvier : troisième appel nominal sur la peine : l'accusé est condamné à mort. Le vote de Champigny-Clément est inversé.

17 janvier : le roi fait appel. Nouvelle plaidoirie des défenseurs.

18 janvier : rejet de l'appel par la Convention.

19 janvier : refus du sursis.

20 janvier : décret fixant l'exécution dans les vingt-quatre heures.

21 janvier : mort du roi.

NOTES

Chapitre premier
Sire, faites le roi

1. Loi des 8 et 9 octobre 1789.
2. Philippe Égalité (ancêtre du comte de Paris, famille d'Orléans).

Chapitre 2
Des circonstances atténuantes

1. Robert Badinter, *Libres et égaux*, Fayard, 1989.

Chapitre 3
Un serrurier sous les verrous

1. Il sera tué à la bataille d'Iéna. Ultime défaite...
2. Marquis de Beaucourt, *Captivité et derniers moments de Louis XVI, récits originaux et documents officiels*, Paris, 2 vol., 1892, tome II, p. 40.
3. A. de Contades, *Hérault de Séchelles ou la Révolution fraternelle*, Librairie académique Perrin, 1978.
4. A. Soboul, *Le Procès de Louis XVI*, Julliard, 1966, nouv. édit., Gallimard, 1973, p. 36.
5. Article II du chapitre III.
6. Article V.
7. Article VI.
8. Article VII.
9. Article VIII.
10. On appelle un contrat synallagmatique une convention qui entraîne des droits et des obligations pour chacune des deux parties contractantes.

11. Article II.
12. A. Soboul, *op. cit.*
13. Promulguée le 16 septembre de la même année.
14. Reprenant les termes des ordonnances de 1498 et de 1536, l'ordonnance de 1770 décide que l'accusé qui refusera de prêter serment sera jugé en son absence et considéré « comme un muet volontaire ».

Chapitre 4
Des pièces sans conviction

1. Le comité de surveillance de la Commune est institué dépositaire des papiers triés et catalogués par la commission des Tuileries et la commission extraordinaire.
2. De décembre 1791 à mars 1792.
3. De fin juillet au 10 août 1792.
4. P. et P. Girault de Coursac, *Enquête sur le procès du roi Louis XVI*, La Table ronde, 1982. Voir aussi M. Pertué, « La Haute Cour nationale dans la Constitution de 1791 », dans *Justice populaire*, Lille, 1992, p. 159-171.
5. Deux autres juges de paix, Buob et Bosquillon qui avaient mené l'enquête du 11 juin, ne connurent pas un sort plus enviable : ils périrent lors des massacres de Septembre.
6. Dont plus de 70 % de droit commun et un nombre important de femmes.
7. *Le Moniteur universel*, 12 août 1792.
8. *Ibid.*, 25 août 1792.

Chapitre 5
La Convention se penche sur son procès

1. *Le Moniteur universel*, 1er octobre 1792.
2. Aux Archives parlementaires, il figure sous le nom de Dufriche-Valazé, mais on ne parle que du rapport Valazé.

Chapitre 6
On ne peut régner innocemment

1. *Le Moniteur universel*, 13 novembre 1792.

NOTES

Chapitre 7
L'armoire de fer

1. Il fait allusion à la commision des Vingt-Quatre.
2. Dit Mirabeau Tonneau; connu surtout pour sa faconde et son amour des spiritueux.
3. Cité par A. Soboul, *op. cit.*

Chapitre 8
Louis doit mourir parce qu'il faut que la patrie vive

1. Séance des Jacobins du 5 novembre 1792.
2. La Constitution du 16 juillet 1875 prévoyait une juridiction d'instruction composée uniquement de parlementaires; celle du 17 octobre 1946 instituait une commission d'instruction composée de six magistrats et de trois parlementaires; notre Constitution actuelle, celle du 4 octobre 1958, prévoit dans son article 12 une commission d'instruction composée uniquement de magistrats de la Cour de cassation.
3. *Le Moniteur universel,* 1er décembre 1792.
4. Michelet, *Histoire de la Révolution française,* Gallimard, Bibliothèque de la Pléiade.

Chapitre 9
Qu'avez-vous à répondre ?

1. Sous les numéros 199, 200 et 201 des pièces cotées à l'armoire du fer figurent des documents établissant que la fuite du roi fut en partie financée, sans doute jusqu'à concurrence de 800 000 livres, par le comte Jean de Ribes (Notes généalogiques sur le comte Jean de Ribes et sa famille, MCMXXXXII, archives famille de Ribes).

Chapitre 10
La Révolution donne la parole à la défense

1. Oncle de Colbert.
2. Titre XIV, article 8, de l'ordonnance de 1670.
3. Il n'existait que trois exceptions : la première concerne ce qu'on

appelle aujourd'hui la délinquance en col blanc, la deuxième les crimes relatifs à l'état des personnes, la troisième les crimes non capitaux, ceux qui ne méritent ni la mort naturelle, ni la mort civile. Dans ces cas, l'accusé n'avait droit qu'à un seul entretien avec son défenseur.
 4. Sauf en temps de guerre.
 5. Sous l'empire de l'ordonnance, article 21, titre XXV, une fois l'appel jugé, les sentences devaient être exécutées le jour même du jugement.

Chapitre 11
Un avocat pour Louis Capet ?

 1. C'est ainsi, de façon un peu ridicule, qu'on appelle les avocats connus.
 2. Marquis de Beaucourt, *Captivité et derniers moments de Louis XVI*, *op. cit.*, tome II, p. 117.
 3. Thuriot, Dubois-Crancé.
 4. Cambacérès, la détention et l'exécution en cas d'invasion du territoire ; Dupont de Bigorre, la mort avec sursis.

Chapitre 12
L'honneur perdu de Maître Target

 1. F. de Hue, *Dernières Années du règne et de la vie de Louis XVI*, Paris, 1860, p. 298. – Malesherbes, en effet, s'était réfugié dans son château où il jouissait d'une semi-retraite.
 2. Archives nationales, carton C, II, dossier 304, f. 15.
 3. Aujourd'hui, les avocats peuvent communiquer librement avec leurs clients, mais sont contraints de passer sous les portiques placés à la porte de la prison.
 4. Aujourd'hui, dans la salle communiquant avec le box des assises, les gendarmes assistent à ces entretiens.
 5. *Courrier français*, 16 décembre 1792.
 6. Arrêté du 13 décembre 1792.
 7. *Le Moniteur universel*, 15 décembre 1792.
 8. Comte de Marcellus, *L'Ami de la religion et du roi*, Paris, 14 mai 1828.
 9. A. Sévin, *le Défenseur du Roi : Raymond de Sèze (1748-1828)*, Imprimerie Enault, 1936.

NOTES

Chapitre 13
Olympe et les autres

1. *Le Moniteur universel*, 1792, n° 343.
2. Malouet, *Mémoires*, Paris, Plon, 1874, t. 2, p. 268.
3. *Recherches sur les causes qui ont empêché les Français de devenir libres*, Genève, 1792, t. I, p. 296.
4. Comte de Falloux, *Louis XVI*, Paris, 1868, p. 359.
5. Archives nationales.
6. Ministre de la Guerre du 7 décembre 1791 au 10 mars 1792.
7. *Histoire de la Révolution de France*, par A. F. Bertrand de Molleville, ministre d'État, 1802, t. X, p. 453; *Essais historiques sur les causes et les effets de la Révolution de France*, par C. F. Beaulieu, 1803, t. IV, p. 278.
8. Du 10 mars au 8 mai 1792.
9. Du 7 octobre 1791 au 15 mars 1792.
10. Bertrand de Molleville, *op. cit.*, t. X, p. 250.
11. Séance du 14 novembre 1792, *Le Moniteur universel* du lendemain.
12. M. Ternaux, *Histoire de la Terreur*, Paris, Lévy, 1862-1869, t. I, p. 278.
13. Archives nationales, C, II, 59, 304.
14. J. F. Michaud, *Biographie universelle*, Paris, 1843-1865, t. XLVI.
15. Homme de loi, rue Hautefeuille 6, ancien avocat au Parlement et ci-devant commissaire du roi près le tribunal criminel provisoire d'Avignon (Archives nationales, C, II, 59, dossier 304).
16. Christophe Lavaux (1747-1836) fut reçu aux Conseils en même temps que Danton.
17. *Correspondance du comte de Serres*, t. II, p. 109.
18. *Esquisses historiques, politiques et morales du gouvernement révolutionnaire en France aux années 1793*.
19. Défense préliminaire de Louis XVI F. N. Foulaines, n° I, 3 décembre 1792, *Louis XVI et ses défenseurs*, t. 1, 1re partie.
20. Chancelier de la reine.
21. Archives nationales, carton W, 354, dossier 733.
22. A. Nettement, *Études critiques sur les Girondins*, p. 132.
23. Archives nationales, folio 4, 674.
24. H. Wallon, *Histoire du Tribunal révolutionnaire de Paris*, t. 2, p. 451.
25. Archives nationales.
26. Collection du baron Feuillet de Conche.
27. *Ibid.*
28. Archives nationales.
29. Archives nationales, *Le Moniteur universel*, 1792.
30. *La Feuille du matin*, n° 29, 24 décembre 1792.
31. Collection du baron Feuillet de Conche.
32. A. Babeau, *Histoire de Troyes pendant la Révolution*, t. 2, p. 20.
33. Feuillet de Conche, *Louis XVI, Marie-Antoinette et Madame Élisabeth*.

34. Procès-verbal de la Convention nationale imprimé par son ordre, t. IV, p. 232.
35. G. Chauvel, *Olympe*, Olivier Orban, 1988.

Chapitre 14
Malesherbes, Tronchet et Desèze

1. Cité par A. Sévin, *op. cit.*
2. H. de Laguerenne, *Lettres inédites de Monsieur de Malesherbes.*
3. Depuis 1750.
4. É. Badinter, *Les Remontrances de Malesherbes – 1771-1775*, U.G.E., Paris, 1978.
5. Soulavie, *Mémoires.*
6. Allusion au mémoires sur l'état civil des protestants rédigés par Malesherbes entre 1776 et 1777.
7. Juridiction souveraine du contentieux de l'impôt.
8. É. Badinter, *Les Remontrances de Malesherbes*, *op. cit.*
9. Comte de Tocqueville, *Extraits des Mémoires d'un ancien pair de France*, 1901.
10. Elle ne lui sera remise que le 4 avril 1793.
11. *Dictionnaire de l'Histoire de France*, sous la direction d'Alain Decaux, de l'Académie française, et d'André Castelot, Perrin, 1981.
12. *Dictionnaire de la Révolution française*, Décembre – Alonnier, 1975.
13. Taine, *Les Origines de la France contemporaine*, Hachette, 1904, t. I, p. 117.
14. Lettres à Paul Romain.
15. Mme Campan, *Mémoires*, Mercure de France, 1989.
16. P.-E. Vigneux, *Éloge historique de Raymond Desèze*, A. Lefraise, Bordeaux, 1868.

Chapitre 15
Les soins et les peines

1. Le Jauffret le désigne par la lettre N. *Cf.* L.F. Jauffret, *Histoire impartiale du procès de Louis XVI*, 1793, t. IV, p. 91.
2. Député inconnu déjà cité.
3. Après une captivité de deux ans, il sera échangé, notamment contre la fille de Louis XVI.
4. Il votera la mort.
5. Rapport de Dorat-Cubières. Beaucourt, *op. cit.*, t. II, p. 208-209.
6. Archives nationales, C, II, 305, f° 11.
7. Hue, *op. cit.*
8. *Ibid.*

NOTES

9. *Ibid.*, p. 478.
10. *Le Moniteur universel*, 27 décembre 1792.
11. Rapport de Coulombeau (secrétaire greffier à la Commune).

Chapitre 17
La mort a aussi ses dangers

1. L.F. Jauffret, *op. cit.*, t. IV.
2. Il votera la mort tout en adoptant la même attitude que Mailhe qui fait de lui un régicide sous condition.
3. Une mesure de sûreté est un acte destiné à préserver l'ordre public. Il est de la compétence de l'exécutif. Un jugement ne peut, en revanche, être prononcé que par un tribunal.
4. L. Constant, *Les Grands Procès politiques : Louis XVI*, Armand Le Chevalier Éditeur, 1869, p. 107.

Chapitre 19
Au nom du peuple français

1. Archives parlementaires, t. 78.
2. Prérogative régalienne du roi, aujourd'hui du président de la République.
3. *Histoire parlementaire de la Révolution française*, t. XVIII, p. 338.
4. A. Mathiez, « Danton, agent de la liste civile », *Annales historiques de la Révolution française*, 1914, p. 98 ; « Danton et la mort du roi », d'après un document inédit, *op. cit.*, 1922, p. 336 ; « Danton, Talon, Pitt, et la mort de Louis XVI », *Études robespierristes*, Paris, 1918, t. II, p. 104.
5. Voir Biré E., *Les Défenseurs du roi*, 1896 : « C'est ici que nous rencontrons [...] André Chénier. [...] Le jour où Malesherbes vint faire appel à son talent d'écrivain, et surtout à ses sentiments d'honnête homme, André n'eut pas un instant d'hésitation et se mit aussitôt à l'œuvre. Il rédigea [...] *Projet de pétition à la Convention*. [...] L'appel au peuple n'ayant pas été décrété, [cet écrit] ne reçut aucune publicité, à l'époque du procès du roi. C'est seulement en 1840 qu'[il a] été [publié], d'après les manuscrits mêmes d'André Chénier. »
6. Sur les 9 représentants de la Gironde, 6 seront exécutés (Vergniaud, Guadet, Gensonné, Grangeneuve, Ducos, Boyer-Fonfrède), seuls Jay, Duplantier, Deleyre, qui votèrent non, eurent la vie sauve.
7. Six départements seulement émettent un vote homogène, l'Ariège, la Mayenne, la Moselle, le Bas-Rhin, la Haute-Saône, le Var, qui votent contre.

Chapitre 20
Non, citoyens, nous ne sommes pas juges

1. Pièce en cinq actes et en vers de Gilbert Moya (1761-1836).
2. On lui doit cette inscription sur les établissements publics : UNITÉ, INDIVISIBILITÉ DE LA RÉPUBLIQUE, LIBERTÉ, ÉGALITÉ OU LA MORT.
3. Il finira par voter le sursis.

Chapitre 21
La mort en ballottage, ou le vote inversé de Champigny-Clément

1. On disait à l'époque « à 8 heures du soir ».
2. Il fut l'auteur de la phrase célèbre : « C'est pour avoir des jurés que nous avons fait la révolution. »
3. Archives parlementaires, 18 janvier 1793.
4. À ne pas confondre avec Champigny-Aubin appelé à la Convention après la mort du roi.
5. Archives parlementaires, t. 57, p. 348.
6. *Le Moniteur universel*, 1793, t. 45, p. 94.
7. L.F. Jauffret, *Histoire impartiale du procès de Louis XVI*, 1793, t. VIII, p. 90.
8. *Le Pour et le contre*, t. 7, An Ier de la République, p. 154.
9. *La Gironde et les Girondins*, Librairie du Bicentenaire de la Révolution française, 1991. Voir en particulier : « Y a-t-il un groupe girondin à l'Assemblée nationale ? » et notes p. 162 à 188.

Chapitre 22
Il reste un espoir, Sire, l'appel à la nation

1. Poujoulat, *Histoire de la Révolution française* ; Hyde de Neuville, *Mémoires et souvenirs*.
2. A. Sévin, *Le Défenseur du roi, Raymond Desèze, op. cit.*
3. *La Société française pendant le Consulat*, 4e série, p. 381.
4. Hyde de Neuville, *op. cit.*, chap. I.
5. *Ibid.* Beaucourt, *Mémoires*, t. 1, p. 306-307.

NOTES

Chapitre 23
Ni peur ni faiblesse

1. Ils sont tous tirés de *Le Pour et le Contre, op. cit.*

Chapitre 24
Ce dimanche 20 janvier 1793, trois heures après minuit

1. F. Furet et M. Ozouf, *La Gironde et les Girondins, op. cit.*
2. Michelet, *Le Procès de Louis XVI*, préface de F. Pottecher, Éditions Rencontre.
3. O. Blanc, *Histoire secrète de la Terreur*, Albin Michel, 1989.
4. Cette lettre de l'exécuteur des jugements criminels est datée du 23 février 1793.

BIBLIOGRAPHIE

Adelon E. : « Barreau de Paris : discours sur le Barreau politique depuis 89 jusqu'à 1830 », prononcé le 11 décembre 1847 à la séance d'ouverture des conférences de l'ordre des avocats.
Arasse D. : *La guillotine et l'imaginaire de la terreur*, Flammarion, Paris, 1988.
Arnauld P. : *Un petit mot d'avis au défenseur de Louis Capet dit Louis XVI*, s.l.n.d.
Armstrong G. : *Victims Authority and terror: the Parallel Death of d'Orléans, Custine, Bailly and Malesherbes*, Chapel Hill, University of North Carolina Press, 1982.

Badinter E. : *Les Remontrances de Malesherbes (1771-1775)*, U.G.E., Paris, 1978, nouv. éd. Flammarion, 1985.
Badinter E. et R. : *Condorcet, un intellectuel en politique, 1743-1794*, Fayard, 1988.
Badinter R. (sous la direction de) : *Une autre justice, 1789-1799*, Paris, Fayard, Coll. Hist. de la Justice, 1989.
Baratelli O. : *Les Défenseurs de Louis XVI*, mémoire de recherche, Centre de formation des avocats de Versailles, 1989.
Bastide P. : *Les Grands Procès politiques de l'Histoire*, 1962.
Beaucourt, marquis de : *Captivité et derniers moments de Louis XVI, récits originaux et documents officiels*, Société d'histoire contemporaine, Paris, 1892.
Belhomme E. E. : *Les Régicides*, Société de l'histoire de la Révolution, Paris, 1893.
Bertin C. : *Les Grands Procès de l'Histoire*, tome IV, « Les procès révolutionnaires : Louis XVI et Danton », s.l, 1967.
Bertrand de Molleville A. F. : *Mémoires particuliers pour servir à l'histoire de la fin du règne de Louis XVI*, Londres, 1797, 2 vol. Paris 1816.
Bertaud J.P. : *Introduction à la révolution française*, Perrin, 1989.
Biré E. : *La Légende des Girondins*, Vitté, Lyon, 1894.
– *Les Défenseurs du roi*, 1896.
Bliard P. : *Les Conventionnels régicides d'après des documents officiels et inédits*, Perrin, Paris, 1913.
– « Autour du procès de Louis XVI », in *Études*, 20 janvier 1906.

Boigne E. A. : *Mémoires du règne de Louis XVI à la Révolution*, Mercure de France, 1979.
Boissy d'Anglas : *Essai sur la vie. Les écrits et les opinions de M. de Malesherbes*, 3 vol., Paris, 1819-1821.
Bord G. : *La Vérité sur la condamnation de Louis XVI*, in Revue de la Révolution, 1885.
Bos E. : *Les Avocats aux conseils du roi*, Paris, 1881.
Boucher Ph. (sous la direction de) : *La Révolution de la justice*, éd. J.P. de Monza, 1989.
Brazier R. : *La Tradition du barreau de Bordeaux*, Delbrel, Bordeaux, 1910.
Bredin J-D : *Sieyès, la clé de la Révolution française*, Éditions de Fallois, Paris, 1988.

Caratini R. : *Dictionnaire des Personnages de la Révolution*, Le Pré-aux-Clercs, Paris, 1988.
Carrot G. : *Le Maintien de l'ordre en France*, t. I (1789-1830), 1984, Paris.
Castaldo A. : *Les Méthodes de travail de la Constituante*, P.U.F., 1989.
Castelot A. : *Bonaparte*, Librairie académique Perrin, 1967.
– *Marie-Antoinette*, rééd. Marabout, 1980.
– *Le prince rouge*, Éd. SFELT, 1951; Librairie académique Perrin.
– Avec A. Decaux : *Histoire de la France et des Français au jour le jour*, Librairie académique Perrin, t. 6, 1979.
Castries, R. de la Croix, duc de : *L'Aube de la révolution*, Tallandier, Paris, 1978.
Cazalès : *Défense de Louis XVI*, 1792.
Chateaubriand : *Discours à la Chambre des pairs à l'occasion de la mort de M. le comte de Sèze*, Paris, 1829.
Chauvot H. : *Le Barreau de Bordeaux, 1775-1815*, Durand, Paris, 1856.
Chiappe J.F. : *Louis XVI*, Librairie académique Perrin, 1989, 3 vol.
Constant L. : *Les Grands Procès politiques : Louis XVI*, Armand Le Chevalier éditeur, 1869.
Conte A. : *Sire, ils ont voté la mort... la condamnation de Louis XVI*, Robert Laffont, Paris, 1966.
Cordier J. : *Histoire du procès de Louis XVI*, 1793, Paris.
– *Correspondance secrète sur Louis XVI, Marie-Antoinette, la Cour et la Ville*, Lescure, Plon, 1866.
Cosne L. : *Aperçu sur le barreau de Bordeaux depuis les origines jusque vers 1830*, Paris, 1886.
Coston H. : *Les Procès de Louis XVI et de Marie-Antoinette*, nouv. éd. Henry Coston, 1987.

Damien A. : *Les Avocats du temps passé*, Versailles, 1973.
Dard E. : *La Chute de la royauté*, Flammarion, Paris, 1950.
Decaux A., avec A. Castelot : *Histoire de la France et des Français au jour le jour*, op. cit.
Delamalle G.-G. : *Éloge de Monsieur Tronchet, sénateur et dernier bâtonnier de l'ordre des avocats*, Paris.

BIBLIOGRAPHIE

Delbrel J. : « L'Espagne et la Révolution française : diplomaties révolutionnaires ». *Études*, oct. 1889.
Delom de Mezerac J. : *Le Barreau pendant la Révolution*, Paris, 1886.
Desèze R. : *Défense de Louis*, 1792, Paris.
Dictionnaire de l'Histoire de France, sous la direction d'A. Decaux, de l'Académie française, et d'A. Castelot, Perrin, 1981.
Dictionnaire de la Révolution française, Librairie Décembre-Alonnier, Paris, 1975. (2 vol.).
Dictionnaire critique de la Révolution française, par Furet F. et Ozouf M. Flammarion, 1988.
Dormois J.-P. : *Lettres de Louis XVI et de Marie-Antoinette 1789-1793*, France Empire, Paris, 1988.
Droz F.-X.-J. : *Histoire du règne de Louis XVI pendant les années où l'on pouvait prévenir ou diriger la Révolution française*, 3 vol., Paris, 1839-1842.
Dufour R. : *Quelques grands avocats bordelais : le comte Raymond de Sèze*, Bordeaux, s.d.
Dufriche-Foulaines : *Louis XVI et ses défenseurs*, 2 vol., Paris 1817-1818.
Du Gour A.-J. : *Mémoire justificatif pour Louis XVI, ci-devant roi des Français en réponse à l'acte d'accusation qui lui a été lu à la Convention nationale*, Imprimerie Nationale, Paris, 1793.
Dumas J. : *Le Dévouement de Lamoignon de Malesherbes*, Le Normant, Paris, 1820.
Duverger M. : *Insitutions politiques et droit constitutionnel*, P.U.F., 1982.
Durand C. : Appendice à *Détails particuliers sur la journée du 10 août 1792*, et deux notices historiques.

Éloge historique et funèbre de Louis Seizième du nom, 1796, Paris.

Falloux, comte de : *Louis XVI, texte de la défense prononcée par le citoyen Desèze*, Paris, 1868.
Faÿ B. : *Louis XVI ou la Fin d'un monde*, Amiot-Dumont, Paris, 1955, nouv. éd., La Table ronde, 1981.
Fayard J.-F. : *La Justice révolutionnaire*, préface de Pierre Chaunu, Laffont, Paris, 1987.
Ferry J. : « De l'influence des idées philosophiques sur le barreau au XVIIIe siècle » in *Discours et opinions*, 7 vol., 1893-1897.
Fleury S. : « A gentleman of quality : M. de Malesherbes », in *The US Society of legion of honor magazine*, New York, 1946.
Fouquier A. : *Causes célèbres de tous les peuples*, H. Lebrun, Paris, 1858-1867, 9 tomes en 5 volumes.
Fournel J.-F. : *Histoire du barreau de Paris dans le cours de la Révolution*, Maradan, Paris, 1816.
Furet F. : *La Révolution : de Turgot à Jules Ferry 1770-1880* in *Histoire de France*, t. IV, Hachette, Paris, 1988.
Furet F. et Ozouf M. (sous la direction de) : *La Gironde et les Girondins*, Librairie du Bicentenaire, 1991.

Furet F. et Richet D. : *La Révolution française*, Fayard, Paris, 1973.
Fuye, M. de La : *Louis XVI*, Denoël, Paris, 1943.

Gaillard M. : *Vie ou éloge historique de M. de Malesherbes, suivi de la Vie du premier président*, Paris, 1805.
Gaxotte P. : *La Révolution française*, Fayard, Paris, 1947; nouv. édit. complétée par Jean Tulard, Complexe, 1988.
Giboury J.P. : *Dictionnaire des régicides*, 1989, Paris.
Girault de Coursac P. et P. : *Enquête sur le procès du roi Louis XVI*, La Table Ronde, Paris, 1982.
– *Sur la route de Varennes*, La Table Ronde, 1984.
Girault de Coursac P. : *Louis XVI, roi martyr*, Téqui, Paris, 1976.
Godechot J. : *La Révolution française, chronologie commentée, 1787-1799*, Librairie académique Perrin, 1988.
– *Les Institutions de la France sous la Révolution et l'Empire*, P.U.F., 1951.
Godfrey J.L. : *Revolutionary Justice : a study of the organization, personnel and procedure of the Paris tribunal 1793-1795*, Chapel Hill, 1951.
Goret C. : *Mon témoignage sur la détention de Louis XVI et de sa famille dans la tour du Temple*, Paris, 1825.
Greer D. : *The Incidence of the Terror during the French Revolution : a Statistical Study*, Cambridge (USA), 1935.
Grelot F. : *Notice sur le premier président de Sèze (1748-1822)*, A. Durand, Paris, 1876.
Grosclaude P. : *Chrétien Guillaume de Malesherbes : témoin et interprète de son temps*, Fischbacher, Paris, 1961.
– *Malesherbes interprète de son temps : nouveaux documents inédits*, Fischbacher, Paris, 1965.

Halperin J.L. : « Note sur une consultation et un discours inachevé de Tronchet », in *Revue historique de droit français et étranger*, avril-juin 1986.
Hanet J-B A., dit Cléry : *Journal de ce qui s'est passé à la Tour du Temple pendant la captivité de Louis XVI*, Paris, Bibliothèque mondiale, 1958.
Henrion de Pensey : *Discours à l'occasion de son installation comme premier président de la cour de Cassation en remplacement du comte de Sèze*, Paris, 1828.
Hue, baron F. de : *Dernières années du règne et de la vie de Louis XVI*, Paris, 1814.

Isorni J. : *Le Vrai Procès du roi*, Atelier Marcel Jullian, Paris, 1980.
– « Le Procès de Louis XVI », *Historia*, 1954, n° 86, p. 93-106.

Jauffret L.-F. : *Histoire impartiale du procès de Louis XVI, ci-devant roi des Français, ou recueil complet et authentique de tous les rapports faits à la Convention nationale*, C.F. Perlet, Paris, 1792-1793, 8 tomes en 4 vol.
Jobez A. : *La France sous Louis XVI*, Paris, 1887-1893, 3 vol.

BIBLIOGRAPHIE

Ketschendorf, baron C. de : *Archives judiciaires : recueil complet des discussions législatives et des débats résultant des grands procès politiques-jugés en France de 1792 à 1840 (texte de la défense de Louis XVI)*, Paris, 1869.

Lacoulomère G. de : *Le Procès de Louis XVI : rôle exact de Bordas-Danet*, préface de J. Bainville, Paris, 1927.
Laingui A. et Lebigre A. : *Histoire du droit pénal*, 2 vol., Paris, Cujas 1980.
Lally-Tollendal : *Plaidoyer pour Louis XVI*, Londres, 1792, Paris, 1793.
Lenotre G. : *Vieilles maisons, vieux papiers*, t. I et III., Perrin, 1948.
Lescure, A. de : *Correspondance secrète et inédite sur Louis XVI. Marie-Antoinette, la Cour et la Ville de 1777 à 1792*, H. Plon, Paris, 1866, 2 vol.
Lever E. : *Louis XVI*, Fayard, Paris, 1985.
Levitine G. : « De Sèze méditant la défense du roi », in *Burlington Magazine*, volumes XCV et XCVI n°s 596 à 621, 1953, p. 335-336 (4 portraits).
Levy A. : *La Culpabilité de Louis XVI et de Marie-Antoinette*, 1907.
Louis XVI : *Lettre du roi imprimée par ordre de ses défenseurs, pour être présentée à la Convention Nationale sur la peine de mort demandée contre lui, janvier 1793*, Imprimerie Latour, Paris.
– *Testament de sa majesté le roi Louis XVI, suivi de quelques pensées et du récit de sa mort*, préface du général Weygand, Chauvet imprimeur, Aix-en-Provence, 1962.
– *Dernières paroles de Louis Capet au peuple français*, Imprimerie de l'Hôtel de Londres, Paris, 1793, 8 p.
– *Maximes et pensées de Louis XVI et Marie-Antoinette avec des notes secrètes sur différents grands personnages*, Paris, 1802.

Madelin L. : *La Révolution*, Tallandier, Paris, 1979, (cf. « La mort du roi : décembre 1792-janvier 1793 »).
Malesherbes Chr. G. de Lamoignon de : *Observations des défenseurs de Louis sur une imputation particulière qui lui a été faite à la Convention, précédées de leur lettre d'envoi au citoyen-président (signées : M., Tronchet, de Sèze)*, Imprimerie nationale, Paris, 4 janvier 1793.
Mallet du Pan J. : *Mémoires et correspondance pour servir à l'histoire de la Révolution française*, Paris, Amyot, 1851, 2 vol.
Manceron Cl. : *Les hommes de la liberté : 1774-1797 (histoire entrecroisée de la Révolution française et de son temps)*, Robert Laffont, Paris, 1973 et sq.
Marcellus, comte de : « Notice nécrologique sur Raymond de Sèze » in *l'Ami de la religion et du roi*, Paris, 14 mai 1828.
Maricourt, baron de : *En marge de notre histoire, Malesherbes et Louis XVI*, Paris, 1905.
Martainville A.L. : *Vie de Chrétien Guillaume de Lamoignon de Malesherbes*, Paris, 1802.
Mascarel A. : *Éloge de Desèze*, Paris, 1868.
Mathiez A. : *Danton et la mort du Roi*, Annales historiques de la Révolution française, 1912.

- *La Révolution française*, Paris, Colin, 1922-1927; nouv. édit., préface de Michel Vovelle, Denoël, 1985.
Mejan M. : *Histoire du procès de Louis XVI*, Paris, 1814, 2 vol.
Michelet J. : *Histoire de la Révolution française*, Gallimard, Bibliothèque de La Pléiade, 1976.
Miquel P. : *Histoire de France des Bourbons à Charles de Gaulle*, Marabout Université, Paris, 1976.

Necker J. : *Réflexions présentées à la nation française sur le procès intenté à Louis XVI*, 1792.

Oberkirch, baronne d' : *Mémoires de la Baronne d'O. sur la cour de Louis XVI et la société française avant 1789*, annotés par S. Burkard, Mercure de France, 1979.

La passion et la mort de Louis XVI, Roi des Juifs et des Chrétiens, 1790 (à Jérusalem), anonyme.
Le Pour et le Contre : Recueil complet des opinions prononcées à l'Assemblée conventionnelle dans le procès de Louis XVI, 7 tomes, 1792-1793, Buisson Éditeur.
Payen F. : *Anthologie des avocats français contemporains*, Paris, 1913.
Pissot N.L. : *Œuvres inédites de Chrétien Guillaume de Lamoignon de Malesherbes, avec un précis historique de sa vie*, M. Hénée, Paris, 1808.
Poupin J. : *Jugement, condamnation et exécution de Louis Capet*, Paris, 1896.
Procès-verbaux des séances de la Convention nationale, table analytique préparée sous la direction de G. Lefebvre, M. Reinhard et M. Bouloiseau, CNRS, Paris, 1959-1961, 3 vol.
Prudhomme L. : *Histoire générale et impartiale des erreurs, des fautes et des crimes commis pendant la Révolution française*, Paris, 1796-1797, 6 vol.

Quaerens : « Le plaidoyer de De Sèze pour Louis XVI », in *L'intermédiaire des chercheurs et curieux*, septembre et novembre 1911.
Quillard G. : *Les défenseurs et avocats de 1790 à 1830*, Thèse de droit, Paris, 1949.

Reinhard M. : *La Chute de la royauté*, Gallimard, 1969.
Rivot N. : *Lamoignon de Malesherbes au Conseil du Roi : 1775-1776*, D.E.S. de droit romain, histoire du droit, Paris, 1953.
Robert H. : *Malesherbes*, Paris, 1927.
Robespierre : *Discours et rapports à la Convention*, introduction de M. Bouloiseau, U.G.E., 1989.
Rouanet G. : « Danton et la mort de Louis XVI », *Annales révolutionnaires,* 1916.
Rousselet M. : *Le Procès de Louis XVI*, 1946.
Royer E. de : *Audience de rentrée du 3 novembre 1853 à la cour de Cassation : Discours sur la vie et les travaux de Tronchet*, Mélanges Valette, Paris, Tome IV, pièce n° 8.

BIBLIOGRAPHIE

Sagnac Ph. : *La Chute de la royauté*, P. Sagnac, Paris, 1909.
Saurat P. : *Journées mémorables de la Révolution française*, Pierre Saurat Éditions, Paris, 1986.
– *L'Adieu au roi et à la reine*, Pierre Saurat Éditions, Paris, 1987.
Seligman Ed. : *La Justice en France pendant la Révolution*, Plon, Paris, 1913, t. 2.
Sévin A. : *Le Défenseur du roi : Raymond de Sèze (1748-1828)*, Gabriel Enault imprimeur-éditeur, Paris, 1936.
Sèze, comte R. de : *La Nation française justifiée de l'imputation calomnieuse d'avoir pris part au crime affreux de la mort de Louis XVI (Chambre des Pairs, 9 janvier 1816, sur la résolution de la chambre des Députés relative au deuil général du 21 janvier)*, Pierret, Metz, 1817.
Soboul A. : *Le Procès de Louis XVI*, Julliard, 1966, nouv. éd. Gallimard, 1973.
– *La Civilisation et la Révolution française*, t. II, 1982.
– *Dictionnaire historique de la Révolution française*, P.U.F., 1989.
Soderjhelm A. : *Fersen et Marie-Antoinette. Écrit d'après le Journal intime et la correspondance du Comte Axel de Fersen*, archives de Stafsünd, Suède, 1930.
Sorel A. : *L'Europe et la Révolution française, la chute de la royauté (1792-1793)*, Plon, Paris, 1895.
Souriau M. : *Louis XVI et la Révolution*, Librairies Imprimeries Réunies, Paris, 1893.

Taine H. : *Des origines de la France contemporaine*, Paris, 1876-1893, 4 vol. rééd. Laffont, 1986.
Target Ph. : *Un avocat du XVIIIe*, Paris, Alcan-Lévy, 1893.
Thiers A. : *Histoire de la Révolution française*, Paris, 1823-1827.
Tocqueville, Al. Ch. H. de : *Épisodes de la Terreur*, Compiègne, 1901.
Tronchet Fr.-D. : *Rapport fait à l'Assemblée nationale au nom des commissaires qu'elle a nommés pour recevoir les déclarations du roi et de la reine, le 27 juin 1791*, Imprimerie Nationale, Paris, s.d.
Tulard J., Fayard J.F. et Fierro A. : *Histoire et dictionnaire de la Révolution française*, Laffont, 1987.
Turbat P. : *Procès de Louis XVI... suivi des procès de Marie-Antoinette, de Madame Elisabeth et de Louis-Philippe d'Orléans par un ami du trône*, Paris, 1813, 2 vol.

Vaissiere, P. de : *La Mort du roi*, Paris, 1910.
Vian L. : *Les Lamoignon, une vieille famille de robe*, Lethielleux, Paris, 1896.
Vigneux P.-E. : *Éloge historique de Raymond de Sèze, discours de rentrée des conférences de l'ordre des avocats à la cour Impériale de Bordeaux*, A. Lefraise, Bordeaux, 1868.
Vovelle M. : *La Chute de la monarchie 1787-1792* Le Seuil, Paris, 1978, Points Histoire n° 101.

LE PROCÈS DU ROI

Il convient d'ajouter, aux ouvrages cités : les Archives parlementaires, la presse du temps, les Mémoires, Correspondances et Archives des Contemporains, ainsi que les ouvrages mentionnés dans les notes.
Cette liste n'étant pas exhaustive, je revendique auprès de ceux que j'aurais pu oublier le bénéfice des circonstances atténuantes.

REMERCIEMENTS

Je remercie Simone Drieu pour l'efficacité de ses recherches. J'exprime ma gratitude à mon éditeur, et particulièrement à Manuel Carcassonne et à Éliane Mounier qui ont permis la sortie de cet ouvrage pour le Bicentenaire du procès du Roi.

TABLE

I.	Sire, faites le roi	9
II.	Des circonstances atténuantes	17
III.	Un serrurier sous les verrous	33
IV.	Des pièces sans conviction	45
V.	La Convention se penche sur son procès	55
VI.	On ne peut régner innocemment	69
VII.	L'armoire de fer	77
VIII.	Louis doit mourir parce qu'il faut que la patrie vive	87
IX.	Qu'avez-vous à répondre ?	101
X.	La Révolution donne la parole à la défense	125
XI.	Un avocat pour Louis Capet ?	135
XII.	L'honneur perdu de Maître Target	143
XIII.	Olympe et les autres	159
XIV.	Malesherbes, Tronchet et Desèze	179
XV.	Les soins et les peines	201
XVI.	Desèze plaide	215
XVII.	La mort a aussi ses dangers	233
XVIII.	Responsable ou coupable ?	249
XIX.	Au nom du peuple français	255
XX.	Non, citoyens, nous ne sommes pas juges	269
XXI.	La mort en ballottage, ou le vote inversé de Champigny-Clément	281
XXII.	Il reste un espoir, Sire, l'appel à la nation	293
XXIII.	Ni peur ni faiblesse	305
XXIV.	Ce dimanche 20 janvier 1793, trois heures après minuit	317
Chronologie		327
Notes		331
Bibliographie		341
Remerciements		349

Cet ouvrage a été réalisé par la
SOCIÉTÉ NOUVELLE FIRMIN-DIDOT
Mesnil-sur-l'Estrée
pour le compte des Éditions Grasset
en janvier 1993

Imprimé en France
Dépôt légal : janvier 1993
N° d'édition : 9017 – N° d'impression : 22493
ISBN : 2-246-39151-2